从文化视角"剖解"英语翻译

李惠英　赵秀华　曹昆　著

全国百佳图书出版单位　吉林出版集团股份有限公司

图书在版编目（CIP）数据

从文化视角"剖解"英语翻译／李惠英，赵秀华，
曹昆著. -- 长春：吉林出版集团股份有限公司，2023.6
　　ISBN 978-7-5731-3697-8

　　Ⅰ.①从…　Ⅱ.①李…　②赵…　③曹…　Ⅲ.①英语-
翻译-研究　Ⅳ.①H315.9

　　中国国家版本馆 CIP 数据核字（2023）第 115419 号

CONG WENHUA SHIJIAO POUJIE YINGYU FANYI

从文化视角"剖解"英语翻译

著：李惠英　赵秀华　曹　昆
责任编辑：朱　玲
封面设计：冯冯翼
开　　本：720mm×1000mm　1/16
字　　数：280 千字
印　　张：11.5
版　　次：2023 年 6 月第 1 版
印　　次：2023 年 6 月第 1 次印刷

出　　版：吉林出版集团股份有限公司
发　　行：吉林出版集团外语教育有限公司
地　　址：长春市福祉大路 5788 号龙腾国际大厦 B 座 7 层
电　　话：总编办：0431-81629929
印　　刷：三河市金兆印刷装订有限公司

ISBN 978-7-5731-3697-8　　定　　价：69.00 元

前　言

　　当今世界科学技术飞速发展，国际政治、经济与文化交流日益频繁，在这样的发展背景下，各国都需要大量的英语翻译人才用于与其他国家开展商贸等活动。尤其是对于中国来说，中国在实施改革开放政策之后，其影响力显著提高，急需大量的英语翻译人才来与各国进行经济交流。不过，翻译并不是一种简单的语言形式转换活动，文化对翻译的影响是巨大的。因此，译者在进行英语翻译活动时，既要保证译文忠于原文的内容和风格，同时也要考虑文化对英语翻译的具体影响。

　　语言与文化相互影响、相互制约。文化孕育了语言，语言是文化的载体，可以说，人类社会要发展，不能离开语言与文化。中西方文化在许多方面都存在差异，译者在进行英语翻译之时必须全面掌握这些差异，只有在把握中西文化差异的基础上，才能保证英语翻译的准确性。每个民族都有自己的特色文化，在表达这些文化时需要特定的语言，但文化需要传播才能实现其价值，翻译就是实现文化传播的重要手段。翻译是语言、文化融合的结果，因此，进行翻译活动时，必须考虑文化对翻译的影响。

　　社会文化可以影响人们的观念与思维。中国人一直以来都深受儒家思想的影响，因而形成了温和的性格，在语言表达方面表现出含蓄委婉。西方重视人个性的发展，因而西方人的性格比较开放，善于比较大胆地表达自己。因此，在进行英语翻译时，译者也应该了解到中西方人在思维、语言表达上的差异，在理解与掌握中西方思维认知差异的基础上，尊重中西方文化，完成准确的翻译。

　　从文化层面上解读，会发现中西方在许多方面都存在差异，除了思维、风俗习惯、生活习惯等都存在十分显著的差异，正是这些差异让译者的英语翻译总是存在着或多或少的阻碍。基于此，译者必须要在总结大量英语翻译实践的基础上，积极探索文化视角下的英语翻译技巧策略，从而保证其可以准确地完成英语翻译。

　　本书逻辑清晰，内容丰富，从文化视角"剖解"了英语翻译，进一步拓展了英语翻译的研究思路。不过，由于时间仓促以及作者水平有限，书中不少观点可能存在不当之处，恳请各位读者批评指正。

目　录

第一章　翻译概述 ·· 1

  第一节　翻译的概念、本质与分类 ···················· 1

  第二节　翻译的过程与价值 ···························· 5

  第三节　翻译的标准 ·································· 10

  第四节　英语翻译中的文化误读问题阐释 ············ 14

  第五节　译者的职责与修养 ·························· 18

第二章　文化与翻译 ·· 23

  第一节　文化基础知识解读 ·························· 23

  第二节　语言与文化的关系 ·························· 27

  第三节　文化与翻译的关系 ·························· 32

  第四节　翻译与文化心理 ···························· 34

第三章　文化视角下的英语翻译基本问题阐释 ············ 38

  第一节　英语翻译中的文化空缺问题阐释 ············ 38

  第二节　英语翻译中的文化信息传递问题阐释 ········ 43

  第三节　文化趋同与英语翻译问题阐释 ·············· 48

  第四节　文化翻译观对英语翻译的指导问题阐释 ······ 52

第四章　文化视角"剖解"英语翻译之翻译基础技能 ········ 58

  第一节　英语词汇翻译 ······························ 58

  第二节　英语句法翻译 ······························ 65

  第三节　英语段落翻译 ······························ 69

  第四节　英语篇章翻译 ······························ 73

第五章　文化视角下英语翻译方法总结 ·················· 78

  第一节　文化视角看英语翻译中的不可译问题 ········ 78

  第二节　增译法与减译法 ···························· 81

  第三节　直译法与意译法 ···························· 84

  第四节　分译法与合译法 ···························· 88

  第五节　异化法与归化法 ···························· 91

第六章 富含文化信息的英语词语翻译实践 ················· 97

第一节 英语委婉语与谚语的翻译 ················· 97

第二节 英语习语的翻译 ························· 105

第三节 英语典故的翻译 ························· 110

第七章 文化视角下英语翻译实践 (一) ··············· 116

第一节 与人名文化有关的翻译实践 ··············· 116

第二节 与生态文化有关的翻译实践 ··············· 120

第三节 与节日文化有关的翻译实践 ··············· 127

第四节 与饮食文化有关的翻译实践 ··············· 131

第八章 文化视角下英语翻译实践 (二) ··············· 136

第一节 文化视角下商务英语翻译实践 ············· 136

第二节 文化视角下科技英语翻译实践 ············· 140

第三节 文化视角下英美文学翻译实践 ············· 145

第四节 文化视角下英语电影翻译实践 ············· 152

第九章 从文化视角"剖解"英语翻译教学 ············· 159

第一节 英语翻译教学现状分析 ··················· 159

第二节 文化在英语翻译教学中的重要性 ··········· 163

第三节 文化适应性与英语翻译教学 ··············· 166

第四节 中西方文化差异影响英语翻译教学 ········· 169

第五节 英语翻译教学中译者的跨文化意识培养 ····· 171

参考文献 ··································· 174

第一章　翻译概述

英语能力在跨国沟通的各个领域发挥了不可或缺的作用，例如：商贸活动、文化交流、知识融合等多个方面都需要使用到英语。由于历史原因，英语依然是全球应用的最广泛的语言之一，自从中国加入 WTO 的开始，中国经济规模扩大，对世界经济的影响巨大，随之而来的就是对英语人才的巨大需求。在国际贸易、洽谈、谈判的各种活动中，翻译至关重要。翻译是把一种语言文字用另一种语言文字将其意思准确并且能完整地表达出来的方式，能实现不同语言、文化的转化。本章对翻译基础知识进行了分析与解读。

第一节　翻译的概念、本质与分类

一、翻译的概念

（一）界定翻译

纵观历史长河，学界内各个学者对翻译的定义不尽相同。

关于翻译的本质，不同学者对其持有不同看法。泰特勒（A. F. Tytler）说："好的翻译应该是把原作的长处如此完备地移注入另一种语言，以使译入语所属国家的本地人能明白地领悟、强烈地感受，如同使用原作语言的人所领悟、所感受的一样。"①

巴尔胡达罗夫（P. S. Barhudarov）把翻译定义为"是把一种语言的言语产物（话语），在保持内容不变的情况下改变为另一种语言的言语产物"②。

费道罗夫（A. V. Fedorov）说："翻译就是用一种语言把另一种语言在内容与形式不可分割的统一中所业已表达出来的东西准确而完全地表达出来。"③

奈达（E. A. Nida）的定义是："翻译就是在译入语中再现与原语的讯息最切近的自

---

① ［英］泰特勒. 论翻译的原则［A］. 沈苏儒. 论信达雅——严复翻译理论研究［C］. 北京：商务印书馆，1998：120.

② ［苏联］巴尔胡达罗夫. 语言与翻译［M］. 北京：中国对外翻译出版公司，1985：1.

③ ［苏联］费道罗夫. 翻译理论概要［M］. 北京：中华书局，1955：9.

然对等物。"①

简单来说，翻译就是一种文字的转换活动，它对译者提出了如下要求：第一，译者在翻译作品时应尽量保持原作品与翻译作品的一致性，使其具有等值的信息与风格；第二，等值不是完全相同，翻译过程中应确保原作品的意境不被破坏，生搬硬套式的翻译过分注重形式上的统一，会使翻译出的作品失去韵味；第三，译者要提高自己对文体的敏感度，面对不同体裁应采用不同的翻译方法与技巧，千万不可一概而论。

综合翻译的定义以及对译者的要求，可以看出，翻译具备两要素——准确性、表达性。准确性是一部翻译作品必须具备的特性，从翻译的定义来看，翻译就是文字的转换活动，翻译作品的中心思想、独特语言风格、情感倾向等都应与原作品保持一致，译者必须尊重原作者的创作意愿与创作目的，不仅要准确地翻译作品的具体内容，还要准确传达作者对角色、环境等潜在的情感取向。表达性是优秀的翻译作品共同拥有的特性，虽然翻译要求译者将原作品的内容完整再现，但翻译切忌生硬，完全按照他国文化习惯的语言翻译方法是不可取的，一个好的译者，会在遵循准确性的前提下，适当发挥自己的主观能动性，为作品增色，使翻译出的作品更容易被本国民众接受。

(二) 翻译的性质

翻译简单来说就是一种跨语言、跨文化、跨社会的交际活动。在这一活动过程中，人们要把一种语言文字的意义转换成另一种语言文字，即用不同的语言文字将原文作者的意思准确地再现出来。翻译的本质就是释义，即意义的转换。对于翻译的具体性质，虽然有很多观点，但都没有达成一致，归纳起来可以从以下三个方面进行探讨。

1. 翻译的技能性

翻译首先是一种技能，是一种跨语言、跨文化之间的信息转达技巧。也就是说，翻译在不同的语言之间进行转换时，并不是无章可循的，而是有具体方法的，并且这种方法在一定程度上可以学习和传授。这些方法主要有直译、意译、增译、省译、分译、反译、转换、切分等。

此外，翻译技能需要译者不仅精通源语和目的语，而且还要充分了解这些语言产生和使用的社会与文化背景。虽然翻译能力可以通过学习与实践获得，但翻译作为一种复杂的活动，其技能却是不容易掌握的。在翻译过程中有多种多样的方法，译者要想真正掌握翻译技能，就必须根据不同的语体或语域，灵活选择恰当的翻译方法，并将各种方法进行融会贯通。

2. 翻译的艺术性

从某种程度上来说，翻译可以说是一门艺术，因为翻译是译者对原文再创造的过程，在这一过程中，译者难免带有自己的主观色彩，并体现出自己的独创性。译者在遵循一定科学程序的基础上，必须字斟句酌地进行推敲琢磨，这样才能译好一个作品，才能保全原作的精髓要义。

译文有优有劣，这就要看译者在具备应有的修养和坚实的语言基础的同时，是否掌握

① ［美］奈达. 翻译理论与实践 ［A］. 沈苏儒. 论信达雅——严复翻译理论研究 ［C］. 北京：商务印书馆，1998：131.

了翻译的科学性和艺术性，即是否掌握了翻译的规律、方法和"再创作"的艺术技巧。好的译文往往可以给人以美的印象和感受，如同色彩斑斓的名画一般耐人寻味。

3. 翻译的科学性

翻译是一门科学，因为翻译涉及思维和语言，反映着存在与认识、主体与客体间的关系，这种关系可以通过一定规律支配下的语言描述出来，并有科学规律可循。也就是说，翻译本身具有独特的规律和方法，并且可以与各种不同的学科进行富有意义的联系。

翻译是一门集语言学、语法学、社会学、文学、教育学、修辞学、心理学、人类学等学科特点于一体，并与这些学科紧密相关的科学。它经过长期的社会实践，已经形成了自己的一整套理论、原则和操作技能与方法，具有自己独特的学术体系，并日趋全面和系统。

翻译不仅是一门艺术，更是一门科学，是可以而且必须用客观原则来加以规范和描述的，翻译活动绝不能随心所欲的进行。具体来说，翻译的科学性是指译者在翻译过程中必须遵循一定的规律或规则，受到一定的制约。首先，译者要遵守源语语言规则；其次，译者的理解要合乎逻辑，要经得起客观世界规律的检验；最后，译者必须遵守译入语语言的规则。

二、翻译的本质

一个事物的本质指的就是这个事物自身具有的一些能够直接决定事物形态和规律的属性。在人们想要探索翻译的本质时，就需要根据自己的理解对翻译下定义，使翻译的定义能够准确体现出翻译这一事物的本质。翻译的定义需要包括翻译的突出特征和具体内涵以及范围等内容。

不管是在西方国家还是东方国家，翻译活动产生的时间都很早。人们虽然很早就了解翻译活动的作用，但是在很长一段时间内并没有大力发展翻译活动，导致翻译的总体水平没有得到提高。

翻译学科不仅包括翻译的内容，也包括其他学科的内容，涉及许多领域的知识，因此翻译学科研究人员也能够借助其他学科深入研究翻译。不同专业的人从不同的角度探索翻译活动会得出不一样的看法，对翻译的特点和内涵的解读也会不同。根据语言学理论探究翻译活动就是指用一种语言精准完整地阐释另一种语言话语含义的语言活动。根据文化学理论探究翻译就是一种翻译人员将语言表达的含义用另一种语言复述的文化活动。根据交际学的理论定义翻译活动就是一种涉及多种语言和多个文化领域的交际活动。根据以上内容可以看出，翻译的定义会随着角度的改变而改变，因此翻译有着多种不同的定义，而这些不同角度的定义也帮助人们深入探索翻译的本质。

从翻译的本质角度解读翻译活动，可将翻译看作一种实用的活动，是翻译人员将一种语言用自己的理解用另一种语言复述出来的活动。翻译只能是一种部分翻译，忠实地再现原文的部分信息，再现原文的所有信息，是根本不现实的。原因主要包括三点：一是翻译的原文和译文的语言并不相同，并且两种语言的表达体系有着许多差异；二是语言系统承载着各自的文化，语言背后的两种文化有着许多差异；三是两种语言文字的读者有着不同的信息负载量。

三、翻译的分类

根据不同的标准，从不同的角度出发，翻译可以分为不同的类型。下面列举几种比较常见的分类方法。

（一）语内、语际和符际翻译

从涉及的语言符号来看，翻译可分为语内翻译、语际翻译和符际翻译。

语内翻译指在同一种语言内进行翻译，如把曹雪芹的《红楼梦》译为纯白话文本，把古英语译成现代英语，属于同一种语言内部的"释义"。

语际翻译指两种不同语言之间的信息转换，是人们通常所指的翻译，如英汉互译。

符际翻译是指通过非语言的符号系统解释语言符号，或用语言符号解释非语言符号，如把语言符号用手势、图标或音乐等来表示，或把手势等变成言语表达。

（二）口译、笔译、机器翻译和人机协作翻译

从翻译的手段来看，翻译可分为口译、笔译、机器翻译和人机协作翻译，其中最常见的两大类是口译和笔译。

口译通常是指口头语言的翻译，主要包括两种口译方式：一种是连续传译的方式，也叫作即席翻译方式，一般会在会议讲话、商务会谈、科研讨论和旅游等场合用到，在讲话人发表完自己准备的内容后，口译人员会对以上内容进行翻译；另一种是同声传译方式，一般在正式场合会用到，需要翻译人员在听到发言者的内容时立刻翻译出来。

笔译指的是将翻译内容写下来的翻译方式，根据翻译的文本类型来划分可分为文学类翻译和非文学类翻译两种，文学类翻译一般有诗文翻译、小说翻译、戏文翻译等；非文学类翻译一般有政治内容翻译、科研成果翻译等。

机器翻译，是利用计算机软件进行的"自动翻译"。机器翻译是自然语言处理的一个分支，与计算语言学、自然语言理解之间存在着密不可分的关系。目前，比较常见的在线翻译网站有：Yahoo 提供的段落翻译、Google 翻译、有道翻译等。其中 Google 的在线翻译已为人熟知。不可否认，Google 采用的技术是先进的，但它也还是经常闹出各种"翻译笑话"。机器翻译的结果好坏，往往取决于译入语跟译出语之间，在词汇、语法、文化等方面的差异，例如英文与荷兰文同为印欧语系日耳曼语支，这两种语言间的机器翻译结果，通常会比中英文间机器对译的结果要好很多。

人机协作翻译，亦称电脑辅助翻译，就是充分运用数据库功能，将已翻译的文本内容加以储存，当日后遇到相似或相同的句型、词组或专业术语时，电脑会自动比对并提供给翻译人员相关的翻译建议。电脑辅助翻译中，电脑处理的结果供翻译人员参考，翻译人员可自行决定是否接受、编辑或拒绝使用，与纯粹的机器翻译相比，这给译者相对更大的发挥空间。

（三）全译、摘译和编译

从翻译的处理方式来看，翻译可分为全译、摘译和编译。

全译，即全文翻译，就是指译者对原文不加任何删节的完整翻译，是针对翻译操作对

象的完整程度而言的。纵观翻译史，全译一直是翻译实践的主流。

摘译是指译者根据实际需要摘取原文中心内容或个别章节段落进行翻译的翻译活动。① 从程序上来讲，一般应是先摘，后取，再译。摘译的内容一般是原作的核心，指的是译者感兴趣的章节或者是可以服务某些特定对象需要的部分。摘译最适用于科技作品的翻译，是翻译国外最新科技信息的有效方法。摘译同时也可以用于新闻报道等应用文体翻译，但是不太适合文学作品翻译。

编译是指对原文文本进行重新编写整合然后再转化为目的语的翻译，可以用简洁凝练的语言和较小的篇幅在较短时间内翻译大量内容，具有速度快、效率高、实用性强等特点。编译作品是对原文本进行适当调整和合并后层次分明的高度概括，这在注重实效信息传播的新闻报道的翻译中经常用到。

此外，我们还可以根据译者翻译时所采取的文化姿态，将翻译分为归化翻译和异化翻译，根据翻译作品在译入语文化中所预期发挥的作用，将翻译划分为工具性翻译与文献性翻译，根据目的语与源语在语言形式上的关系，将翻译分为直译和意译。

第二节　翻译的过程与价值

一、翻译的过程

（一）文本理解阶段

理解是翻译的基础，只有建立在准确、透彻理解原文的基础上，译文才能实现忠实、通畅。具体来说，文本理解阶段主要涉及以下几个方面。

1. 理解语言现象

语言现象的理解主要涉及词汇意义、句法结构、修辞手法和习惯用法等。例如：

She went to the United States to study last fall.

去年秋天她到美国学习去了。

上句中的 fall 是"秋天"的意思。这是美式英语，英式英语中并没有这种用法，这体现了习惯用法意义。例如：

Jack is a bull in a china shop.

杰克是个好闯祸之人。

本例中 a bull in a china shop 是一个英语习语，不能望文生义，应将其译为"莽撞闯祸的人"。

2. 理解逻辑关系

英语中存在着一词多义的现象，因此译者必须上下有联系地理解原文的逻辑关系，以便更透彻地理解原文。例如：

---

① 董晓波. 英汉比较与翻译 [M]. 北京：对外经济贸易大学出版社，2013：12.

It is good for him to do that.

这样做对他有好处。

他这样做是件好事。

这句话有以上两种意思，两种译文都是正确的。究竟采用哪种译法，需要译者根据上下文来推理。

3. 理解原文涉及的事物

有时候在原文中会出现很多译者未曾见过的事物、历史背景、典故或专门术语等，如果译者对这些内容理解得不透彻，就很难将原文的信息全部翻译正确，或者勉强译了别人也不懂它的意思。实际上，理解原文中所涉及的事物也就是理解源语所处的文化背景。例如：

South African leopard-spot policy came under fierce black fire.

南非实行的"豹斑"式的种族隔离政策受到了黑人的猛烈抨击。

这里的 leopard-spot（豹斑）现已成为一个专门术语。"豹斑"这一概念形成于 20 世纪 60 年代中期，当时南越人民武装力量在战区后方建立了许多小块根据地，美方军事地图上就此标有"豹斑"状异色的标志。后来，"豹斑"这一军事术语又被转用为政治术语，指白人种族主义者把黑人强行驱入若干小块地区居住的种族隔离政策。

4. 理解语境

任何语言的分析都离不开具体语境，通过语境分析语义的方法即为语境分析。语境可以分为语言语境和非语言语境。前者是指上下文，包括词与词的搭配、呼应、指代等关系。后者又可以分为情景语境和文化语境。

语言分析在翻译理解的过程中非常重要，忽视语境分析或者语境分析失误常常导致翻译的失误。由于不同地区在历史、地理、文化等多方面存在巨大的差异，只有在充分考虑和熟悉这些地区的差异的基础上，才能准确理解翻译。因此，非语言语境对翻译的理解过程也非常重要。例如：

David is working at the BBC.

大卫在英国广播公司工作。

You are working really hard!

你学习真刻苦。

(二) 文本表达阶段

表达是理解的升华和体现，是理解的目的和结果，更是语言信息转换的关键。表达是整个翻译过程中的关键环节，表达的好坏取决于译者对原文的理解程度以及对译文语言的修养程度，包括译者的译语水平、翻译技巧、修辞手段等。具体来说，表达阶段需要译者注意以下几点。

1. 准确措辞

众所周知，在英语中一个词常常有多种释义，因此在表达阶段，译者必须联系上下文来确定英汉词语在语义上的对应关系，进而选用正确的词汇，来进行准确的措辞。例如：

The invention of machinery has brought into the world a new era the industrial age. **Money** had become king.

机器的发明使世界进入一个新纪元即工业时代，金钱成了主宰一切的权威。

king 这一词汇的基本含义是"君主""国王"，如果直接照搬过来，会使译文错误或不合译入语习惯。king 象征的是"最高权威"，因此在翻译的时候采用其引申义"主宰一切的权威"更为合适。

He put forward some new ideas to challenge the interest of all concerned.

原译：他提出许多新见解，挑战了有关人士的兴趣。

改译：他提出了许多新见解，引起了有关人士的兴趣。

要译好一句话，准确的措辞十分重要。原句中 challenge 一词的基本含义是"挑战"。但如果把 challenge the interest 译成"挑战兴趣"，在汉语中有些说不通，因而此处译为"引起"。

2. 自然流畅

译文必须符合汉语的表达习惯，如果有违汉语的表达习惯，就会显得生硬，不流畅，也会让人难以接受。所以，译者在表达过程中必须考虑译文的自然流畅性。例如：

The idea that the life cut short is unfulfilled is illogical because lives are measured by impressions they leave on the world and by their intensity and virtue.

原译：被削短的生命就是一事无成的观点是不合逻辑的，因为人生的价值是由它们留给世界的印象和它们的强度及美德度量的。

改译："生命短暂即不圆满"，这种观点荒谬无理。生命的价值在其影响、在其勃发、在其立德于世。

很明显，原译过于拘泥于英语结构，所以译文生硬不自然，也很牵强。而改译则突出了句子的两层含义，句子结构严谨，脉络清晰，行文自然流畅，符合汉语的表达习惯。

3. 衔接连贯

一篇译文的行文是否流畅关键在于"衔接"是否连贯，是否能采用合适，恰当的语句进行"连接"。因此，在翻译的表达阶段，译者要加强衔接意识，整体把握语篇意义，准确地对源语的衔接方式进行必要的转换变通，以使译文达到语篇上的衔接与连贯。例如：

The breeze had risen steadily and was blowing strongly now. It was quiet in the harbor though.

原译：风渐刮渐大，此刻已经相当强劲了。港口静悄悄的。

改译：风势不断地加强，现在已经刮得很厉害。可是港内却很平静。

though 一词不仅对前后句起着衔接作用，还表明了两句之间的转折关系。很明显，原译并没有表明前后句之间的转折关系，这使前后两句之间失去了衔接和连贯。改译则译出了前后句之间的转折关系，达到了语篇的衔接和连贯，同时成功地传译了原作的思想内容。

4. 与原文文体风格对等

在翻译时除了要考虑措辞、流畅和连贯外，还要注意原文与译文的文体风格对等。保持了文体风格的对等能更好地再现原文的韵味。例如：

We do what we say we'll do; we show up when we say we'll show up; we deliver when we say we'll deliver; and we pay when we say we'll pay.

原译：言必信，行必果。

改译：我们说了做的事一定会做；我们说来就一定会来；我们说送货就一定会送货；我们说付款就一定会付款。

上例原文的风格不属于那种精练典雅的，而且重复出现了很多次 we，而原译则过于精练，明显有别于原文的风格，而且原译的内容也不太忠于原文。改后的译文则更加符合原文的文体风格。

（三）文本审核阶段

在翻译过程中，对译文的审校是必不可少的。因为即使再好的翻译也难免会存在错漏和疏忽的地方，这就需要译者认真审校并加以补正。除了审校译文中的错漏和疏忽，还要确保译文中的一些概念、术语、译名以及行文的风格和语气前后一致。除此之外，翻译的审校还应包括对文字、词语的润饰以及对逻辑的修改等内容。

具体来讲，审校时应该注意以下几个方面的问题。

第一，人名、地名、方位、时间、倍数、数字等是否有漏译或错译，原文的单复数、大小写是否译错。

第二，词、词组、句子、惯用法或段落是否漏译或错译，是否将原文中易混单词看错。

第三，译文是否与译入语的表达习惯相符合，是否有生硬晦涩、翻译腔严重的句子。

第四，译文的逻辑关系是否清晰，是否与原文风格一致，是否处理好了通顺与忠实的关系。

审校是对理解的进一步深化，也是对原文的进一步推敲。[①] 通常情况下，一篇译文要审校 2~3 遍：

第一遍审校主要侧重于核实较小的翻译单位（如词、句）是否准确；

第二遍审校的重点是看较大的翻译单位（如句群、段落等）是否准确，并对译文的文字加以润色；

第三遍审校的重点是看译文的整体行文是否流畅，译文的语体是否前后一致。

概括来说，就是第一遍和第二遍审校侧重于微观层面，而第三遍审校则上升为宏观层面。当然，在时间允许的情况下，对译文进行更多几遍的审校也是很有必要的。总之，审校阶段工作做得越认真、越仔细，译文中的错误就会越少，译文的质量就会越高。

二、翻译的价值

（一）语言价值

翻译活动与语言紧密相关，并且会对语言本身产生一定的影响，这就是翻译的语言价值，具体来看，该价值体现在以下几个方面。

第一，从翻译的形式上来说，翻译是对语言的转换，其本质就是对符号的转换。可以看出，这里所说的语言并不是狭义上的语言概念，因为翻译除了语内翻译、语际翻译之

---

① 李雯，吴丹，付瑶. 跨文化视阈中的英汉翻译研究 [M]. 长沙：湖南师范大学出版社，2018：31.

外，还涉及符际翻译。一切翻译活动都离不开语言符号的转换。也就是说，当译者将英语翻译成汉语时，并不单单是将西方人的语言表达方式引入了进来，还包括对西方人思想、情感的引入。

第二，历史的发展进程会对语言产生一定的影响，甚至进行一定的改造，这是翻译语言价值的又一体现。以路德对《圣经》的翻译为例，这一翻译活动就对德国的宗教改革产生了巨大的影响，同时还有效推动了德语的发展与统一。

当然，翻译的语言价值除了发挥正面、积极的作用之外，也会产生一些负面的影响，如果在翻译过程中使用了不正确、不合适的翻译方法与翻译策略，就会对原文造成曲解，使译文过分"异化"。比如在我国推行新文化运动时期，就有部分翻译者过度推崇"欧化语言"，这导致许多翻译作品的语言不通畅，含义模糊。因此，翻译者在翻译过程中必须平衡好"同化"与"异化"的比例。

（二）文化价值

要想了解翻译的文化价值，就要从文化层面去认识、理解翻译活动，具体来看，翻译的文化价值主要有以下几种。

（1）翻译活动有助于文化的层层积累，有助于推动文化的创新发展。同时，翻译活动还能够促进不同民族之间的交往共生与文化互动。

（2）翻译是开展跨文化交际活动的重要手段，它可以作为一架桥梁，向其他民族传递不同的文化价值观，并且，在这个翻译传递的过程中，有望构建新的文化价值观。正是为了满足不同文化背景下的人们的交流需求，翻译才得以产生，除了语言上的交流之外，翻译还可以实现思想上的、文化上的交流。

（3）翻译的产物，也就是翻译作品中包含的文化价值观也具有一定的影响力，它能够影响个人，乃至整个民族对其他文化的态度。

（三）社会价值

翻译的社会价值一般来说应该是由翻译活动的社会性质决定的，这可以从两个方面上体现出来，一个是对社会交流的推动上，另一个则是对社会发展的推动上。对翻译在社会发展过程中所发挥的积极作用进行分析，必须从翻译的源头进行。翻译有着十分悠久的历史，它的形式十分多样，且有着非常广泛的影响力，这些都给翻译作用的发挥奠定了扎实的基础。从翻译的源头上来看，翻译最为本质的作用就是促进人类心灵的沟通，正是因为有了翻译的存在，人类因为语言而造成的误会的情况明显减少，人与人之间的沟通更加顺畅，人与人之间的距离也更加近了。

正是因为翻译的存在，人类社会才不再闭塞，开始从封闭逐渐走向开放，开始从狭隘走向开阔。翻译给人们带来的不仅是生活中的沟通的便利，它更是给人们的精神世界带来了光芒，让人们的精神世界变得无比充实。正是因为翻译手段的加持，不同民族的人之间可以互相交流文明成果，可以在彼此的共同影响中一起进步。可以说，翻译活动在人类生活中有着十分重要的作用，甚至可以说，没有了翻译活动，人类社会便不会获得很好的发展。

翻译能推动社会的发展，笔者认为这还可以从翻译对民族精神与国人思维的影响上看出来。鲁迅所进行的大量的翻译实践以及他对翻译的追求可以为这一问题找到答案。此外，翻译还能对重大的政治运动与变革实践产生较为直接的影响，甚至还可以说翻译能在社会变革中扮演先锋官的作用。比如，分析易卜生的《玩偶之家》的翻译，就会发现，这本书的翻译能够彰显它对中国社会，尤其是中国妇女解放运动的影响。

第三节　翻译的标准

一、西方学者提出的翻译标准

（一）泰特勒的翻译标准

英国翻译家泰特勒（A. F. Tytler）强调高质量的翻译工作应该把原作的内容准确完整地翻译成其他的语言，从而使其他国家的读者可以通过翻译作品透彻地感悟原作作者的创作思想和原作的深层含义。[①]

（二）费道罗夫的翻译原则

费道罗夫（A. A. Fedorov）是苏联翻译理论家，是语言学派的代表人物。他在《翻译理论概要》一书中提出了"确切翻译原则"和"等值"这个术语，认为翻译的确切性就是表达原文思想内容的完全准确和在修饰作用上与原文的完全一致。[②] 这是苏联第一部从语言学角度研究翻译理论的专著，其核心内容就是"等值论"或等值翻译。费道罗夫认为翻译原则有两项：

（1）翻译是为了将原作用另一种语言表达出来，使看不懂原作的读者能够看懂原作的翻译内容；

（2）翻译指的就是译者用自己国家的语言来复述原作的语言，使原作的内容能够通过另一种语言呈现，并能够使翻译内容完整地还原原作的内容和思想。

费道罗夫的"等值"也曾被我国一些翻译理论家当作翻译标准。费道罗夫是首位从语言学维度来系统研究翻译理论的翻译理论家，当然，他也是向传统的翻译理论研究发起挑战的学者，他坚持认为译文与原文之间完全可以确立确切对等的关系。

二、中国学者提出的翻译标准

（一）严复"信、达、雅"

在中国，最具有影响力的翻译原则当属严复提出的"信、达、雅"三原则。

这里所说的"信"是指译者要正确理解原文，忠实地表达原文所包含的信息。"达"是指译者要用通俗易懂的语言来表达原文的意思，而不需要拘泥于原文的形式。严复的

---

① ［英］泰特勒. 论翻译的原则［M］. 北京：外语教学与研究出版社，2012：91.
② ［苏］费道罗夫. 翻译理论概要［M］. 李流，等，译. 北京：中华书局，1955：76.

"雅"具有一定的历史局限性,他认为只有文言文才是标准的表达形式,他主张使用汉语以前的字法和句法。

严复的"信、达、雅"三原则得到了广泛的接受和认可,随着时代的进步,"信、达、雅"不断被赋予新的内涵,"雅"指的不仅是翻译内容要古雅,而是指翻译作品要富有美感,能够使读者在看到翻译作品后感受到这种美感并获得精神的享受。如今,翻译工作者依旧在坚持翻译的"信、达、雅"原则,为读者带来高质量的阅读享受。

(二)傅雷的"神似论"

"神似论"是傅雷在《高老头》译序中提出的。傅雷强调,从翻译效果角度来看,翻译需要做到将原作的精神和内涵用另一种语言表达出来,而不是仅追求形似;从翻译工作的实际角度来看,翻译工作难于临画工作,因为临画可以根据画的原作来选择临画的画纸材料,将原画临摹到另一个画布上,这个过程不需要临摹者的二次创作,不需要创新。而翻译工作比临画工作更加复杂。原作的内容具有原作本身的艺术魅力,承载着原作者的文化思想,而好的译作也要有自身的艺术魅力,要能够准确表达原作的内涵。原作和译作都有自身的美感和思想,也有自身的语言表达体系,如果要使译作能够还原原作的内涵,就要准确翻译每一个词汇,并且要根据译作语言系统写出通畅的语句。①

(三)钱钟书的"化境论"

钱钟书将"化境"看作文学的最高翻译准则。他强调在对原作进行翻译时,要遵循两种语言的特点和组织规则,妥善地将原作翻译成另一种语言的译文,既不能生硬地直接翻译原作内容,又不能失去原作的思想和内涵,不然就不符合翻译的"化境"准则。他还说,"好的译文应当仿佛是原文作者的译入语写作。"②

(四)鲁迅的"信顺说"

鲁迅是中国近现代伟大的文学家、思想家和革命家。对于翻译标准,他主张"信顺"兼顾。他在《且介亭文二集》中指出,"凡是翻译,必须兼顾两面,一当然力求其易解,一则保持原作的丰姿。"③针对当时过分意译而"牛头不对马嘴"的胡译、乱译现象,他提出了"宁信而不顺"的原则。他认为既然是对异国语言文化的翻译,翻译就要有异国情调,就是所谓的"洋气"。

(五)林语堂的"忠实、通顺、美"原则

林语堂提出了"忠实、通顺、美"的标准。这一提法实质上是将严复的标准进行了继承与拓展,用"美的标准"代替了严复"雅"的标准。他认为翻译人员不仅要准确翻译,还要使译文能够呈现原作的思想内涵,使译文既能够传达原作的内容,又能够传达原作的深刻思想。

---

① [法]巴尔扎克. 高老头(序)[M]. 傅雷,译. 天津:天津人民出版社,2018:1.

② 杨全. 翻译史另写[M]. 武汉:武汉大学出版社,2010:98.

③ 鲁迅. 且介亭杂文二集[M]. 北京:人民文学出版社,2005:47.

（六）许渊冲的"意美、音美、形美"原则

许渊冲教授认为，翻译不但要译意，还要译音、译形，争取意美、音美、形美。他总结出"译经"，其内容是："译可译，非常译；忘其形，得其意。得意，理解之初；忘形，表达之母。故应得意，以求其同；故可忘形，以存其异。两者同出，异名同谓：得意忘形，求同存异，翻译之门。"他的"译经"对翻译工作有着很重要的指导作用。

许渊冲先生曾经谈到他在翻译杜甫《登高》里的两句诗"无边落木萧萧下，不尽长江滚滚来"时是如何做到"意美、音美、形美"的。"无边落木"的"木"后面接"萧萧"，两个草字头，草也算木；"不尽长江"中的"江"是三点水，后面的"滚滚"也是三点水，翻译成英文时要体现这一形美的特征是难以做到的。许渊冲先生把这两句诗译成："The boundless forest sheds its leaves shower by shower；The endless river rolls its waves hour after hour."这样，草字头就用重复 sh（sheds，shower）的译法，三点水则用重复 r（river，rolls）和 hour 的译法，体现了原诗的音美和形美，与原文的风格保持一致。

（七）辜正坤的"翻译标准多元互补论"

辜正坤教授提出了"翻译标准多元互补论"[①]。翻译标准多元互补论指的是一个完整的标准系统，里面有着许多具体的小的标准，这些标准都有自身的特定范围[②]。在辜正坤看来翻译工作的标准不是单一的、数量少的，而是多元的、数量多的。翻译标准主要包括具体标准和抽象标准，这两种标准组合在一起就是完整的相互牵制的标准体系。其理论的要点包括以下几个方面。

（1）翻译标准是多元的。

（2）多元标准是互补的。

（3）具体标准又有主标准和次标准的区别，主标准也称为"可变主标准"。

辜正坤教授认为，翻译需要各种理论和艺术修饰，使译文能够既有原文的"形"又有原文的"神"[③]。每个译者的文化水平和翻译习惯都不一样，他们对译文标准的设定也不一样。因此，每个人都有独特的翻译标准，每个人翻译出来的作品都会有独特之处。翻译的标准应当更加多元化，这样才不会使译者被单一的标准限制住，才能使各项标准之间相互补充，提高译文的语言魅力和艺术魅力。

（八）刘重德的"信、达、切"

刘重德先生在其著作《文学翻译十讲》中提出了信、达、切的"三位一体"翻译标准。

（1）信：信于内容，指内容的忠实性（A translation should be faithful to the content of the original）。

（2）达：达如其意，指句子的表达性（A translation should be as expressive as the

---

① 辜正坤. 中西诗比较鉴赏与翻译理论［M］. 北京：清华大学出版社，2003：103.

② 辜正坤. 中西诗比较鉴赏与翻译理论［M］. 北京：清华大学出版社，2003：105.

③ 辜正坤. 中西诗比较鉴赏与翻译理论［M］. 北京：清华大学出版社，2003：86.

original）。

（3）切：切合风格，指风格的贴切性（A translation should be as close to the original style as possible）。

刘重德教授用"切"替代了严复的"雅"字，因为他认为"雅"即所谓的"尔雅"或"文雅"，是比较常见的风格，但翻译工作不能只注重译文风格的"雅"，而是要根据原文的意思进行实事求是的翻译，使译文风格切合原文的风格。这里的"切"是一个确切的形容词。

三、翻译的基本标准

上述翻译标准都在一定程度上带有时代局限性。目前，国内多数学者认为翻译的基本标准可以概括为"忠实"和"通顺"。

（一）忠实

所谓忠实，首先指忠实于原作的内容，即完整而准确地表达出原作的内容；其次指保持原作的风格，即原作的民族风格、时代风格、语体风格及语言风格，使译文读者得到的信息与原文读者得到的信息大致相同。具体来说，忠实主要涉及完全忠实和对等忠实。

1. 完全忠实

所谓完全忠实，是指要对原作的内容准确并完整地传达出来，不得对其进行篡改或者删减。其中原作的内容主要指的是原作文章对事实的叙述、对景物的描写、对事理的说明、对思想的反映等层面。

翻译的完全忠实标准主要用于学术性篇章或者科技类文章中。此外，完全忠实还要求对原作风格的保留，其中的风格包含民族风格、时代风格、语体风格等。同样，译者不能对风格进行删减与篡改。例如，不能将口语体改成书面体，反之亦然。总之，原作是怎样的，译文就应该是怎样的，尽可能地保持原文本来的面目。

2. 对等忠实

"对等忠实"主要是从应用或者功能上来说的，主要体现在功能上的忠实以及文体上的忠实。功能上的忠实主要是为了让译文对原文忠实，但是这种忠实只体现在功能上，即原文中展现什么样的功能，那么译文也应该展现出什么样的功能。

语言具备以下六种翻译的功能。

（1）表情功能，主要是表达发话人的思想。

（2）信息功能，主要是对语言之外现实世界的反映。

（3）祈使功能，是使读者根据文本做出的反应。

（4）美感功能，是使感官愉悦。

（5）应酬功能，是使交际者之间保持接触的关系。

（6）元语功能，是语言对自身功能及特点的阐释和说明。

因此，译者在进行翻译时，需要对功能有一个清晰的了解和认识，只有这样才能保证与原文功能的一致性，才能让译文读者获得与原文读者相同的感受。例如，中国人的寒暄语"你吃了吗？"发话人的目的并不是想要知道对方吃饭了没有，而是一种寒暄的客套，因此，在翻译的时候并不能翻译成"Have you had your meal?"这样就会失去原文的功能，而应该翻译成"Hello!"或者"Good morning!"等。

（二）通顺

通顺指的是译文的语句应当通畅、完整，能够使读者轻易读懂句子含义，并且符合人们平时的表达方式，使用通俗的现代语句，没有逐字死译、硬译现象，没有文理不通、结构混乱和逻辑不清的现象。当然，如果原作者有意运用不规范的语言或作品带有明显的时代特色和地方特色，为了忠实，译者则不宜改为通顺流畅的译文语言。

第四节　英语翻译中的文化误读问题阐释

一、认识文化误读

当今学术界所关注的文化现象有很多，其中不能忽视的一个重要文化现象就是文化误读。其实，误读是人们的阅读态度之一，能对人们的文化认识与选择产生影响。译者在翻译过程中会受到强势文化的挤压，从而使其翻译过程也会受到不小的影响，这就使其在翻译过程中展现出了不同的文化态度，进而在翻译过程中其会容易出现文化误读的情况。可以说，对文化误读进行研究将能促进翻译的研究。

作为一个术语，"误读"这个词先是被比较文学领域研究者研究各个国家和民族的文学作品时使用的。当人们阅读其他语言编纂的文学作品时，会错误解读原著作者的思想，出现阅读理解方面的差异，这种现象使研究者开始关注"误读"。国际上使用英文"misreading"来代指误读这一现象。

文化误读指的是翻译人员在读原著时，会被自己国家或民族的深远文化影响，从自己所处的文化背景出发来理解原著的文化内容。①

文化误读有消极的文化误读，也有积极的文化误读。不同的文化之间会有不同的差异，在不同的文化背景下成长的人会有不同的文化素养，其在阅读其他文化背景中创作出来的文学作品时会产生误读现象，这属于一种消极的文化误读。消极的文化误读通常会给文学作品带来误会和误解等负面影响，有时候还会产生文化误解现象，会在很大程度上阻碍不同文化之间的交流和互动。积极的文化误读是一种有意识的误读，是读者抱有一定的文化目的进行的误读，虽然有可能会导致文学作品的含义产生变化，但是能够促进文化创新，例如，读者或译者对文学作品进行有意识的改写，就是能够促进文化创新的误读。

二、翻译中的文化误读概述

（一）翻译中的文化误读基本解析

翻译活动是一个人们了解事物的过程，也属于认知活动。② 文化误读属于跨文化交流

---

① 方梦之. 译学辞典 [M]. 上海：上海外语教育出版社，2004：308.
② 戚晓亚. 从认知语言学视角来看翻译中的文化误读 [J]. 校园英语，2019（15）：244.

活动的一种，有研究的价值。文学翻译也属于跨文化交流活动，在翻译时人们会产生误读，因此可看出翻译活动也是创新性活动。

翻译工作者在翻译文学作品时，需要用另一种语言表述原文内容，使读者能够读懂原著的意思。译者应当用简洁明了的语言复述原作内容，使读者可以轻松看懂文学作品的内容。但是翻译作品中有许多富有原作文化的元素没有被准确翻译出来，这导致读者无法体会理解原作的语言魅力。由此可见，翻译活动常常会产生误读现象。

如今的文学作品翻译工作需要译者认清语言表述与实际表述的差异，不能随意根据原作的语句直接翻译成另一种语言，而是要考虑两种语境文化的差异来更好地翻译原作。所以说文学作品的翻译活动其实是要求译者充分理解原作后再重新撰写文章的活动，这一活动会产生不同文化的碰撞，从而产生文化误读现象。

（二）翻译中的文化误读的成因及解决方法

在翻译中有许多对源语的误解都是由文化隔膜导致的，通常情况下，如果译者有一定的文化敏感力，那么他就不该粗心，而是能有效避免这种情况。当然，译者在翻译过程中望文生义的情况也是存在的，这是许多客观原因导致的结果，主要的一个原因就是汉语合成词对"融合"与"缀合"比较难以分辨。

笔者认为能解决好文化误读问题的一个根本的方法就是要将存在的文化隔膜予以消除。译者不能为母语的框架体系所制约，应该跳出这一框架，用目标语文化来解释目标语词汇。具体来说，笔者认为应该做到以下几点。

（1）把握整体，严防断章取义

文化在翻译的各个环节都明确存在，对于译者来说，其要时刻警惕，不仅从消除着眼考虑文化对翻译的影响，而且还要从整体上对原文的文化意义进行梳理，从而将一些文不对题的情况予以删除。不过，笔者需要指出的是，这里的从整体上把握的意思并不具体，相对来说比较宽泛，可以指文本的整体文化背景，也可以指译入语的整个的文化背景。杜甫著名的诗《春望》说，"国破山河在，城春草木深"，诗中有两重深义，一则"言悲"：破碎的山河，荒芜的城景，悲凉处处，不胜凄清；二则"言志"：国家已破，山河犹在；市井无人，春草犹生。美国诗人罗伯特·佩恩（B. Payne）将杜诗后句译成了"In spring the streets were green with grass and trees"，但见一派春光，杜诗深义荡然无存了！

（2）掌握理据，重视相互融合

文本外证也叫作"互文观照"。由于文本的非自足性是必然的，意义上的"缺口"（gaps in meaning，中国文论称之为"跳脱"）是难免的，这时互文参照就成了理解文本的必经途径。杜诗《春望》的深层含义还可以在他很多诗句中找到可资验证。诗人生活在安史之乱的颠沛年代，妻离子散，始终与哀愁相伴。他在《哀江头》里说，"人生有情泪沾臆，江水江花岂终极"，这里的意思是说人生总是充满了苦难，这些苦难总会让人流泪，但花草却能够一年年的繁盛，作者正是用自然来揭示人间的离乱之苦。

（3）把握情感，情义互为表里

一直以来中国文论都比较重视文章中所体现的言、情、义三维互证。这里笔者要特别指出的是，"情"与"态"的表现方式在中西文化中是有着显著差异的，二者在中国文化中主要通过一些词语体现出来，而在英语中，主要是用情态助词与不同的形态手段体现出来。因此，从这里可以看出，在进行汉译英时，译者应该灵活地使用情态助词与形态手段。

下午你不去也得去！

You will be going this afternoon!

天并不冷，但她总在搓手，好像感到很冷。

She was chafing her hands as if she were cold. But it was not cold.

在汉译英中，译者消除文化心理隔膜的手段主要为曲折形态手段，运用这一手段，可以让言—情—义三者更好的相通。文化隔膜往往就是因为对另一种文化的不理解所导致的，这就要求起着平日必须要对西方文化有足够的了解，对中西方文化的差异进行具体的分析，甚至可以提前规避一些文化误读的情况。各种文化之间的关系其实就跟人际关系一样，如果能离得近一些，也就能相互了解。

三、翻译中的文化误读的具体表现

文化误读理论的影响十分广泛，它不仅在学术领域有着十分深刻的影响，而且还在翻译研究，甚至其他领域产生了广泛的影响。翻译是人类文化交流的重要手段，从这里可以看出，翻译的过程其实就是一种文化对另一种文化不断产生误读的过程。由于翻译中的积极误读已有很多学者做过大量研究。因此，笔者主要从以下几个方面详细地展现了文化误读的基本情况。

（一）文体风格的误读

文本风格的误读是翻译中一个非常不错的研究议题，美国诗人庞德曾经翻译了中国古诗集《华夏集》（Cathay），其翻译作品在西方广为传播，甚至受到了西方读者的有力推崇，甚至美国著名诗人艾略特（T. S. Eliot）都认为他"发明"了中国诗，但之所以会出现这种情况，其实就是庞德并没有真正理解原文，而是对原文进行了误读。例如，李白的《长干行》一诗中有两句"瞿塘滟滪堆，五月不可触"，庞德译为：

You went into far ku-to-en, by the river of swirling eddies, And you have been gone five months.

尽管译文看起来比较流畅，但是如果深究原文的风格，就会发现译文的风格明显发生了变化，李白诗中所描述的凶险的长江三峡直接被描写成了一个遥远的地区。对其翻译进行具体分析就会发现其中的许多错误，其中最为严重的一个错误就是"不可触"的翻译，李白想要表达的意思是到了五月，长江水涨比较湍急，非常汹涌可怕，但是庞德却曲解了原文的意思，将其翻译成夫妻不能见面。庞德的误译已经不单单是语言形式层面上的误译，他甚至已经对原文的风格进行了刻意的扭曲，试图将作者的创作动机藏起来。

荷马史诗《伊利亚特》的风格非常敏捷轻快，但是一些人却对它进行了最大限度上的曲解，比较具有代表性的有查普曼（G. Chapma）和纽曼（C. H. Newma），前者将荷马史诗中传递的思想感情变成了伊丽莎白时代的一种幻象，文本的风格明显被改变了；后者的译文相对来说十分卑俗，与荷马史诗崇高庄重的风格背道而驰。

（二）民族文化形象的误读

生活在世界不同地方的人们形成了不同的语言与文化，尽管他们在许多方面存在着差异，但是在差异之外依然存在着共性，甚至对于语言来说，其共性要比个性多得多。尽管如此，民族文化的民族性依然是不能忽视的存在，正是因为这一因素的存在，才导致译者在翻译过程中容易出现文化误读的情况。

因为语言与文化总是紧密相关，语言转换的过程其实就是文化转换的过程，这就给译者提出了比较高的要求，要求其不仅要掌握扎实的语言知识，而且还要掌握扎实的文化知识。同时，译者了解的文化知识还必须要更加全面，不仅要了解源语文化，而且还要了解目标语文化。只有全面掌握这些文化知识，其才能保证翻译的顺畅与准确。

习语是一个民族长期在探索生活规律的过程中形成的，能彰显一定的民族特性。在英汉习语中，二者的含义与形象存在对等的情况，但这种情况非常少，有些可能含义相同，但是文化形象却有着天壤之别，这种情况是不能将二者进行套用的，因为如果套用就有可能导致文化形象层面上的误读。

在文学文本的翻译过程中，源语中的文化形象被误读为目标语中的民族文化形象，这样的例子俯拾皆是。十六世纪英国诗人托马斯·纳什（T. Nash）的咏春诗的第一句：Spring，the sweet spring is the year's pleasant king. 郭沫若译成了"春，甘美之春，一年之中的尧舜"。king 译为"尧舜"便给英诗披上了一层汉文化的外衣，无形中增添了汉民族的文化形象，实际上是对源语文化形象的误读，显然是不恰当的。中国文学文本的外译过程中也有类似情况。英国汉学家翟里斯（H. A. Giles）英译李白诗《金陵酒肆留别》，把"吴姬压酒劝客尝"译为 while Phyllis with bumpers would fain cheer us up. 吴姬是江南一带的女子，是金陵酒店里的女侍者。Phyllis 是古希腊和欧洲文艺复兴时期的田园诗人或牧歌中常见的牧女或村姑的形象。可是，翟里斯用这个西方文化的形象对译中国唐朝金陵酒店里的女侍者，误读了原文中的文化形象，也不恰当。

（三）政治文化的误读

中国学者经常探讨"政治文化"，但并没有关注政治文化的误读问题。比如，英语词汇 revisionism 被译成了"修正主义"。revisionism 是在马克思对工人阶级的叛徒进行批判的背景下产生的，因而它是一个贬义词，结合当时的政治文化语境，修正主义的翻译并不合理，"篡改主义"更为合适。同时为了不对马克思主义的政治文化产生误读，董乐山建议将它翻译为"修改主义"，这是一个中性词汇。

（四）伦理道德文化的误读

造成翻译文化误读的因素有很多，东西方不同的伦理道德图式也是产生翻译文化误读的一个重要因素。译者在翻译过程中如果用目标语文化的伦理道德规范去诠释源语文化中的伦理道德规范，那么必然就会产生文化误读，毕竟两种文化的伦理道德规范在大的方面上应该差别不大，在细节处应该有显著的差异。

在对莎士比亚的经典戏剧作品《李尔王》进行翻译时，朱生豪将 nature 和 love 都翻译成了中国的"孝"，但其实前者仅仅表示亲子血源本性关系，后者涵盖的范围更大。因此中国读者在阅读这一翻译作品时才会对原文产生错误的认知，认为原文本其实是在传播儒家的伦理道德观。孙大雨为了避免这一情况，在自己的《李尔王》译本里将 love 和 nature 译为"爱"。

在具体翻译的过程中，译者为了迎合目标语读者，会将原文中不符合目标语的伦理道德文化删除掉，很明显，这种行为是一种对伦理道德文化的误读行为。比如，英国著名翻译家康斯坦斯·嘉奈（C. Gannett）在翻译托尔斯泰和陀思妥耶夫斯基的小说时，就对俄罗斯伦理道德文化进行了必要的修改，对原文中的一些狂暴、粗鄙的描写进行了删除，同时营造了一种新的委婉、古雅的氛围，这就导致英文读者在阅读译文时会造成对俄罗斯民族特性与文化的曲解。

第五节　译者的职责与修养

一、伦理视角解读译者的职责

伦理这个词是属于社会学范围内的词，伦理一词包含着自身的道德意蕴，能够使人们认识到什么是正确的行为规范以及什么是不该做的事。中西方文化中都有着丰富的伦理思想，翻译工作也有伦理思想元素，译者一般会根据自己从小接受的价值观教育来理解原作，或是根据自己在不同时期的思考来理解原作，因此不同译者的翻译作品会呈现出译者自身的伦理思想。翻译伦理源自社会学，需要译者根据自己的伦理思考来解读原作，用不同的文化思想重新撰写文章。译者的翻译工作从本质上看具有伦理性。

译者在翻译文学作品时不仅是翻译者这一个身份，还有阅读者、理解者和文学重新撰写者等身份。译者在阅读原作时就是阅读者，需要在阅读过程中运用自己的审美能力、文学知识储备和理解能力来感悟原作的思想内涵，从而真正读懂原著内容。译者在品鉴并解释原作时就是理解者，需要具备鉴赏文学作品的能力和思考能力，认真品鉴原作，充分挖掘原作的价值，理解原作者的创作思想和目的，理清原作的内容和思想框架。译者在重新撰写作品时就是文学重新撰写者，既要准确呈现原作的内容和思想取向，又要用另一种语言重新撰写作品，使读者能够轻易理解作品内容。[①] 根据以上描述可知，译者承担重要的直接影响翻译理论的职责，不仅要充分理解原著作者的创作思想和目的，还要用另一种语言表达原作的内容含义，使读者能看懂。译者必须要做到以上两点才能够撰写出高质量的翻译作品，达到文化交流的目的。

（一）要忠实于原作

根据再现伦理模式理论来看，译者与原作者应当是互相尊重、平等交流的关系。译者需要在翻译原作时保持对原作的忠实。翻译工作中的忠实并不是要让译者根据原作内容一个词一个词地翻译出来，而是要让译者严格遵守翻译原则，从始至终保持尊重原作的态

---

① 赵侠. 论译者主体性在归化翻译与异化翻译中的呈现 [J]. 山西广播电视大学学报，2009，（5）：70.

度，在译文中保留原作的深刻内涵和创作意义，并努力将原作的文化完整地呈现出来，提高文化交流的效果。译者必须秉持尊重原作和原作者的态度，在译文中还原原作者的创作心理和目的；必须充分尊重原作的文化背景，了解成就原作的文化环境，并用另一种语言来表达原作的创作意义，使读者能够理解原作的文化背景。译者的职责就是要踏实认真地翻译原作，充分了解原作者的创作动机，了解原作的社会价值，保持客观的心态来完整地翻译原作，使译文的语句通畅，保留原作的灵魂。

翻译活动属于促进文化交流互动的活动。译者在阅读其他文化背景下的文学作品时，应当注意到两种文化的差异，并且要尊重其他文化，用自己的文化来阐释原作的内容，这是如今译者必须遵守的翻译规则，也是译者应有的对待不同文化的态度。译者在阅读其他文化背景下的文学作品时会感受到原作者的文化底蕴，能通过原作者的创作风格来深入了解另一个文化，并且充分理解原作的文化意义。翻译讲究的求同指的是保留原作的核心内涵，利用另一种文化撰写新的作品，体现两种文化的魅力。

（二）要促进母语的发展

翻译伦理的一个原则就是忠于原作，掌握两种文化的不同之处。大部分译者的翻译工作是将外语作品翻译成母语作品，所以需要斟酌怎样翻译才能使母语具有原作的魅力。译者在使用母语翻译原作时，通常会利用外语来创新和发展母语，如果只用母语来撰写翻译作品，就不利于母语的发展，因此要适当吸收外语文化元素，刺激母语发展。例如，我国近代的鸦片战争后的一些文化运动就大量翻译了西方的作品，并在其中融入了马克思主义理论，赋予了翻译作品新的思想内涵，有力推动了我国社会制度的变革，并且还提供给我国文学发展的新形式，促进了我国文学的发展，推动了白话文的发展。

翻译家郭宏安认为汉语言是在多年时间里一点一点充实起来的，是不断变化的，之所以汉语言能够准确地翻译其他民族的文学作品，是因为汉语言在发展时一直在吸收其他民族的文化，并且汉语言今后也会一直吸收其他文化精华。[①] 译者必须认识到自己发展母语的责任。只有当译者明白自己翻译工作的重要性，才能够自觉投入翻译事业，挖掘其他文化对母语发展的积极作用，尽可能地吸纳合适的外语词汇，丰富母语体系，拓展母语发展途径。

（三）要促进文化的发展

以往旧的翻译理论要求译者要么完全按照原作翻译成母语文本，使读者尽可能靠近作者，要么按照母语文化体系翻译原作，使读者能够轻松读懂母语文本，使作者尽可能靠近读者。译者能够读懂母语和源语，能够理解两种不同的文化，所以译者能够站在中间的位置考虑翻译的社会因素和主观因素。译者要认识到自己的工作是一种跨文化交流工作，而翻译工作的意义是促进两种文化的交流和发展，使越来越多的读者能够理解另一种文化，尊重另一种文化。文化不是独立的，需要不断借鉴其他民族的文化，只有文化之间互相交流、吸收，才能使各个文化都得到发展，翻译是一种跨文化交际活动，需要译者在客观的角度促进不同文化之间进行平等交流。译者必须学会感受不同文化的魅力，用自己的工作

---

① 郭宏安. 雪泥鸿爪［M］. 武汉：湖北教育出版社，2001：156-157.

促进各个文化之间相互交流，吸收对方文化的精华，促进翻译伦理的发展。各种文化都是平等的，文化互相交流时需要保有自身的相对独立性，并尊重不同的文化，以达成良性的文化互动的目的。

译者是不同文化相互交流互动的连接者。译者在进行翻译工作时，不仅要充分理解源语文化，完整地传达原作的情感和内涵，还要考虑母语文化，站在读者的角度斟酌怎样使读者轻松读懂翻译文本，使读者能够感受到原作的魅力，尊重源语文化，深入洞察原作者的创作目的，感悟原作的社会意义和文化意义，促进母语体系的丰富。译者在进行翻译工作时不仅要负责任地翻译源语，还要对翻译文本读者负责，这样的态度才是正确的翻译工作者的态度。

二、译者的修养

（一）基本修养

1. 高度的责任意识

翻译工作者可以说是文化传播的使者，他们承担着跨文化交流的伟大重任。因而，具备高度的责任感意识是翻译工作者最基本的素质要求。面对客户的无比信任，译者应尽职尽责，切莫急功近利。在具体的翻译实践过程中，翻译工作者也应本着负责、严谨的工作作风，认真、仔细地通读原文，理清其中的逻辑关系，务必深刻透析和把握原文的语言、文化意义，并用准确、得体的目标语进行翻译。

总而言之，在当今竞争日趋激烈的社会各行业，翻译工作者具备高度的责任意识是其从事翻译工作最基本的素养。

2. 扎实的语言基本功

翻译是牵涉源语和目的语两种语言的活动，译者进行英汉翻译，只有熟悉英汉两种语言的异同和具有较强的双语言应用能力，才能够在翻译中得心应手、驾驭自如。

翻译工作者要想做好翻译，必须夯实语言基本功，不仅要有上乘的中文功底而且还要具备全面的英语语言知识，积累大量的英语词汇及习惯表达法。

此外，译者应多阅读中英文原著，提高自身文化素养和对源语文化的感知能力。否则，翻译时如果对原文一知半解，很难把原文很好的传达，抑或外语不精通，不能正确理解英文原著的思想内容，更谈不上把握作者的语言风格、神韵色彩和思想脉络，许多错译都是源于此。

3. 广博的知识

翻译工作要求译者有较宽的知识面，因为要翻译的东西可能涉及社会生活的不同方面，比如翻译经济材料，就需要了解译者懂一点经济，或至少知道一些经济术语；翻译外交材料，就要知道一些外交礼仪和常用的外交辞令。以此类推，翻译科技、新闻、法律等材料，就需要科技、新闻、法律等的知识，了解这些方面的术语。又比如翻译小说，译者对原文的作者、作者惯用的笔调、小说的时代背景、所描述的风土人情等都要有所了解，这样才能使译文忠实地反映出原作的风格、笔调，让译文读者更好地了解小说的背景，从而更好地欣赏这部小说。

实践证明，如果译者掌握了一定的背景知识，对原文的理解会更透彻，翻译就可以摆脱语言的束缚，使翻译变得灵活自如，另外，还可根据自己所掌握的专业知识，选择恰当的词汇和表达方式，更好地传达原文的信息，更好地被译文读者接受。关于这一点，著名语言学家吕叔湘在《翻译工作与"杂学"》中指出，翻译工作者需要很多的"杂学"，这里的"杂学"当然是指各种各样的知识。吕叔湘认为，要处理好翻译中的"杂学"问题，"当然得多查书和多问人。但是最重要的还是每人自己竭力提高自己的素养，有空闲就做一点杂览的功夫，日积月累，自然会有点作用"。①

4. 严谨的工作态度

一位好的译者仅仅具备了以上所述的语言水平和广博的知识还不够，他/她必须要有严谨的工作态度，对待自己的翻译工作要一丝不苟。两个语言水平和知识水平不相上下的人翻译同一篇文章，如果其中一个认真负责，字斟句酌，而另一个人草草了事，译作在质量上就会大相径庭。

从事过翻译实践的人都知道，翻译工作是一项艰苦的脑力劳动，我们一定不要像赶任务一样对待翻译，一定要养成细致的工作作风，对译文的质量负责，对读者负责。要知道，译者的粗心大意，很可能会给译文使用者造成巨大的经济损失，甚至是精神损失。比如，有的译者在翻译时由于粗心大意会将 figure（人物）看成 finger（手指头），将 gravel（砾石/砂石）看成 grave（坟墓），那么其译文与上下文的不吻合程度可想而知。还有的译者会将数字译错，尤其是商务合作中的数字，势必会给双方造成不必要的麻烦，甚至是经济损失。即使一名译者的中英文功底非常扎实，知识非常广博，如果没有一丝不苟的工作态度，其翻译成果也不会令人满意。

（二）译者需具备的专业素质

翻译不是盲目的活动，他要求译者具有良好的专业素养，译者的专业素质对翻译的顺利开展起着非常重要的作用，主要体现在以下几个方面。

1. 扎实的翻译理论知识

翻译工作者应掌握各类翻译技巧和基本的翻译理论知识。翻译技巧是经实践检验行之有效的翻译方法，熟练地掌握有利于在实践中灵活的使用。翻译理论知识可以帮助译者更好地了解翻译的性质、标准、过程等，有利于翻译工作上的理论性指导。

2. 善于使用合适的工具书

好的工具书对翻译起着重要的作用。针对不同的翻译材料可以使用不同的工具书，这些工具书不仅包括词典，还包括参考资料，甚至地图。这需要译者对工具书的种类、出版动态等进行广泛了解，选用适当的工具书。拿词典作例子。如果你做的是英汉互译工作，你需要的不仅仅是英汉、汉英词典，还要有英英词典、汉语字典和汉语词典以及两种语言的同义词词典。另外，翻译不同的材料，还需要不同的专业英汉汉英词典。尤其是涉及特别专业的领域时，一定不能"望文生义"。比如，一个简单的单词 bus，在电力材料里很有可能不是"公共汽车"之意，而是"母线/总线"之意，pay 在石油材料中，很有可能不是"报酬"之意，而是"含油的砂层"之意，所以查阅专业词典是非常重要的，否则就会闹出笑话。

---

① 吕叔湘. 翻译工作与"杂学"［A］. 罗新璋. 翻译论集［C］. 北京：商务印书馆，1984：531.

如今我们生活在一个高度信息化的时代，互联网为我们的翻译工作提供了极大的方便，我们可以利用很多搜索引擎查找资料，所以作为译者，一定不能偷懒，而应该善于利用现代化的手段，在翻译上力争做到精益求精，享受其中的乐趣，同时也在翻译和查阅过程中不断增长个人知识，提高自己的素养，真正做到 "译学相长"。

3. 与时代同步，保持知识、理念的更新

在平常的翻译实践中，翻译工作者应保持知识、理念层面的与时俱进。也唯有此，才能不断提升专业素养。近些年来，技术领域的新知识层出不穷，科研成果取得了飞速发展，诸如 Stem Cell Research（干细胞研究），Nano Science and Technology（纳米技术）等词汇不断涌现，各学科之间的交叉和渗透也逐渐明显，那么，作为翻译工作者也应时时跟进各学科领域的发展，保持知识、理念的更新，从而更好地为最优化完成翻译任务做铺垫。

第二章　文化与翻译

语言是人类文化发展的结果，也能反映人类文化的发展。利用语言，生活于不同文化背景中的人们可以进行更加顺畅的沟通与交流，而翻译是不同语言转换的一种手段，因而在文化的传播中也能发挥重要作用。本章对文化与翻译的关系进行了详细的分析与探讨。

第一节　文化基础知识解读

一、文化的基本概念解读

文化从广义来说，指人类社会历史实践过程中所创造的物质财富和精神财富的总和。从狭义来说，指社会的意识形态，以及与之相适应的文化。这一定义概括性较强，似乎过于笼统。

二、文化的本质与结构

（一）文化的本质："人化"

什么是文化的本质，这个问题是人们思考了很久的问题。文化是人们多年来创造的所有物质文明和精神文明的总和。探索文化不能只探索累积的物质和精神文明，还要探索人的社会实践活动。人能够塑造文化，而文化也可以反过来塑造人，二者其实是相互作用的关系。在阐释"什么是文化的本质"这一问题时，需要考虑文化对人的影响作用。同样，阐释文化的概念时，也需要考虑人的实践活动对文化的影响。了解文化与人的相互作用后可知：人就是体现文化的载体之一，文化的本质就是"人化"。

文化是能够反映人的主观能动性的活动，大部分文化都可以展现人的本质，体现人的主观能动性。文化的作用很重要，只有了解文化才能通过文化探索人性，探索人们的社会实践活动。人类的实践活动突显着人们的思考行为和价值取向，承载着人类的精神文明成果，能够使研究者通过实践了解人的本质。人的实践活动完成后，会影响文化的塑造，进而影响社会的文化形态。人类的文化活动具有人类性，是体现人类思想的载体。这就像马克思提到的理论：人的社会生活的本质是实践活动，实践活动是人类创造文化的源泉，既可以通过人类的实践活动成果体现社会文化的深层内涵，又可以在人类的社会实践活动中明确活动主体。① 人类的历史反映着社会实践的历史，这也是社会文化史，不仅能够证明人在实践活动中的重要作用，体现人的主观能动性，还能够根据人类的实践活动发展进程来概括人的本质。

综上所述，人就是文化的载体之一，只有透过文化才能看到人的本质。文化能够充分反映人与其他生物的差异，能够反映人的思想、价值取向、能力追求和观念。文化的本质是人化，人能够影响并塑造文化，人的价值观和思想会促使人们追求不同的文化，而文化也可以反过来影响并塑造人。人是塑造文化的主体，人类参与的文化实践活动就属于人的活动，人的活动的发展进程就是文化的发展进程。人类的文化活动是随着时间的演变发生变化发展的，人可以通过实践活动将自身从自然体系中独立出来，创造承载着独立的人类文明的文化社会。人能够体会到文化社会的缤纷多彩，既能够感受到自己在文化创造中的价值，又能够影响人类文化社会的未来发展方向，为人类文明的进一步发展贡献自己的力量。

（二）文化的结构

任何文化都是为生活所用的，不仅有人类生存的理论，也有人类智慧的结晶。在人类社会实践生活中，人们经过多年的实践逐渐形成了一个共同的认识，并且有着客观规律，能够引导人们的行为规范，保持社会基本运作，这就是文化。对文化的结构的理解，通常有以下几种：第一种是两分说，具体分为物质文化和精神文化；第二种是三分说，具体分为物质、制度、精神三个层次；第三种则是四分说，包括下列几个层次：物态文化、制度文化、行为文化、心态文化。

第一，物态文化指的是人类所有的物质生产活动，属于有实体的文化。

第二，制度文化指的是人类在实践活动中形成的所有的行为规范。

第三，行为文化指的是在人与人交流互动时形成的比较固定的行为模式，能够体现各个地区或民族的风俗。

第四，心态文化指的是人类在社会中成长逐渐形成的思想观念、价值追求、审美倾向等，能够反映人们的精神世界和社会思想观念，是核心文化的一部分。

三、文化的特征解读

（一）动态的可变性

文化的稳定性是相对的，而可变性却是绝对的。文化的可变性具有内在和外在两种原因。

文化可变性的内在原因：文化是为了满足人类生存需要而采取的手段，随着生存条件的变化而变化。在人类文化史中，因为科技的发展导致了人们思想和行为的变化，所以重大的发明和发现都推动着文化的变迁。

文化可变性的外在原因：文化传播或者文化碰撞可能使文化内部要素发生"量"的变化，"量"的变化也可能促使"质"的变化。社会的发展，以及国家、民族之间在经济

---

① 曹泳鑫. 马克思主义中国化基本认识和实践 [M]. 上海：学林出版社，2015：64.

和政治方面的频繁沟通、交流，都使文化不断碰撞，乃至发生变化。例如，儒家思想导致了东南亚文化的变化。

物质形态的文化比精神形态的文化变化得更快、更多。例如，发生在衣、食、住、行等方面的变化要比信仰、价值观等方面的变化更加明显。随着改革开放的不断推进，人们的衣、食、住、行等"硬件"都发生了巨大的变化，但是"软件"方面的变化并不明显。文化定势决定了中国人对西方文化的接受度是非常有限的，"同国际接轨"的多数属于文化结构的表层，而深层文化的差异永远存在。

（二）交际的符号性

文化是通过符号加以传授的知识，任何文化都是一种符号的象征，也是人们的思维和行为方式的象征。[①] 人类最明显的特征就是符号化的思维和行为，文化的创造过程也就是运用符号的过程，所以说人是一种"符号的动物"。在创造文化的过程中，人类将认识世界和理解事物的结果转化为外显有形的行为方式，因而这些行为方式就构成了文化符号，从而成为人们的生活法则。人们在生活中必然接受这些法则的规范和引导，世界是充满文化符号的。人们一方面不可能脱离文化的束缚，另一方面又在这种文化中展现人生的意义和价值。

文化和交际之所以具有同一性，就是因为文化的这种符号性特征。文化是"符号和意义的模式系统"，交际被视为文化的编码、解码过程，语言被视为编码、解码的工具。在交际中，误解是常见的一种现象，要想尽力避免误解的产生而使交际顺利进行，就需要交际双方对同一符号具有一致或相近的解释。在交际过程中隐藏着一种潜在的危险，那就是差异，交际的顺利进行要求交际双方共享一套社会规范或行为准则。

（三）观念的整合性

文化集中体现群体行为规则，某一群体内所有成员的行为可能都会被打上文化的烙印。因此，才有了中国文化、东方文化或西方文化等一些概念和说法，而主流文化又包含亚文化或群体文化、地域文化等。世界观、价值观等是文化的核心成分，社会组织、社会关系、社会地位等都属于文化范畴，文化规定着人们交际行为的内容和方式。由此可见，文化是一个由多种要素构成的复杂整体，在这个整体中，各要素互相补充、互相融合，共同塑造着民族性格。

整个民族文化具有一个或几个"文化内核"，它发挥着整合文化的潜在作用。[②] 文化的整合性可以保证文化在环境的变迁中，维持着一定限度的稳定性。例如，在中国的传统文化中，融自然哲学、政治哲学和伦理哲学为一体的"天人合一"世界观，以及"经国济世"等精神元素，作为中国文化的"内核"，一直发挥着"整合"作用。各个文化都有自身的文化核心，会在社会思想观念和审美倾向等方面存在许多差异，当不同的文化双方无法了解并尊重对方文化时，就很容易导致文化冲突情况的发生。

① 孟庆艳. 文化符号与人的创造本性：早期符号学的分析［M］. 沈阳：辽宁大学出版社，2006：140.
② 林坚. 文化学研究引论［M］. 北京：中国文史出版社，2014：63.

（四）民族的选择性

文化植根于人类社会，而人类社会以聚居集中的民族为区分单位，因此，文化也是植根于民族的机体。文化的疆界一般和民族的疆界一致，民族不仅具有体貌特征，还具有文化特征。例如，同为上古文明，古希腊、古印度、古埃及和古代中国的文化各有独特性；同为当代发达国家，日本和美国、欧洲就存在着文化差异。当一个社会容纳着众多民族时，不可能保持文化的完全一致，其中必定包括一些互有差异的亚文化，使得大传统下各具特色的小传统得以形成。于是在民族文化的大范围内，多种区域性文化常常同时并存。

因此，文化具有选择性。每一种特定文化只会选择对自己文化有意义的规则，所以人们所遵循的行为规则是有限的。① 文化的这一特点导致了群体或民族中心主义，所以文化的选择性对跨文化交际起到重要作用。人类经常会产生民族中心主义倾向，导致人们常常会根据自己民族文化的认知来理解或批判其他民族的文化，显然，这种民族中心主义倾向是错误的思想，会不利于不同文化的交流互动，也会导致两种文化的冲突，因此人们要摒弃这种错误的思想倾向。

四、文化的功能解读

（一）知识传承功能

文化的功能之一就是传承知识，告诉和传授人们生产、生活以及社会交往中的常识和技能。从社会变化发展的角度来看，社会发展要符合新的科技知识的发展方向，新的科技知识主要有新的科技理论和技术等，这些新知识可以推动文化的发展。

（二）价值引领功能

就社会成员而言，其只有价值一致，才会形成共同的认同，进而才会有共同的社会行为。人们在价值观上会有差异，但经文化的熏陶，必然会形成大体一致的观念。一般来说，被社会文化肯定的事物与行为，必定是社会绝大多数成员所追求的。而文化在价值导向中的功能主要包括塑造和传播理念、培育健康生活方式两个方面。一方面，文化的功能最重要的体现就是塑造和传播先进理念，这种先进理念能够引导和宣传一种主流意识和价值观念，能够传播社会发展的正能量。比如生态文化是自然、文化和人相互协调、共生共融、共同发展的活动，倡导健康、文明、和谐的生活方式，从而塑造和传播人与自然和谐相处，实现世界的和谐与发展的新理念。另一方面，文化的功能更应该体现在现实生活中，能够营造健康、和谐、向上、节俭、适度的风气和氛围，引导和培养人们文明、健康的生活方式。比如生态文化通过宣传教育式、启发式和体验式等多种教育活动模式，目的是让人们体验自然、学习自然和关注自然，把生态理念推向社会，提升人们尊重及保护自然的意识，最终形成一种文明健康的生活方式和消费行为。

---

① 周志培，陈运香. 文化学与翻译 [M]. 上海：华东理工大学出版社，2013：83.

（三）制度维护功能

文化是人类在数年的实践活动中渐渐累积的文明成果，所有社会变革得到的巨大发展都离不开有效的社会制度和行为规范的作用。文化可以帮助人们建立新的社会制度，并能够把握社会发展的方向，调整社会制度，整合社会资源，从而保持社会稳定，体现先进思想、理念的实施和贯彻。

（四）社会整合功能

文化的导向功能很重要，能够有效促进社会的发展，而文化的整合功能也很重要，主要作用是维持社会正常的秩序。文化的整合功能可以规范约束每个人的行为，从而保证每个人都会在合适的地点做合适的事情，维护社会稳定。社会不是简单的系统，具有较强的异质性，当社会被多种规则和标准分化后，就会具有越来越强的多元性，这时就需要社会具有强大的整合功能。社会是非常复杂的多元的系统，内部有着许多相互作用而又相互独立的各个单位，每个单位都有独特的社会功能，但社会功能要想发挥作用，就需要联动其他单位一起发挥作用，这个过程就是社会功能互补的过程。社会中的文化如果能够统一，就可以使社会结构变得紧密、协调，从而发挥出更大的社会功能。文化整合功能能够帮助民族形成统一的文化追求，维护社会良好秩序。如果社会没有文化整合功能，就不利于民族团结。同一个民族有着同一种文化，在周围文化环境的影响下，同一个民族的人会加深对本民族文化的认同感，自觉遵守社会规范，从而维护社会秩序，并具有行为上的相似性。①

第二节　语言与文化的关系

一、认识语言

（一）界定语言

从语言交流的功能上看，语言是双方思想感情交流的重要渠道，是彼此之间进行沟通的桥梁，是表达情意最普遍的方式，在交际中起着不可忽视的作用。语言作为一种表达工具，能随着时间、对象、场合的不同而变换出各种各样的信息和丰富多彩的思想观点。语言是实现人类信息互通的纽带，在人际交往中占据着最基本、最重要的地位。语言之所以能够顺利表达出来取决于了解并尊重对方的语义文化并灵活地结合自身的词语特点。因此，掌握说话分寸的语言礼仪非常重要。

从语言的实用性上来说，语言是为了满足交际和思想交流的需要而在劳动过程中产生的，也就是说劳动是语言产生的契机和关键，同时劳动也决定了产生语言的可能。人类发

---

① 李延超，刘雪杰.都市生态体育文化的构建与运行 上海为例［M］.上海：上海人民出版社，2019：18.

掘语言的功能经历了漫长的过程，从锻炼大脑、促进思维、直立行走到手脚分工，发音系统得以利用并具备说话的能力，这才产生了语言。当与文化相互作用的时候，语言是文化信息的载体；当作用于人和客观世界关系的时候，它就成为一种剖析事物的工具；当作用于人与人关系的时候，它又成为表达和反映思想的中介系统。

从语言的整体结构上看，语言是以语音为外包装，由词汇与语法构成并能充分表达人类思想的符号系统，是人类所独有的最基础的交际工具，是一种特殊的表达符号。人们通过语言器官或身体器官，如手的活动把所想要表达的思想说出来或写出来，所以语言的表达主要包括说话和书写两种形式。

语言学界至今对语言还没有一个清晰而统一的定义，因为不同的时代、不同的学派对语言有不同的看法。一般来说，可以把语言定义为：人类用于交际和思维的最重要的符号系统。蜜蜂、海豚、黑猩猩等动物，都有自己的交际手段，但是，大量的研究表明，它们没有人类这样的语言，语言是人类所独有的。人类可以使用多种工具进行交际和思维，但是，语言是人类须臾不能离开的最为重要的工具。

（二）语言是人类最重要的交际工具

1. 语言是交际工具，具有交际功能

语言是人类相互交流的重要工具，因此，语言的最重要的功能就是交流信息，传递信息。说话者通过语言发送信息，听话者也通过语言这种工具接受信息，从而达到交流思想和相互了解的目的。

在社会生活中，这种思想交流是极为必要的，也是大量存在的，没有这种交流活动，社会活动和社会生产将无法进行。因此，正常的社会生活，离不开社会交际活动，社会交际活动又要依靠语言这种交际工具来进行。语言就是作为交际工具，以其交际功能为社会服务的。

正确地认识语言的交际功能，还应注意两点：其一，使用语言进行的交际活动是说者和听者双方的相互配合的活动，而不单是说者或听者一方面的事；其二，语言的基础功能之一是交际功能。除此之外，语言还有另外的功能，如帮助人们调节情绪、辅助人们进行思考活动等，但这些功能是语言基础交际功能的派生。如果语言失去了交际功能，别的功能亦不复存在。

2. 语言是最重要的交际工具

语言是交际工具，但不是人类唯一的交际工具。然而，所有非语言交际工具，在社会传播活动中的重要作用远不能与语言相比。这是因为：第一，非语言交际工具无论是在交际的深度还是广度上，都无法与语言相比。它们要受到较多的条件限制，只能作为语言的辅助工具出现。当然，这并不是说语言可以替代非语言交际工具。第二，所有的非语言交际工具之所以能起交际作用，都是以语言的约定为前提的。在这个意义上说，非语言交际工具都是在语言的基础上产生的，都是语言的代用品。在公海上，不同国籍的船只相遇之后打旗语进行交际，双方都能明白，是因为事先就用语言约定好了。

3. 语言是人类特有的交际工具

所有的人类社会都有这个社会所使用的语言。而人类以外的动物群体，即使是最先进的类人猿，其也没有语言学意义上的语言。我们不能否认，人以外的动物也有交际工具，它们相互间也要表达某些意思。但是，它们的声音是含混的，声音的数量也极其有限，能表达的意思是简单的。更重要的是，动物的交际像它们的呼吸、吃食一样，是本能的。而人类是在社会生活中学会语言的，人类的语言是社会约定俗成的、音义结合的符号系统，人类使用语言进行交际绝不是本能的。美国学者海斯夫妇曾专心训练过一只小猩猩，虽经多年努力，它却只"学会"了四个单词，并且发音不清。

二、语言对文化的作用

（一）语言可被看作是一种社会文化现象

到底什么是语言？普通语言学认为语言就是包括语法和词汇的完整系统。① 这是从语言本质的角度定义的。如果从其他角度（社会语言学角度、文化语言学角度等）定义语言，就会导致语言的定义发生不一样的变化。由此可见，对语言下定义不是简单的事情。在实际社会中，人们经历了漫长且曲折的过程才对语言本质形成认知。在很早的时候，人们处于科学不发达的时期，那时候的人们相信世界上有许多神灵，而语言虽然是人们每天在用的工具，是非常重要的交流工具，但是它没有实体，不可触碰，因此，那时候人们会将语言看作神灵。在科学语言学诞生后，学者们仍旧对语言做出不一样的解释，没有统一的定义。如历史语言学界将语言作为机械现象；结构主义语言学界将语言看作符号体系；到了诺姆·乔姆斯基（Noam Chomsky）则将语言看作人脑的先天机制。② 这些不同的语言定义有共同的缺点，那就是没有考虑文化、社会和语言的关联。

当然，近代语言学史也有另外一种传统，即重视语言与社会、文化的联系。如历史语言学的奠基人之一雅各·格里姆（J. Grimm）认为，语言就是历史，语言本身包含着社会内容。③ 新法兰西学派的代表人物之一梅耶（Meillet）说得更加明确："语言毫无疑问是社会现象。"④ 19 世纪末和 20 世纪初，弗朗兹·鲍阿斯（F. Boas）和爱德华·萨丕尔（E. Sapir）又强调了语言与社会、历史、文化的联系，并且把语言学视为一门社会科学。⑤ 到 20 世纪中叶，斯大林（Stalin）继续沿用语言是社会现象的提法，并且认为语言是一种特殊的社会现象，因为它既不属于经济基础，也不属于上层建筑，而是全民的交际工具。⑥ 斯大林虽然论证了语言与社会的相互依存关系，但他只突出了语言作为交际工具的一面，却忽视了语言作为文化现象的另一面。

语言其实属于社会现象的一种，也属于文化现象的一种。但是不能把语言等同于文化，也不能把文化等同于语言，文化与语言的概念是不同范围的。文化是比较大的概念，不仅有实体的物质文化，也有非实体的精神文化。其中精神文化包含可实体传播的书籍等物化形态，也包含思想观念、价值取向、宗教文化等非物化形态。这些不能被物化的文化一般只会在人类的意识中存在。我们之所以认为语言属于文化现象的一种，是因为语言是

① 高名凯，石安石.语言学概论［M］.北京：中华书局，2010：16.
② 宗薇.现代语言学研究［M］.兰州：甘肃人民出版社，2012：35.
③ 李军华.语言与语言学理论专题十二讲［M］.湘潭：湘潭大学出版社，2016：174.
④ 冯志伟.现代语言学流派（增订本）［M］.北京：商务印书馆，2013：180.
⑤ 岑麒祥.语言学史概要［M］.西安：世界图书出版公司，2011：276.
⑥ 滕达，邹积会，何明霞.跨文化交际探究［M］.哈尔滨：哈尔滨地图出版社，2010：106.

一种人类的精神文明，可以将语言看作是精神文化。语言不是普通的精神文化，而是可被物化的文化，有着完整的、独立的体系。

总的来说，文化如果是包含了人类文明生活的大范围概念，那么语言就是文化这个大范围概念中的小范围概念。这样的范围关系只是从其中一个角度概括二者的关系，如果要掌握二者的所有关系，需要学者继续研究。

（二）语言是文化的载体

语言对文化的影响巨大。思维是建立在文化的基础之上的，而思维又是以语言为唯一载体的，所以语言不仅体现着文化，也极大地影响着文化。在思维的前提下，人类才会培养出自己的世界观、人生观和价值观等一系列文化要素。而且语言对人类思维的质量也有一定影响，从而影响文化的发展。语言记录并传播着文化，让文化在同代人以及不同代人之间传承。

文化的载体具有多样性，而且文化与载体之间是相互渗透、相互依存的。语言作为文化最重要的一种载体，它能起到长久保存文化知识的作用。语言见证并记载着文化的演变，是调查民族文化的宝贵途径。语言研究，可以使人们了解思想观念的继承、意识形态的演变。有了语言的产生和发展，才有了文化的产生和传承。没有语言的文化，或者没有文化的语言，都是不可能存在的。同时，文化又时刻影响着语言，使语言为了适应文化的发展而不断精确化。语言承载着文化，文化蕴含着丰富的语言要素。除了语言以外，文学、艺术、建筑等都是文化的载体。语言之所以是文化最重要的载体，主要有以下几种原因。①

（1）语言反映了语言运用者的知识文化。人类借助文字将各民族的知识文化记载下来，传于后世。

（2）语言反映了语言运用者所处社会的生产力水平和生产关系。

（3）语言反映了语言运用者的生活方式和行为准则。

（4）语言是人类思维的载体。语言是人类自身的一个组成部分，它浸润于人类的思维及观察世界的方式之中。

（5）语言反映了语言运用者的思维模式和思维内容。

（6）语言反映了语言运用者的情绪模式和情感指向。

（三）语言能促进文化的发展

语言可以有效推动文化的发展。为语言发展提供动力、源泉的是文化，文化发展的动力的提供者是语言的发展。我们可以设想，如果没有语言记载我们祖先的知识和经验，后代人一切都要从头做起，社会就会停滞，更谈不上文化的发展。想象一下，如果世界缺少语言这一重要工具，就会导致不同民族、文化无法交流互动，导致人们无法互相学习对方文化的精华，无法丰富本民族的文化体系，导致世界文化的发展缓慢。

---

① 段峰. 文化视野下文学翻译主体性研究 [M]. 成都：四川大学出版社，2008：92.

三、文化对语言的作用

(一) 文化是语言形成与发展的基础

文化与语言的关系紧密，二者不能相互独立。语言发展的基本动力就是文化，没有文化的语言是不存在的。语言不能脱离社会继承下来的观念，不能脱离文化而存在。由于语言中的很多方面（如句法结构、词汇意义等）都包含着许多文化因素，因此现代的文化学家认为，语言是一种文化行为。

中国人的思维方式具有综合性特征，而西方人的思维方式具有分析性特征。综合性思维重视悟性，分析性思维重视理性。中国人的综合性思维方式表现在语言上，可看出汉语结构的灵活性，重视句子的含义而不是形式，重视内容的丰富、合理，比较随性，不会为了内容形态的统一而删改句子。而西方语言重视语法、内容结构、句子结构，尽力保证结构的完整，为了形式的统一会删改句子，同时句子的内涵要丰富。根据上述内容可知，汉语具有综合性特点，重视语言的总体意境，而西方语言具有分析性特点，重视句子结构的完整性。

词汇是构成语言的基本组成部分，因此文化对语言的影响作用主要通过词汇表现出来。例如，由于骆驼在阿拉怕人的生活与文化中起着重要的作用，因此在阿拉伯语言中至少有 6 000 个词汇来表示骆驼的各个部位以及与骆驼相关的各种装备。再如，由于雪的气候条件在因纽特人的生活中有着至关重要的作用，因此在因纽特人的语言中出现了很多种词汇来表示雪，地上的洼雪（aput）、正在下的雪（gana）、正在堆积的雪（pigsirpog）等。然而对于一个斐济人而言，他们的字典里没有用来形容雪的确切的词汇，这是因为斐济人生活的环境处于热带地区，他们没有机会看到雪，所以没有创造形容雪的词汇。由此可见，不同民族所在的地理位置和文化背景会直接影响民族语言。

(二) 文化可对语言运用予以制约

语言的运用不是绝对自由的，而是受到各种因素制约的，其中文化因素是制约语言的主要因素。语境是帮助人们理解语言的首要前提，而文化就是最大的语境。不同的文化背景对语言的理解和运用有着一定的制约作用，同一话语由于不同的文化背景则具有不同的含义，因此了解文化是避免误解言语的必要环节。例如，在汉语言中，朋友、同事见面后都会进行寒暄，如"早上吃饭了吗""一早到哪里去呀"，尽管在汉语言中这仅仅是一种问候的话语，能够使人感到亲切、友好，有利于朋友和同事间联络感情；但是同样的这些话在西方的文化中却不然。如果早上见到一个外国人直接问候"Have you had your breakfast?"他们会以为你要请他吃饭；如果问他"Where are you going this morning?"他会认为你要打探他的个人私事，会感觉不友好。可见，文化在语言运用中起着非常重要的作用。因此，在语言运用的过程中，深入地了解一下目的语语言中的文化，才能高效、成功地进行交际。

文化发展对语言的促进和制约作用表现在新词的出现、旧词含义的变更上。

(1) 新词的出现

随着科技文化的发展，大量新词进入了人类语言中，如"5G""Wi-Fi 技术""蓝牙""安卓"等。

（2）旧词含义的变更

随着时代的变化，语言中的很多词语被赋予了新的内涵或词义发生了改变，如"同志"一词古时候指志同道合之人，也指有共同信仰的人，现在还可以指同性恋者。由此可见，文化因素是语言演变的主要动力。

第三节 文化与翻译的关系

一、文化对翻译的作用

文化对于翻译的影响，在笔者看来，消极与积极的影响都是不可忽视的，但是在这其中还是坚持积极影响要远远大于消极影响。下面作者先从这两方面阐述文化对翻译的作用。

纵观现代世界各地的文化内容与类型，整体现象展现给世人的是丰富多彩的文化"大杂烩"。笔者认为，一个国家、一片地域的历史发展进程都会在各个方面影响自身的文化。因为每个国家的自身发展历史都各不相同，因此其文化的差异性也就渐渐凸显，这就是文化的多样性。而翻译作为文化跨界交流的桥梁，对于各地区之间的文化差异和冲突这一因素是绝对不可忽视的。如果译者在进行翻译活动时没有考虑目标受众所在的文化环境，很容易造成误会，不能被其接受。并且，作者所说的文化是对于源语言与目标语言的两种文化，只有了解源语言所在的文化背景，才能更好地了解其内容，另一方面也要熟悉目标语言的文化背景，这样才能做到真正的跨语言文化交流，才能同时被两方受众群体所接受。长此以往，遵循了这个原则，文化对翻译的促进作用就愈加明显了。

然而，不少专家学者认为，现在全球进程的发展已经使文化边界逐渐消融，许多差异文化被文化趋同取代，所以翻译出的译文也逐渐没有了地区特色，取而代之的是适应全球人民的信息，这就体现了文化在一定程度上的不可译性。这一特色也说明了文化在某些方面确实对翻译活动有着干预的作用。在某些情况下翻译一些文本时，译者无法较好地对目标语言文化做出准确阐释，或是当地文化在世界范围影响较小导致鲜为人知，甚至其所指文化已经消亡。翻译首先要解决的是文化跨越的问题，文化层面的不可译性，显然是我们进行跨文化交流的最大障碍。

笔者认为，这样的现象实是夸张了文化的不可译性，不论是在怎样的情况下，文化的多元性和差异性都是不可避免的，亦是不能消灭的，文化趋同这一现象和特性是一方面，但不是影响翻译活动的全部，只有在知晓文化趋同的这一前提下尽量避免它，努力考虑文化多元性，在处理译文时尽量多了解当地的文化背景，那么译文将会更加有价值，更具参考性。

二、翻译促进文化的发展

翻译作为一种跨文化交际行为，通常担负着传播文化、丰富文化的使命，这也是翻译的意义与价值所在。可以说，翻译促进了不同文化之间的传播与交流。

语言是体现不同文化的载体，不仅能够帮助人们表达思想，还能够承载各个地区的文化信息，并促进文化交流。当人们用语言向外传递自己的思想观念或讲述某件事时，语言就不仅是传播知识的工具，还可以传播不同的文化。而通过翻译这一中介，世界各地的文化得以传播、交流、融合，碰撞出新的火花，焕发出新的生机。

随着我国改革开放、加入世贸组织等一系列步伐的持续和深入，汉语与英语之间的交流也达到了空前的深度与广度，其中最明显的体现便是外来新词的不断产生与涌入。例如：DVD（影碟）、AA（各付各账）、WTO（世界贸易组织）、VIP（贵宾）、cool（酷）、taxi（打的）、show（秀）、e-mail（电子邮件）、coffee（咖啡）等。

以上这些词语或是音译的结果，或是在中西交流中语义引申的结果，再或者是外来词异化翻译的结果，无论哪种，它们都已为人们所接受，成为汉语表达的一部分，从而使中国的语言文字有了新的发展，也使得我们开始更为精确地表达在本土文化中本不存在的事物或现象。

在西方文化传入中国的同时，中国传统文化也传入了西方，并对世界产生了广泛的影响。今天，很多外国人都知道了中国的太极掌、少林寺、武术；了解了中国的节日习俗；认可了中国人名的表达方式，如跨栏飞人叫刘翔（Liu Xiang）而不是 Xiang Liu，篮球名声是姚明（Yao Ming）而不是 Ming Yao。

文化与语言、翻译的关系密切，英语翻译研究不应将三者分割开来，而是要梳理出三者之间的关系，并在此基础上进行相关研究，只有这样才能找出文化在翻译实践活动中所发挥的作用，才能让学生更好地开展翻译实践活动。

三、译文本身具有文化特性

进一步研究显示，翻译的译文应该有自己国家的文化特色，这才是实现地道翻译的前提。翻译出的文本必须是"有血有肉"的，如果没有对文化方面的体现和考虑，那么展现出来的文字也就仅仅是文字，是一具空壳。

其实，不可否认的是，很多人都认为翻译对跨文化的交流与活动有着很大意义。通过了解异国带来的信息，我们可以看到很多与本国不一样的东西，不仅拓宽视野，在吸收他国文化的同时更重要的是对自身文化的赞同与反省。比起一个国家、一个社会的政治、经济发展的重要性，一个民族的思想觉悟可谓是一股无形的力量，世世代代使本国民族的精神得以延续。翻译是多元文化融合的动力和结果，中国人应该从文化战略的高度看待翻译，必须让翻译成为促进国家发展的催化剂。所以，翻译理论应有"中国特色"，尤其在中译英的翻译活动过程中，更是要注意这一点。我们不仅要在创造自己国家的文学作品上凸显自己的特点，更要将这种特点通过翻译的桥梁传播出去，使我们自己独特的文化更具影响力。

总之，笔者从以上几个方面阐释了文化与翻译之间的紧密关系，并认为，如若要讨论翻译，其中的一个重要标准就是从文化层面出发。译文文本，尤其是文学作品，其译文不可能脱离文化及其意义而单独存在。总之，翻译是文化的另一种体现，两者就犹如孪生姐妹般互依互靠，无法分离。在文化进行跨地域之间交流时，翻译作为一种手段是最主要的，而在翻译活动中，文化的活动也是不可忽视的。

第四节 翻译与文化心理

一、文化心理的内涵解读

顾名思义，文化心理是文化的心理。根据《牛津英语双解大词典》关于"文化"的解释，文化除了作为名词出现以外，还是形容词，解释为"文明的、文化的"意思。文化心理是"文化的"心理，或文化中的心理。借鉴有关文化心理的研究成果，我们将文化心理定义为某一群体对文化环境的长期刺激所形成的因袭反应。

文化心理中的文化反应不同于刺激作用下做出的非文化反应。人的反应分为文化的反应和非文化的反应两种，其就是我们所要界定的文化心理和非文化心理两种类型。非文化反应是基本的和表面的范围。婴儿期个体处于迅速发展中，其在反应之后立即获得的是个性素质的另一种类型，即基本反应，它们在有机体开始移动性地接触周围对象时就组织起来。这一类型的许多反应中，有保护性的、防御性的、表现性的、显示性的及其他一些调节方式。

非文化的行为与接触某些刺激物而形成的个人独特经验有关，同所形成的纯粹个人的行为模式有关。反应的形成取决于刺激物的自然属性和个体的生物学特性，此外再加上诸如个人对这种情境的反应经历、目前的具体环境这一类的细微影响。倘若这种反应是特殊性的，那么这类反应的生成便与个人的反应紧密相关。深入了解文化心理的内涵对英语翻译研究具有非常重要的意义。

（一）文化心理是因袭反应

文化反应由对外部习俗的反应构成，习俗的刺激协调了各种人对共同行为采取的不同方式。文化的沿袭性，尤其是习俗的传统性使文化心理也表现在一贯性和继承性方面。

（二）文化心理是群体的心理反应

文化心理是相对于个体心理而言的某一群体的心理反应。文化心理是在某个文化背景下拥有相同文化价值观的群体的共同的心理反应。如某个民族亚文化群的心理反应、某个国家群体的心理反应、某个地区群体的心理反应。在这个群体内，他们用同一名称称呼对象，他们以同样的方式惧怕某些人和事，具有相同的崇拜并履行共同的仪式，等等。

（三）文化心理通过社会化获得

文化反应（或心理）是在特定的群体环境中，通过某种文化过程或文化化、社会化而获得的。文化的过程和群体的行为对文化心理的形成有重要影响。形成群体共同心理反应的是同一文化环境的长期刺激及群体的相互作用。

二、文化心理的特点

（一）历史性和延续性

文化心理可恰当地描述为具有历史性的、与前人所创造的文化传统有关的心理反应。不论它们持续的时间长短，人们表现出这类行为便没有了其他明显的原因。

（二）集体无意识性

文化反应往往是在无意中形成的，就多数情况而言，个人或多或少总是机械地并在对其所做之事毫无觉察的情况下表现出文化行为。它们的出现并不受固定的或公认的标准限制。这也就是说，这些行为的出现本身便设立了标准而不管它们同其他的行为怎样相互抵触，即使这种抵触发生在同一个文化系统中也是如此。

（三）相对稳定性

文化本身具有继承性和沿袭性，某种文化将长期流传并影响人的行为。某种文化中的价值观念、信仰和习俗等这一类刺激的普遍性特点使得文化心理具有极大的稳定性、长期性。纵然在事实上，文化反应是人为的、随意的，但它们却又显得是不可改变的。或许因为它们是由许多人表现出来的，于是便保持着一种持久性的特征。

（四）群体性

文化心理最典型的表现在于它是群体的心理。某一特定类型的心理和行为严格限于某一特定人群。通过观察现种种特定举动的各种界限，我们便能够识别并划分出各个明确的文化心理群体。

（五）强制性

当一个集体等同于种族或民族群体，而个人又在其中形成自身行为时，由于语言和礼俗的获得是加入某个社会的必备条件，这些文化心理便具有一种明显的必然性和强制性。各种宗教信仰显然就不受逻辑力量或一般经验的影响。风俗习惯反应更显得好像个人必须以这种方式行事。

文化心理是群体强加于个人的，事实上是由各个群体强加给各自成员的，这丝毫也没有夸张。换言之，由于身处一定的社会关系内，个体必然会获得很多的文化心理。就群体这一方面而言，在多数情况下并不存在什么有意识的行为，但在一定意义上，个体却理所当然地要同群体的反应条件保持一致。

文化心理的上述特点，一方面，表明了文化心理对人们行为的潜移默化作用和文化心理的根深蒂固影响；另一方面，也说明文化心理普遍存在的意义，不同地区、不同民族、不同宗教环境，文化心理的存在要求企业，要对市场经营活动予以充分考虑。

三、文化心理结构影响翻译标准

指定翻译标准的原则就是要保持内容的通顺。译者在翻译时要明确翻译的目的，掌握读者的文化水平和审美偏好，合理调整译文内容。

（一）译者的翻译目的

不同的译者会有不同的翻译目的。从文化的角度解释翻译目的，就是要在读者心中引起一种共鸣情感。例如鲁迅将外国作品翻译成汉语时，是为了引进国外先进的思想理论，使国内的知识分子可以受到国外理论的启发而得到革命的理论武器，目的是救国而不是为了丰富百姓的精神世界。鲁迅怀揣着这样的翻译目的，翻译出来的作品比较晦涩，适合具有知识储备的人看。

（二）译者对读者的定位

译者在翻译国外作品时已经差不多了解了原作内容。有的学者将翻译看作精英人士进行的文化实践，换句话说，精英人士会直接翻译原作，翻译出来的文字晦涩难懂，文字针对的读者是其他精英人士。秉持这样观点的学者认为，大众读者并不是重要的建构社会主流意识的人，而能够影响社会主流意识的人是社会精英。这一思想有点像鲁迅的观点。鲁迅认为读者有三类：一是具备大量知识储备的人；二是能看懂大部分文字的人；三是不认识几个字的人。大部分翻译者没有考虑不识字的读者。吴慧坚认为读者有四类：第一类是具有民族中心倾向的处于强势文化的读者，不愿意接受其他民族的文化；第二类是成长在具有悠久历史国家的处于弱势文化的读者，对于自己国家的文化太过骄傲，不认同外来文化；第三类是处于强势文化但好奇外来文化的读者；第四类是处于弱势文化，渴望学习强势文化的读者。这四类读者受到强势、劣势文化的重要影响。①

译者需要平等地看待读者，不可以随意改变翻译标准，不可以忽视任何一种类型的读者。译者需要考虑广大的读者，根据读者的文化水平和审美倾向调整译文，提高译文质量。不同的读者在读同一个译文时会产生不同的认知。译文需要使读者看懂，满足读者的精神需求，这就是译文的重要标准之一。

四、从翻译策略视角看译者的文化心理

（一）从归化翻译策略视角看强势文化心理

译者使用归化翻译策略可以使译文更加贴近目的语。归化翻译策略注重本土文化的统治地位，以本土文化为中心，方便本土读者阅读理解原作。② 归化策略体现了译者的强势文化心理。强势文化心理最早可从古罗马时期看出文化踪迹。古罗马在征服古希腊时，强势地侵略了古希腊文化。当时的古罗马译者们使用归化的方式直接翻译古希腊原作。中国也发生过归化翻译现象。唐朝文化享誉世界，当时佛学传播人物玄奘运用归化策略翻译佛经，方便本国人们阅读。

清末时期，中国受西方列强欺凌，国人主张学习西方文化，但是中国文人仍然秉持着文化霸主义思想，受本土文化为尊的文化心理的影响，鸦片战争后出现了一批以归化手法

---

① 张爱惠. 文化心理结构对翻译标准的影响 [J]. 中外企业家，2013（16）：250-251.

② 许芳琼. 从翻译策略看译者的文化心理 [J]. 佳木斯职业学院学报，2020，36（1）：181+183.

见长的学者和译者。其代表人物是严复、林纾和梁实秋等译者。这几位译者在近代西学翻译中起着非常重要的作用，如《天演论》《原富》《麦克白》《哈姆雷特》等译作一度在国内广为流传。

（二）从异化翻译策略视角看弱势文化心理

异化策略主张体现原作的思想，保留外文作品本来的韵味。当本国文化弱于外来文化时，译者会用异化策略翻译国外作品。五四运动后，知识分子认识到国家文化落后的现实，积极引进西方文化。这种极力推崇西方文化的心理，使不少译者开始直译西方文学作品，创新了语言表达方式。这一时期运用异化策略的代表人物是鲁迅和瞿秋白。鲁迅后期的译作大多都带有异化色彩。当时我国的文化比较落后，需要吸收外来优秀文化，发展文化的多元性。鲁迅主张舍弃封建文化，学习西方先进文化。鲁迅坚持异化策略，将世界先进文明直接呈现给中国读者。以鲁迅为代表的异化翻译者们迫切希望改变中国文化落后的状况。

第三章 文化视角下的英语翻译基本问题阐释

作为一种语言，英语的各个要素都体现出特定的文化特征，要想完美翻译英语原文，就必须将文化作为重要研究视角。围绕英语翻译基本问题，本章将阐释文化空缺现象，探究文化信息传递问题，结合文化趋同现象展开分析，研究文化翻译观的指导问题。

第一节 英语翻译中的文化空缺问题阐释

一、英语翻译中文化空缺的含义阐释

在跨文化交际的过程中，交际双方因为所具有的语言表达习惯、价值观等存在差异，而导致对客观世界同一事物或事件的认知出现偏差，这就是文化空缺，也就是在某一个民族文化中所存在的认知图式在另一个民族文化中并不存在。① 文化空缺的出现情况是有一定前提条件的，这里的前提条件指的是交际双方要共享文化背景知识，而在共享的过程中，文化空缺的出现形式表现为省略，这里省略的内容其实就是交际双方共有的文化背景知识。

翻译活动不仅涉及语言符号的转换，而且涉及文化符号的转化，在两种符号的转换过程中，语言与文化形成了十分密切的联系。洛特曼（J. Lotman）和乌斯本斯基（B. A. Uspensky）指出："没有一种语言不是植根于某种具体的文化之中的；也没有一种文化不是以某种自然语言的结构为其中心的。"② 翻译活动是一种实现不同文化背景下人们对同一事物的意义产生相同理解的活动，因此，译者必须要了解词汇的意义，尤其是其所蕴含的文化意义。词汇的意义主要包括语言意义与文化意义两种，前者可以被称之为指示意义，后者则主要凸显的是词汇的文化内涵。各民族在日常生活与文化探索中形成了对词汇的独特理解，即使是同一事物，不同民族的人在认知上也会存在明显的偏差，因此，对于译者来说，把握不同民族文化背景下的词汇的含义才是翻译的重难点。文化空缺在翻译活动中经常出现，因此，对于所有的译者来说，其必须要对不同民族的文化有准确的理解与把握，这样才能尽量消除文化对翻译的影响。

---

① 张富民. 文化交融视域中的英语翻译研究［M］. 北京：光明日报出版社，2019：30.
② 屠国元，廖晶. 英汉文化语境中的翻译研究［M］. 合肥：安徽文艺出版社，2004：64.

二、英语翻译中文化空缺的产生原因

（一）英汉政治文化差异

英国是多党制国家，通过选举制产生的占多数议员的政党为执政党，选举结果正式公布前，各政党间候选人身份、地位相近或相同；我国则是中国共产党领导的多党合作和政治协商制度，所以有些英语政治词汇缺乏汉语对应词，其汉语含义也仅是英语词汇的解释涵义。有些词汇虽有涵义，但译时需据语境调整具体译义。举例来说，counterpart 是个实义词，是具有自身含义的可数名词，但在实际应用中常指地位相同、相似的人或物，其含义常取决于 counterpart 前面所指代的名词，其前通常有形容词性物主代词或类似词汇。

在政治场合，counterpart 前常有国家的形容词，如 Chinese，Mongolian，Indian 等。counterpart 虽是名词，但其功能类似代词，用于明确指代前面的名词或名词短语的中心词。此时，counterpart 常指 Foreign Minister（外长），Prime Minister（首相、总理）和President（总统）。

因为英汉政治文化不同，counterpart 在汉语中没有相对应涵义的词汇，存在汉语词汇空缺，所以其翻译一般采用意译的翻译策略。

（二）英汉历史文化差异

英汉历史传统文化不同，存在英汉不对应词汇和汉语词汇空缺。语言是在特定环境中形成的，不同民族所处的环境不同，其所形成的语言就不同，同时，其语言所蕴含的文化内涵也表现出了一定的差异性。英汉语言有的字面含义相同，但可能引申义不同，卡特福特（J. C. Catford）曾将其原因归为"与源语文本功能相关的语境特征在译语文化中不存在"①。

早在 20 世纪 60 年代，钱钟书先生便提出"化境"说。该理论一方面强调，文学翻译的最高标准是"化"，也就是在进行文学翻译时，不能仅仅从语言形式上完成符号的转换，还要考虑文化因素的影响，使译文符合译文读者的文化习惯；另一方面又强调，"彻底的和全部的化"，是不可实现的理想。

一是因源语中的指称对象在译语文化中不存在、不常见、不被注意或者与译语文化中的可比对象有明显不同。英汉文化差异产生英汉词汇指称意义的非对应语，英语文化词汇出现汉语词汇空缺，常体现在动物、颜色等词汇表达意义上。如在中国文化中，与狗有关的成语多是贬义的，如狗腿子、狗急跳墙和狗屁不通等；而在西方文化中，狗被视为人类忠诚的朋友，人们常以狗的形象比喻人的行为，此时狗非但不含贬义，反而含有褒义色彩，如 top dog（优胜者），无法译出其文化涵义，只能进行解释性的翻译。

二是源语和译语词语的指称意义相同，但语用意义不同。如英语 sour 与汉语"酸"指称意义相同，但 sour 有坏脾气、阴郁之意，汉语"酸"有迂腐之意，故也存在汉语词汇空缺。在颜色方面也有类似情况，英语 yellow 表示胆怯、懦弱，汉语黄色则多半象征着权威与尊贵，如皇帝的龙袍是黄色的；黄色还有着浓厚的宗教色彩，中国的佛教和道教都

---

① 王春霞. 英译汉词汇意义的不可译性及其翻译策略 [J]. 浙江树人大学学报，2018，18（1）：60-64.

崇尚黄色，道徒和僧侣都穿黄色服装。yellow 的意义有时还与疾病扯上关系，比如 19 世纪，yellow fever 指曾给欧洲人带来巨大灾难的黄热病。又如英语 white 常表示"纯真、崇高、吉祥、幸福"之意，而汉语白色往往与白色恐怖相关，有不吉祥的含义。英语 a white day 字面含义为"白色的日子"，译成汉语无法产生相同的联想，感情色彩也不同，只好意义归化译成"吉日或喜庆的日子"。

在饮食方面，英国有各种各样的面包，这与以大米、面条等为主食的汉语文化不同。各种面包词汇也无法一一对应译成汉语，如 bagels（面包圈）、bread rolls（小圆面包）、toast（吐司）、sliced bread（切片面包）、croissant（羊角面包），这些英语词汇根本没有对应汉语词汇，只好根据发音音译、描述其形状意译归化译成汉语读者可接受的译语。在着装服饰方面，英语有各种各样帽子的词汇，如 beret（贝雷帽）、bowler（常礼帽）等，而汉语里没有类似对应词汇，所以对这些词的翻译也只好通过解释性的意译处理。

（三）英汉地理文化差异

英汉地理文化不同，导致英语词汇缺乏汉语对应词，造成不可译。比如英国是个岛国，经济上与渔业紧密相关，而中国是一个 5000 多年以农业耕作为主要经济方式的国家。许多英语短语与 fish、water 等有关，如 cool fish（指脸皮厚的人）、big fish（大亨）、fresh fish（新囚犯）、a cold fish（冷酷无情之人）等。这些英语词汇如直译成汉语，汉语读者无法理解英语词汇中的文化内涵。因为源语词语和译语词语的指称意义相同，但一个有语用意义，另一个没有。如英国四面环海，船是重要交通工具，因此与船有关的词汇如 green hand，指不熟练的油漆工给轮船刷绿油漆时，常常把手弄得都是绿色，含有"新手、生手"之意；而汉语对应直译的"绿手"完全看不出此文化涵义，故应归化意译成"新手"。

（四）英汉主流宗教文化差异

英汉主流宗教文化不同、信仰不一，词汇往往不对应，英语宗教词汇也存在汉语词汇空缺。中国的宗教文化有"儒道释"三教之说，一般民众多受三教的影响；而英国有国教、天主教等，英国居民多信奉基督教新教。如 Redemption（救赎），虽能明白字面的意思，但明白不了留在西方人血液里的基督教文化。Lord Forbidden 不能译成"阿弥陀佛"，God of heaven 不能译成"观音菩萨"，这是不同宗教文化的差异。Talk of the evil and he will appear 也不适宜翻译成"说曹操，曹操就到"。

三、英语翻译中文化空缺的应对策略

（一）深入了解文化空缺现象

其实，翻译活动中存在的文化空缺恰恰就表明翻译并不是一种单纯的语言活动，如果从本质上探究，就会发现，它是一种带有文化属性的活动。这就说明译者在进行翻译实践之前必须具有较强的语言能力，同时也必须具有较高的文化素质。译者的主要作用表现为其能帮助来自不同文化背景的人消除文化差异，因此，在翻译时，译者应该尽量摆脱文化的影响，积极探索文化翻译方法。

译者的翻译活动其实也是一种交际活动，其交际对象为原作者、目的语读者。基于此，译者在翻译时要考虑两个方面的内容，一方面为要对原文存在的文化空缺情况有十分全面的了解，另一方面为要能对译者的认知结构做出合理的判断。另外，对于原文的文化空缺中包含的美化价值，译者也要清楚地掌握，从而保证最终的译文也能将原文的美学价值凸显出来，而美学价值就是文化价值的一种反映。

（二）灵活运用英语翻译方法

有些词语在英汉两种语言中虽然功能相似，但各自的文化内涵却不尽相同。某些事物或概念在一种文化中有，在另一种文化中则没有。语言和文化决定了翻译的可译性。文化与可译性成反比。词语的可译性越小，文化内涵就越大。如果在译入语中找不到对应词，就采取音译、意译、加注法等。

（三）熟练运用异化翻译技巧

异化空缺词的翻译不能一概而论，要针对不同的目的采用不同的方法。文化空缺词的翻译方式，应根据其目的来选择，译者倘若想过要将原作者的意图清楚地表现出来，那么，就可以在具体翻译时选择异化翻译技巧。异化的翻译方法一般有以下方式：

1. 音译

音译法把英语词汇、表达、短语乃至字母、缩略语等语言结构的读音，按照其发音翻译成汉语的读音。这类英语词汇和意象在汉语里是空缺的，难以用一两个字准确地译出其涵义，存在汉语词汇空缺，这时将具有特殊文化内涵的词语"移植"到汉语文化中，将英语词语发音用汉语相近的音表达出来，即音译法。音译法既可以保护源语的特色，又便于使用，通常用于翻译专有名词，如人名、地名、校名、物品名词和抽象名词等。

2. 直译

由于两个民族的文化不同，有些词汇空缺要采取直译法或直译加注的方法。直译，就是在译文语言条件许可的情况下，尽量让译文与原文的形式结构保持一致。这是解决词汇空缺最直接的手段，特别是针对富有文化特色的词语。翻译质量较高的译文所具有的优势表现为原文的风格、情感等内容可以被清晰地体现在译文中，而译文读者通过阅读译文也能获得与原文读者同样的阅读感受。换句话说，直译即译者在不打扰作者的前提下，让读者尽可能接近作者，在译文中保留原文里的文化意象，迁就英语外来文化的语言特点，按每个词的字面意思进行直接翻译或异化处理到汉语文化之中。如 golden age（黄金时代）、cowboy（牛仔）等，将 cowboy 翻译成牛仔，汉语起初并无牛仔一词，因它并非中国文化的一个概念、意象，中国人无法想象出这是怎样的一类人。但使用久了，中国人接受了这个译法，牛仔也成了佳译。类似的还有 trojan horse（特洛伊木马），考虑英汉文化差异性，保留英语源语语言与文化特色，使译文冲破汉语目的语常规，保留源语中历史典故、民族特征和语言风格的异国情调。可以使用直译技巧将 Helen of Troy 翻译成"特洛伊的海伦"，这是一个源自荷马史诗《伊利亚特》的希腊神话故事的词汇。美艳绝伦的希腊王后Helen（海伦）引诱了洛伊王子，两国因此便起了战争，最终因为海伦，特洛伊被灭了，这一词汇就是在这个故事中产生的。

3. 意译

直译可让读者了解英语源语语言文化涵义，但有时也会让人不解，因此，解决英译汉的汉语词汇空缺问题，译者可以灵活地使用意译法，这是一种对原文的内容予以保留，而不保留原文形式的翻译技巧。翻译是一个交际过程，翻译的目的就是把原文的知识传达给外国读者。每个民族的地理环境、风俗习惯等都存在差异，这些差异表现在语言上就是词汇、句法以及表达方式上的差异，例：American Civil War（南北战争）。该词汇翻译，其字面意义为"美国国内战争"，指发生在1861—1865年的美国内战，是美国历史上最大规模的一次内战，参战双方为北方的美利坚合众国和南方的美利坚联盟国，最终以北方联邦胜利告终。英文涵义为内战，对于不了解美国历史的中国读者而言，这样的翻译还不够明朗，译成"南北战争"就一目了然了。

在单个词汇上，如telephone旧译（音译）"德律风"，乍一看，像是气象术语，其实不然。意译却很清楚：电话。又如massage旧译"马杀鸡"，其字面意义显得不伦不类，无法理解，而意译成"按摩"就一点也不费解了。再如parliament旧译"巴力门"，它首先使人想到的是一扇门，而其意译"国会、议会"就很清楚了。意译涉及对原文的再创造问题，不过翻译的创造空间是限定的，不能任意发挥，不应跳出原作的框架。

4. 直译与意译并用

原文读者为了让文章看起来充满文化内涵，同时又能彰显一定的寓意，通常会在习作过程中置入一些成语等富含文化内涵的词汇，因为这些词汇具有特定民族的文化色彩，因此译者翻译起来难度不小。为了最大限度上削弱民族文化对翻译的影响，译者在具体翻译时可以将直译技巧与意译技巧结合起来使用。使用直译技巧进行翻译，能保留原文的形式，而使用意译技巧进行翻译，能将原文的文化内涵揭示出来，因此，两种技巧的结合使用能保证译文的质量。

在翻译中，译者对于政治、经济等方面的术语也很难准确地翻译，但如果将直译与意译技巧结合起来，那么，译者即使不能对这类术语准确地翻译，但通过增加注释的方法也能让译文读者明白其中的意思。

（四）充分掌握归化翻译技巧

考虑到读者的接受能力不一，可以采用归化的方法。

1. 借用

利用与原文描述形象不同的其他形象展现原文意义的翻译方法就是借用法。英汉语言都有习语，有些存在意义上的对应关系，有些则并不对应，对于这些不对应的情况，译者就可以借用汉语中与英语中表达意思一致的习语进行展现。

英语翻译中存在一种词汇意义部分空缺的情况，也就是英语中的词汇与汉语中的词汇的意义并不完全等同，但又具有一定的共性，对于这样的一类词汇，译者在翻译时就可以使用借译的方法。

在《翻译入门》（*Approaches to Translation*）一书中，纽马克（P. Newmark）提出语义翻译法。这种方法比较接近借译或语义再生法。语义翻译保留原语文化。如果原语文化的意义构成了原文所含的泛人类（非异国的、无民族性的）的信息，那么语义翻译就在内涵意义方面帮助读者了解其文化氛围；如果原语文化有别于译文读者民族的文化，语义翻译就向译文读者介绍原语民族的文化。语义翻译假定原著作者能读懂目的语并且是译文质量的最佳裁定者，其根本特点是只针对一位"读者"，也就是原著的作者①。

2. 替换

在保留原文基本意义的基础上，译者利用译文中与原文中的词汇概念相近的词语代替后者的方法就是替换法。在英语翻译中，译者可以从汉语中找到一些与英语中的词汇意义相近的词汇对其予以替换，这样做的主要目的就是要填补部分文化空缺。

英语翻译中词汇空缺的情况非常普遍，且表现形式多种多样，这给译者的翻译带来了困难，要求其必须在实际的翻译中多考虑文化因素，帮助译入语读者解码文化信息，从而认识那些看似无法攻破和费解的文化差异。语义和文化调节避免了语言或文化意义的丢失。英汉词汇意义翻译，因英汉语言所承载的不同涵义的政治、历史传统、地理和宗教等文化信息，英语词汇存在对应的汉语词汇空缺，导致英译汉词汇意义的不可译。文中阐明了不可译性及各种文化差异与相关词汇空缺，即缺乏对应词汇或对应语的不可译现象，在分析英汉文化概念、传统文化和地理文化等文化差异所导致的英汉词汇翻译的不可译性之后，借助语义和文化调节，提出直译、意译和音译等翻译策略，尝试增强英汉空缺词汇翻译的相对可译性，避免英汉词汇翻译过程中的语言或文化意义的丢失，不断完善英汉翻译实践。必须要对英语翻译中存在的文化空缺形象进行合理的研究，利用研究的结果，人们可以对文化空缺现象完成理论层面上的认知，最为重要的是，对于参与跨文化交际的双方来说，这非常有利于消除文化给双方带来的误解。还需要指出的是，尽管空缺理论已经在不少领域"大展拳脚"，尤其是在翻译、跨文化教学领域，但也应该认识到这一理论并不能解决存在于不同领域中的所有文化空缺问题，这也是其局限性所在。基于此，学界应该继续大力研究文化空缺理论，并运用理论指导翻译活动。

第二节　英语翻译中的文化信息传递问题阐释

一、英语翻译中文化信息传递的本质阐释

翻译中的信息传递是一个非常复杂的过程，不仅涉及两种不同的语言，而且还涉及不同的语言使用者，因此，对于这一问题，译者必须认真对待。翻译从形式上来看就是一种语言符号的转换活动，但如果对其深究，就会发现，它是一种蕴含着丰富的文化信息的信息传递活动。可见，翻译就是一种不折不扣的文化信息传递活动，具体的操作体现为译者在阅读原文的基础上，对原语作者想要表达的各种思想与情感信息清楚地把握，并在此基础上在译文中体现出来，并确保译文读者可以清楚地理解原语作者所要传递的真实信息。在文化信息传递过程中，三个主题将会受到影响，分别为原语作者、原语读者/译者、译语读者。

第一，原语作者首先完成了信息的传递，其将自己在原语文化背景中对世界的认知以原语文字这一载体传播出去；第二，译者属于原语读者，只不过他们与那些同原语作者生

①　顾士才．外语教学与语言研究 [M]．上海：华东理工大学出版社，2002：135.

活在一样的文化背景中的读者是不一样的，他们是非常特殊的，其接收原语信息，同时也负责将这一信息传递给译语读者；第三，译语读者可利用译者传递的信息对原语作者所要传递的信息予以理解，甚至如果译者的水平较高，他们还能获得与原语读者一样的阅读体验。从这里可以看出，翻译活动的开展是离不开文化这一要素的，甚至将跨文化信息传递作为翻译的中心来看待。

总之，翻译就是译者利用一种语言将另一种语言蕴含的文化信息传递出去的活动，也就是说，翻译其实就是一种在不同文化背景之间进行的文化信息传递活动。

二、英语翻译中文化信息传递的影响因素

（一）生活习惯

生活习惯的不同，不仅体现在人们日常的衣食住行方面，还体现在人际交往上。在英国，狗被看作是主人非常重要的陪伴者，是人类的朋友，是一种忠诚的动物，在表达时，有许多关于小狗的褒义词，如"Love me, love my dog"这句话表达的是"爱屋及乌"的意思，还有"He is a lucky dog"表达的是"他是一个幸运儿"，这种表达方式符合英国人的生活习惯。但在我国，狗这个词语在早期代表的是一种"低贱的动物"，许多带有狗字的成语都是贬义词，如"狐朋狗友""人模狗样"等，虽然当前人们的观念发生了变化，喜欢狗、养狗的人越来越多，但受传统观念的影响，翻译成带狗的句子可能是骂人的。

（二）思维方式

翻译是用一种语言完整、准确无误表述另一种语言所表达的思维内容，翻译的过程也可以说是对源语表达者思维理解和翻译的过程。英语和汉语受思维方式的影响，在翻译时存在以下的差异：

第一，中国人注重和谐性、整体性，在汉语表达时，一般会按照一定的顺序推进，形成"流水型"的结构，这种方式最常见的是描绘地点。在家庭住址方面，汉语的描绘方式是国家、省份、城市、街道，英语则与之相反。

第二，汉语在表达时侧重于逻辑关系，按照从整体到部分的顺序；而英语在表达时，往往运用抽象的思维表达具体的事物，从部分到整体。最经典的便是描绘日期，汉语在表达日期时，一般是遵循年月日的结构，而英语正好相反，遵循的是日月年的结构。

第三，在语句结构方面，汉语是以动词为核心的，注重层层推进，注重"意"的表达，而英语主要以主语和谓语为核心，包含着多个从句和短句，更注重"形"的表达。翻译者要看到汉语和英语语言思维方式的差异，在实际翻译时，高度重视，提升翻译的准确性。

（三）文化差异

翻译，简单地说，是两种文化间的交流，翻译者要想翻译优美、准确，需充分了解两种语言背后文化的差异，这是成功完成翻译工作的保证。文化差异的原因有多种，如地域文化的多样性，一个地区所形成的习俗、知识、信仰，正是由于这些差异，在翻译的过程中要展现文化差异的重要性。汉语是以方块为特征的，英语是以字母为特征的，在翻译的

过程中，翻译者要注意这一点。例如，在中国，"老"象征着智慧，"老队长""老司机"都是褒义词，而在英语中，"old"这一单词通常表达的是"无用的，没有价值的"，一般是用"senior""elderly"表示年老的、有价值的、高级的。这样的例子很多，翻译者在翻译的过程中要让翻译的内容更贴切，需对文化的差异有清晰的了解，找到解决的方法。

三、高低语境文化差异诱发翻译信息传递缺陷

（一）高语境文化与低语境文化

根据不同的标准，语境可以有不同的分类，如果按照文化对语境的依赖程度的不同，那么，语境可以分为高语境文化与低语境文化两种。语言是人类交流最主要的工具，而人们的交流总是在特定的语境中进行的。关于语言与语境的关系，美国学者、人类学家爱德华·霍尔（E. T. Hall）认为，人类的每一次交流总是包含两个方面：一是文本，二是语境。[①]

据此，在不同的文化中，人们通过语境进行交际的方式及程度就存在着差异，而这种差异制约着交际的顺利进行。也正是根据这种差异，霍尔将文化分为高语境文化和低语境文化。高语境的交际或信息意味着大多数信息存在于自然环境中或者交际者的头脑里，只有极少数是以符号代码的形式进行传递。而低语境的交际则正好相反，大量的信息借助符号代码来传递。

高语境文化与低语境文化的主要差异就表现在文化对语境的依赖程度上，通常来说，前者对语境的依赖程度较高，其是一种需要利用非语言符号进行交际的文化；低语境是指对语境的依赖程度较低、主要借助语言符号进行交际的文化。霍尔认为，中国、日本、韩国等国家属于高语境文化，他们在生活体验、信息网络等方面几乎是同质的；而美国、瑞士、德国等国家则属于低语境文化，他们之间的异质性较大。

（二）高低语境文化信息传播特点

低语境文化与高语境文化的成员在交际时易发生冲突。相对于高语境文化来说，语言信息在低语境文化内显得更为重要。处于低语境文化的成员在进行交际时，要求或期待对方的语言表达要尽可能清晰、明确，否则他们就会因信息模棱两可而产生困惑。而高语境文化的成员往往认为事实胜于雄辩，有时一切尽在不言中。如果低语境文化的人有困惑之处，他们就会再三询问，这时高语境文化的人常常会感到不耐烦甚至恼怒，从而产生误解。

在高语境文化与低语境文化之间是涉及信息转换的，这是毋庸置疑的。不过，二者之间的转换难易度是不同的，一般来说，前者向后者转换比较容易，而后者向前者转换就比较困难一些，需要后者借助相关文本信息予以弥补。

四、以归化翻译技巧实现文化信息传递

语言与文化之间有着不可割裂的联系，前者需要借助后者存在，而后者需要借助前者

---

① 张娜，仇桂珍. 英汉文化与英汉翻译［M］. 成都：电子科技大学出版社，2017：5.

展现，因此，在翻译活动中，要让不同文化的读者了解源语表达者的真正意思，才是翻译工作的终极目标，在英汉翻译中，翻译者要在跨文化视角下掌握以下的翻译技巧。

归化策略技巧指的是根据不同国家文化间的差异，在翻译中，将语言用读者所能接受和熟悉的方式表达出来，以便读者对原文有更好的理解，减少因思维方式、文化差异产生的沟通障碍。为实现这一目标，可归化处理原文，根据源语和译语语法规则、表达习惯的不同改变语言的句式、成分。

（一）人与物信息的传递

在中国人的思维中，句子的主语通常是人，会将人放在首位，而英语句子的主语通常是物，会将物放在首位。翻译者在翻译的过程中，要根据具体的语言环境转化相对应的主语，在不破坏原文意思表达的基础上，使译文读者阅读起来更加符合自己民族语言的表达习惯。此外，从人称上来看，西方人通常会将自己放在后面，这是因为他们在生活中总是表现得非常谦让，表达方式是你、他、我，如果句子的前半部分出现第一人称，是为了表达歉意。东方人受传统文化的影响，注重长幼尊卑，会将第一人称我放在首位，表达方式为我、你、他。此外，在人与人的视角转换下，东方人直系、非直系的亲属在语言表达上存在一定的差异，如舅舅、姑姑、叔叔、小姨、堂哥、表弟，有着详细的划分，但英语中并不会过于细分亲属关系，如叔叔、伯伯会统一用"uncle"表示，堂哥、堂弟、表哥、表弟统一用"cousin"表示。

（二）转换词类传递信息

在跨文化视角下进行翻译，会遇到再翻译的情况，如英文中一些含有双重否定词的句子，则需使用肯定的语句翻译，对于那些存在部分肯定的句子，译者在具体翻译时则可以使用否定的方式进行翻译，之所以要进行这种转换，主要就是为了让译文读者可以更加清楚原文的意思。在同一文化语境下，英语词汇的搭配比较稳定，但当语言类别发生转变之时，词汇搭配不可能固定不变，而是会发生相应的变化。在此背景下，翻译者在翻译时，要根据上下文的表达需求和语境找到适合的翻译方式，如"green"这个单词，不同的语境含义也是不同的，在短语"green old age"中，可翻译为"老当益壮"，在短语"green eye"中，可翻译为"嫉妒的眼睛"，如果翻译出来运用直接翻译的方式，翻译的准确性会大大降低，会给读者带来阅读的障碍。

1. 转换名词

从结构层面上来看，英语句子中只有一个谓语成分，但在具体的表达中，动名词可当作谓语，在转换的视角下，汉语中的许多名词都可在英语中转化为动词。英语名词转换方式有好几种，如名词转化为形容词、名词转化为副词、名词派生动词等，这可为英语中的主体名词向动词转化提供客观条件。例如，"have a rest"表达的是"休息一下"的含义，其中，中心词是"休息"，休息本身是一种动作，但在表达休息的这个短语中，在翻译时，需要有一个名词进行转换，rest 作为名词，在翻译中，是向动词进行了转化。

2. 转换动词

在英语译成汉语的过程中，通常要将英语中的名词转换为汉语中的名词，但如果英语中存在名词派生动词时，找到对应性强的动词替换表达是不容易的，此时在翻译句子时可翻译中心词。另外，翻译者在把动词转换成形容词时，要根据语境进行，要考虑语篇的整体需求，让翻译更贴合语义内涵。

（三）转换句式传递信息

1. 倒装句

在英语语言表达中，倒装句应用性很广，是对句子结构的调整，能够强调句子中某一部分的内容。英语倒装句有全部倒装和部分倒装两种类型，在转换翻译时，译者必须最大限度上保留原文的意思，并将原文句子的重点展现出来。使用倒装句通常能展现两种积极的意义，一种积极的意义表现为能保证翻译的效果，另一种积极的意义表现为能使英语句式结构看起来非常匀称。

2. there be 句型

相比其他句型，中国人理解 there be 句型就很容易，这是因为这一句型展现出了汉语的某些表达特征。因此，译者在翻译这一句型时，可以先从整体上把握好句子的逻辑关系，然后充分利用中国人的汉语表达习惯进行翻译。这类句型一般都比较长，译者需要对其进行合理的拆分，这就需要他们必须要对拆分之后的不同短语之间的关系做到清楚把握，能对不同短语的意思有准确的理解，再根据自身的语言习惯完成翻译，在翻译时，there be 可翻译成"有"。例如，"There is a book on the desk."这句话中，主语是"a book"，主语在 is 后，由此可翻译为"桌子上有一本书"，倘若译者在翻译之前没有对句子进行合理的拆分，那么，最后翻译的结果可能就不能为读者所认同。

3. 被动语态

在英语表达中，被动句经常出现，这类句型有一些典型的句式关键词，可作为翻译的突破口。英语被动语态的句子很多，译者在翻译中必须对这类句子的翻译进行充分的考虑，毕竟汉语的无主句有不少，因此，在翻译时，必须对英语被动语态句子中的各种成分进行合理分析，从而在翻译时可以保证意思传递的准确性。通常情况下，在英译汉的翻译中，英语的主语会变成汉语中的宾语，翻译者要注意这一点。

五、以异化翻译技巧实现文化信息传递

异化策略是从源语出发，从反面翻译那些正面翻译不通的英语表达，这种翻译放弃了形式对等，从而达到意义对等，能够很好保留源语的面貌。异化策略的形式有很多，这里主要分析最常见的两种形式。

（一）转换正反词传递信息

正反词的转换翻译适合源语中不容易翻译的部分，典型词汇有"better than""more than"，在翻译时，为了达到理想的翻译效果，译者需要转换原意。另外，在翻译"北屋"时，通常会翻译出"north"这个关键词，但可借助 south 这个反义词表达屋子的方位。在翻译中，运用肯定与否定、正向与反向都是灵活的转换翻译技巧，是值得运用的方法。

（二）转换语态传递信息

汉语表达比较注重事物的客观性，在句子中运用主体性词语的情况很少，英语与之不

同，主语可以是第一人称代词"I"或者"you"，如果在翻译时缺少转化，句意很可能出现偏差，这便需要翻译者细化语态，将被动的句式改成主动的句式，如此才更符合汉语的表达习惯。

第三节 文化趋同与英语翻译问题阐释

一、文化趋同的基本概念阐释

沃勒斯坦（I. M. Wallerstein）认为在现代世界体系下，各种文化已开始趋同，其本质就是中心国家文明模式的普遍化①。沃勒斯坦在认识与分析文化体系趋同的动力主要是从两个方面展开的，一个是阶级体系，另一个则是世界体系。值得一提的是，其在对文化体系进行构建的过程中还灵活地继承了马克思的文化观。从世界体系来看，那些能在世界政治、经济领域中都占据主导地位的国家的世界观就是最为重要的世界观，尽管我们不想承认，但事实确是如此，政治与经济实力的雄厚意味着其他国家的人们将更加认可这一国家，从而对其世界观也形成了无形的认可。文化与政治、经济之间关系密切，在经济全球化、一体化背景之下，文化也在向着趋同的方向发展。

从文化层面上来看，世界体系反映出文化多元而趋同的特点，之所以会出现这一情况，主要就是因为世界政治、经济在综合发展的同时还存在一定的矛盾，而这种矛盾会通过文化展现出来，为了消解这一矛盾，文化必然会向着多元而趋同的方向发展。多元文化的形成与发展是以多重民族国家体系为基础的，世界经济体系强调世界一体化的发展，这种一体化结果主要是通过政治、经济的一体化实现的，在这一过程中，多元文化的趋同现象便产生了，而最终的结果是催生了世界文化。人类世界形成之后产生了许多文明单位，但经过工业革命、资本主义的扩张之后，西方文明似乎已经占据人类文明的顶端，其他文明表现出发展的颓废之势，尽管中华文明一度在西方文明的冲击下"一蹶不振"，但在今天，自信的中国人已经提出了实现中华民族的伟大复兴的中国梦这一构想。相信在不远的将来，中华文明必然能获得再次的繁荣发展。

在沃勒斯坦看来，人类所形成的世界文化并不是强调文化的真理性，而是政治—经济体所具有的不平等性在文化领域中的反映。在世界经济逐渐向着一体化发展的背景下，那些中心国家总是尝试将自己的经济模式传遍世界，取代其他国家的经济模式。当然，这是现代剥削的另一种表现形式，这种经济层面上的剥削需要精神文化的支持，因此对这一剥削进行分析，可以发现中心国家的两大动机：第一，倘若经济体中的某一个国家或民族希望按照中心国家的发展模式发展，那么，中心国家就必须将这些国家或民族特定的文化规范，从而使其发展可以获得文化支持；第二，中心国家多为西方国家，那些为西方国家所影响的其他国家的民众受到了同一价值模式的影响，因而并不会产生价值认同上的问题。沃勒斯坦用"z"形运动来表示边缘在不愿西化又无力抵抗西化的两难文化处境。

---

① 章立明. 鸟瞰与虫眼 多维视域中的发展理论 [M]. 北京：民族出版社，2007：145.

不同的文化在发展过程中必然会与其他的文化进行沟通与交流，长久的沟通与交流会促使文化最终走向统一，这就是文化趋同。文化趋同并不会消失，只要不同民族的文化长期存在，这一情况就会一直持续下去。不同民族的文化是处于动态发展中的，会随着世界的变化而变化，即便再变，大的方向不变，那就是会"走"向趋同。

二、英语翻译中文化趋同的成因

文化趋同的实现是需要一定的前提条件的，这里的前提条件指的是不同的文化之间要始终保持足够的沟通与交流。当然，如果不同文化之间没有了沟通与交流，那么，文化趋同现象也就不复存在了。这是一个各国经济、政治与文化频繁交流的时代，正是不同文化之间的碰撞与交流，才给文化趋同提供了肥沃的"成长"环境。

自从实施改革开放政策之后，中国与世界其他国家、民族文化的交流越来越普遍，借助网络，中国人对西方人的语言表达习惯、风俗习惯、价值观等有了较为全面的认识，西方音乐、饮食等文化开始在中国社会蔓延。在这样的背景下，中国文化受到了西方文化的影响，比如，中式旗袍就开始与西方服饰相结合产生了新中式旗袍，这便是文化趋同的一大显性表现。当然，西方文化在中国社会传播的同时，中国传统文化也越来越为西方人所认可，中国的中医文化、武术文化就受到了不少西方人的喜爱，尤其是现在，学习汉语的人数普遍增加，相信在不久的将来，西方人对中国文化将会有更加全面而深入的了解，与此同时，中国文化也必将"走"向世界。

文化有两大结构，一个是表层结构，另一个则是深层结构，相比后者，前者的变化比较显著，这不仅可以体现在它的变化速度上，也可以体现在它的变化范围上。具体来说，人们的衣食住行文化变化最为显著，而对于思想观念、价值观等方面的变化，其所表现得并不明显，且这些方面的变化并不是一蹴而就的，是需要长期的影响的。

文化的交流主要是靠语言这一载体进行的，处于一种文化背景下的人要了解生活在其他文化背景中的人，其必须首先通过语言这一工具进行。那么，基于此，语言的融合发展就是一种必然。在语言融合发展过程中，词汇的融合是一种极具显性的融合方面，它是外来语在本民族语言中最为直观的显现。经过大量译者的不懈努力，各种外来语将会与本民族语言进行融合，甚至会成为本民族语言的一部分，而语言的这种融合恰恰就说明了文化的融合。

三、英语翻译中文化趋同的表现

中国与西方的文化交流历史非常悠久，真正处于频繁状态应该要从 19 世纪 40 年代算起，尤其是在"五四"之后，大量的西方文化开始融入中国社会，这些文化的载体主要是西方文学作品，中国的文学翻译大家们将优秀的西方文学作品译介到中国的过程中产生了一些新的词汇。如西方社会科学中的"民主"（democracy），"科学"（science），"社会主义"（socialism），"资本主义"（capitalism），"逻辑"（logic）等；又如反映西方科学技术发明成果的"电话"（telephone）、"电灯"（electric lamb）、"电影"（film）、"雷达"（radar）、"维生素"（vitamin）等，在当时，这些词汇是具有明显的洋味的，但是汉语发展到今天，这些词汇已经成为现代汉语的一部分，人们在生活中也经常使用。

中国实施的改革开放政策让中国与西方世界有了更多交流的机会，西方文化也趁此机会蔓延至中国社会，当前，在中国汉语体系中依然有许多从西方文化中脱胎而来的词汇，如"超市"（supermarket）、"第三产业"（tertiary industry）、"白色污染"（white pollution）、"绿色食品"（green food）、"麦当劳"（McDonald）等；尤其是反映西方发达国家科学技术新成果的词汇更是数不胜数，如"软件"（software）、"信息高速公路"（information superhighway）、"电子商务"（e-commerce）、gene（基因）等，这些词汇是时代发展的展现，同时也表明中西方文化的确在各自发展的过程中出现了融合之势。

对中国语言体系进行分析，也会发现，"中外合语"情况也是非常普遍的，这是一种中国人在讲汉语的过程中夹杂英语的一种语言现象。如，"X光片""CT扫描""正确认识加入WTO的利与弊""下载App"等，这些是在讲汉语时夹杂英语的例子。

四、文化趋同对英语翻译的影响

（一）影响原语言的物质化成分

语言的民族物质化符号指的就是一种语言中所涉及的与人们的物质生活有关的词汇，汉语中的多数新词汇就是这样的一类词汇。这些词汇并不是在中国本土文化中孕育的，是西方文化在中国社会中孕育的结果，在汉语中是无法找到相对应的词汇，因此，译者在翻译这类词汇时往往会困难重重。不过，需要指出的是，因为中西方文化有了不错的交流，中国人的视野开阔，对西方文化也有了清楚地掌握，因此，他们在理解这类文化时也变得没有想象中那么难。就是因为如此，译者在翻译这类新词汇时一般不用做出过多的解释，只是使用常规翻译策略，中国人就能清楚词汇的意义。其实，这足以表明，文化的趋同发展让英汉语言完成了交流，使两种语言的共性成分增加，这对于中国人与西方人的跨文化交际来说，是非常重要的，能提升交际的质量与效率。

（二）影响原语言的民族意识化成分

语言中的民族意识化成分主要指的是民族形态所反映出来的语言信息。这些信息体现为民族的世界观、价值观，同时也可以通过具体的典章书籍等反映出来，当译语读者能对原语中的这些内容有清楚的了解，那么，其在理解译文时就会非常轻松。

"普罗米修斯"（Prometheus）是来自古希腊神话中的一个人物，在故事中，他盗取了天火，并因此触怒了宙斯，宙斯因此惩罚他在高加索山崖遭受神鹰的啄食，即便如此，他依然顽强活了下来，因此，Promethean在英语中所对应的意思就是生命与活力。朱生豪先生早在20世纪30年代就完成了对Promethean的翻译，不过在那一时期，中国人民对Promethean的认识不多，因此，在翻译时，先生就将其翻译成"天上的神火"。

（三）影响原语言的民族地域化成分

原语言中的民族地域成分是原语形成的地理环境、气候条件等的直观反映。因为地理环境所呈现的特征都是不一样的，因此，对于这一成分的翻译，译者不能使用直译的方法，通常情况下只能借助意译的手段。例如，英语中有这样一个源自地名的成语"carry the coals to Newcastle"，在对其进行翻译时不能直接将其翻译成"把煤运到纽卡斯尔"。这是因为Newcastle盛产煤，如果是将煤运到这里，那么就显得运煤者就有些荒谬了，可将其翻译成"多此一举"。大多数人对 Newcastle 并不了解，不清楚它盛产煤，因而如果对这一成语直译，多数中国人是无法理解其中的意思的，因此，结合中国文化进行翻译是合理的。当然，随着中西文化交流的深入，中国人对英美国家的地理环境也会有更加深入的了解，基于此，译者在翻译时有时也能根据具体的情况将地名进行直译。

（四）影响原语言的民族社会化成分

能将一个民族中的风俗、交际文化、服饰文化等反映出来的词语就是语言中的民族社会化成分。因为这些词语通常与其诞生的民族文化有非常紧密的联系，因此，它在被转换成另一种语言时相对来说并不容易，毕竟这种转换还涉及文化层面上的转换。比如，英语中的"play knife and fork"（饱餐一顿）不能使用直译方法直接将其翻译成"玩刀叉"。

文化差异对英语翻译的影响是多方面的，但随着人们文化交流的不断深入，各民族在许多方面将会达成共识，以至于文化的差异将不断减少，这就进一步拓展了英语翻译与中西方人民跨文化交际的空间。

五、文化趋同背景下英语翻译的原则

世界各民族的文化要想实现共存、交流发展，翻译就是达成这一目标的重要手段。世界各民族的文化要获得繁荣发展、处于和谐发展中，翻译能为其助力，毕竟翻译活动是一种开放的活动，是能促进各民族文化交流与趋同的活动。在文化趋同理论的指导下，英语翻译表现出了一些特色原则，主要包括以下几点。

（一）保留中国语言文化的特色

对世界各民族的文化进行分析，可以发现，没有任何一个民族的文化是静止不发展的，它们都处于动态发展中，正是因为如此，中西方文化才会在动态发展中不断地进行交流、融合。中国文化在古代一度达到了世界的顶峰，但随着西方列强敲响中国的大门以及中国的故步自封，中国文化一度发展到了艰难的境地。必须承认，借助翻译进行中西文化交流的情况表现出了不平等性，这体现译者重视西方文化翻译，把各种西方文化介绍到中国，关于中国文化的翻译并不多，这导致西方世界其实对中国知之甚少。

当前，中国经济实力显著增强，在世界上的影响力巨大，尤其是汉语、中国文化受到了世界人民的喜爱。在这一背景下，译者应该明确翻译的重点，自觉地将中国文化翻译出去，使世界人民对中国文化有更加全面的了解。具体来说，译者在翻译时要最大限度上保留中国语言文化的特色。

（二）保持民族文化特色，尊重其他民族的文化

世界经济、文化都在朝着一体化的方向发展，世界人民越来越认识到对于异国文化，不能一味地排斥，这些文化也会包含有益的成分，应该辩证地看待它们，对于其中的优势成分，应该积极吸取。另外，世界各国都需要发展自己的经济，而经济与文化关系密切，借助文化载体可以无形中发展经济，同时也能实现到弘扬本国民族文化的目的。正是世界文化正在普遍地进行交流，甚至朝着趋同的方向发展，译者才能更好地完成异化翻译，翻译的质量也能获得保证。

全球化让世界各国之间的文化交流变得更加频繁，人们理解竞争，同时也注意吸取其他文化的优势成分来发展自己。对于中国人民来说，其从改革开放政策中获得了诸多益处，同时也开阔了文化视野，对世界其他民族的文化有了更为准确的认识，这让中国人民更懂得尊重其他民族的文化，同时也为优秀的西方文学作品所吸引。在阅读的过程中，他们对译文的要求越来越高，不仅要求译文的流畅性，而且还要求译者可以将原文的风格、情感等内容完全传递出来。对于中国人民对译文的这一要求，翻译学者已经开始进行研究，不少研究人员已经指出，译者在进行英语翻译之时，必须能忠实地再现英语的语言形式，同时还要揭示语言形式背后的文化内涵，要能通过文化信息传递让中国人民了解西方文化风貌。

要指出的是，文化趋同并不是说用一种文化去统一另一种文化。翻译是要利用语言形式的转换实现文化的交流，而不是完成文化的统一。因此，即使处于不同的文化背景，人们在交流时也应尊重彼此的文化，当然，也要保持自己本民族文化的特色。这就要求在具体的翻译时，译者必须以一种平等的态度进行翻译，要保持民族特色，要尊重其他民族的文化。在翻译手段的促进下，世界文化将实现大繁荣，在文化趋同理念的指导下，翻译也能成为世界人民彼此了解的重要手段。

第四节　文化翻译观对英语翻译的指导问题阐释

一、巴斯奈特的文化翻译观

（一）基本内涵

苏珊·巴斯奈特（S. Bassnett）可以说是文化翻译学派的领袖式代表，其独树一帜的翻译理念和主张吸引了诸多翻译学者的关注。其中，其文化翻译理论最为经典，甚至在极大程度上引领了翻译学术理论研究的文化转向。

其文化翻译观主要可概括为以下四点：翻译应该实现源语文本在目的语文化中的等值，而不是仅仅对源语文本进行描述；翻译是一个文化交流的行为，而不单单是一个语码转换重组的行为；翻译的单位是文化，而不是语篇；不同的时代，存在该时代特定的翻译原则与规范，以适应当时翻译市场和文化思想的需求。翻译归根结底是一种文化活动，是为了满足不同文化群体的需要。

（二）主要特点

巴斯奈特的文化翻译观主要强调的是文化交流，即文化处于第一位，而信息处于第二位。因此，译者在翻译时应该注重文化差异，尽可能地将这种差异保留。

巴斯奈特的文化翻译观指出，目的语读者应该努力去适应源语与本族文化的差别，并逐渐将这种差异吸收与接纳，通过阅读译文，更好地了解源语国家文化的特点，从而丰富本民族文化。

　　巴斯奈特的文化翻译观侧重于文化交流，而这就意味着翻译时应尽可能地保留源语的原汁原味，译者无论对于内容还是形式，都应该同等对待。

　　巴斯奈特的文化翻译观认为，译者对于文化因子的态度不是翻译，而是传递或者移植，如果就翻译方法来说，主要是直译而不是意译，主要是异化而不是归化。

　　所谓的翻译忠实，并不是要求译者完全从目的语的习惯出发，对原文进行规范，而是在交流的基础上，将两种文化的差异性显现，即要求"同"的同时，也要求显示出"异"。

（三）重要地位

　　巴斯奈特的研究领域和兴趣爱好相当广博，这使她具备了比传统翻译更为超前的研究意识，将自己对翻译的挖掘置于更广阔的研究空间，从不同角度思考翻译的特定功能、翻译与各类文化现象的关联以及译者的职能和地位。巴斯奈特主张，尽管时代不同，翻译原则和规范也不同，但从根本上说翻译原则和规范都是为了服务特定需求，翻译是为了满足特定文化群体和文化本身的需求。谢丽·西蒙（S. Simon）——当代著名女性主义翻译家——将巴斯奈特的"文化转向"评价为20世纪80年代后最令人振奋的翻译研究成果。由此可见巴斯奈特理论的非凡意义。

　　巴斯奈特文化翻译观中的功能等值与奈达（E. A. Nida）的功能对等、弗米尔（H. J. Vermeer）的功能观是有区别的。巴斯奈特主张，在翻译研究里的文化观中，文化应当是翻译的单位，不同文化的功能等值仅仅作为途径，翻译的真正目的是文化的转化。而奈达则认为，翻译指的是在译语中最为近似且贴切源语从语义到文体的对等语，复述源语所包含的信息，翻译真正的目的是呈现源语的信息，对等是完成目的的途径。弗米尔的观点在翻译的目的上是跟奈达站在一边的，他强调复制源语文本信息。三人观点的区别清晰地表现出巴斯奈特文化翻译理论的独树一帜，将文化视为翻译的单位、将文化转换视为翻译的目的，能够超越传统翻译方式将信息作为翻译目的观念，以更为开阔的视角评价翻译活动。

　　随着21世纪一同到来的全球化风潮，迅速蔓延至经济领域和文化领域，在文化与翻译的探索中也可见其一二。当今互联网技术与新媒体技术的发展，促使信息以各种形式在世界范围内传播，促使了全球化加诸文化的影响更为深刻，尤其是跨过信息的交互，差异性的语言文化处于极为重要的地位。翻译的作用也愈加彰显。基于全球化背景下的文化环境，当前对翻译的理论研究与实践也需要更为关注翻译的文化层面。就如巴斯奈特的观点，翻译不应该局限于语言信息的范畴。通过对巴斯奈特文化翻译理论的剖析，可以认识到翻译研究的文化转向为当前翻译活动的指引性意义。译者已背负起推进中华文明的传播及其与西方文明平等交互的重要使命。

二、文化翻译观指导英语翻译实现文化转向

　　巴斯奈特和安德鲁·勒弗维尔（A. Lefevere）合编出版的《翻译，历史与文化》（*Translation，History and Culture*）一书，正式提出了翻译研究文化转向的新的研究范式。这是翻译研究所取得的新的重大发展，由此诞生了一个重要的西方翻译理论流派，即文化翻译学派。翻译研究的文化转向，指的是进行翻译活动应关注各个因素施加在翻译上的影

响，关注译者自己所具备的文化素养对原文的影响，关注译入的语境下探究原文接受形象。由一种语言翻译成另一种语言，可以说是基于另一种语言的文化背景进行了二次创作。

文化转向在一定程度上冲击了传统翻译的观念，在翻译学界变革式地树立起一批超越传统的范例，使翻译跨入了新的发展时期。文化学派翻译观主张，文化是翻译的单位，翻译是文化自身或不同文化之间的沟通，其目的是使特定文化群体和文化自身的需求得以满足。以文化翻译理念的基本观点为基础，从文化翻译到文化转向可谓是翻译学的重要发展。翻译和所有的语言交互行为相同，都是一个持续顺应筛选的过程性行为。基于顺应论的逻辑，翻译是不同文化的交互，为了满足交互目的，译者应当有意识地在社会、历史、风俗、政治、宗教等整体背景和具体的语义、语法、结构等细节寻求可以匹配的节点，并基于此筛选最合适的进行关联。因为文化之间存在区别，译者需要立足交互的目的，自觉自发地选用相应的方式。

三、文化翻译观指导英语翻译深入阐释文化

文化翻译学派尚未产生之时，语言学研究范式是西方翻译理论学术的主流观点，其确实取得了令人瞩目的成就，但同时也存在较多困境。尤其是文学语言的独特之处，令语言学范式难以完全地应对翻译问题。文化翻译学派就是因此产生。巴斯奈特体系化地整合了翻译学的基础理论，审视了传统翻译理论并重新做出评价。其突破了传统的语言学派囿于语言学、符号学领域理解翻译的桎梏，将语言置于文化大环境之中，主张文化如身、语言如心，反对孤立地从语言单一视角理解翻译活动。翻译并非不同语言间纯粹的转化，而是囊括了语义、句式、语法等不同角度的综合性的解码和编码活动。在这一活动中，文化具有不可忽视的关键影响。巴斯奈特进行了翻译三分法，即域内翻译、语际翻译、符际翻译的阐释后，认为语际翻译需要依靠其他符号单位的辅助才能够较为完整地阐明某符号单位的信息。翻译对其他符号的阐释是有边界的，只能尽可能贴近，而无法做到与之一模一样的等值。等值问题主要有两个层面的探索：一是翻译领域的语义特性和从原文到译文语言信息的传送，二是翻译文学作品时的等值。这两种层面都需要译者在翻译的过程中将等值问题置于特定的时代文化环境中进行思考。

巴斯奈特旗帜鲜明地在翻译研究领域注入文化概念，主张文化翻译是文学翻译的本质。进行文学翻译，不仅需要关注字词、语义、句式、文体、结构等的转化与表达，而且需要将原文和译文的背景文化、译者的翻译视角等因素纳入考量。巴斯奈特一直运用翻译史观从事翻译研究。她深入研究了自古罗马时代到现当代各个时期的翻译理论和实践活动，认为翻译活动和译者的地位都在持续上升，翻译研究的手段和视域在渐渐扩张，翻译研究者应当将对翻译行为的关注延伸到其他与翻译相关的要素和范围上。翻译所具有的文化属性与历史属性密切相连，所有的文化活动均在特定的历史阶段中进行。翻译的文化属性和历史属性决定了应当将原文和译文均置于相应的历史文化环境之中，对比其诞生时所处的历史文化条件，以获得两者之差别，并对这种差别进行调整——由此，翻译就获得了创造特性，从复述原文的表层含义发展到对文化的解释。

现在跨文化的翻译研究，译者对文化进行释明时，容易使本民族的语言和文化被贴上"殖民化"或"异质化"的标签，翻译语言的边界亦容易蔓延到具有意识形态或文化霸权

色彩的"语境"之中。我国的翻译活动里，始终有部分译者流连于语句表层含义的得失，或止步于对翻译文本的浅层价值评价，抑或对某作品翻译成汉语后的某一表述方式产生了持续不断的争议。翻译学术研究从巴斯奈特的文化翻译理论中获取了理论阐释和探索方向，将译者提到可以突破传统思考局限的地位，宏观地评价并推导结论，使结论更具客观性和普适性，而不再纠结于翻译的某个具体技能方面。

四、文化翻译观指导英语翻译人员转变角色

不论使用人脑翻译还是设计程序进行人工智能翻译，翻译活动终究是人为活动，因此译者的主体性、对翻译活动的认识以及对自身角色的定位很大程度上影响着译文结果。一方面，翻译研究的发展指导着译者角色定位；另一方面，重新认识译者的角色是翻译理论发展的需要。所以，翻译理论研究必须先能够清晰把握译者的角色。

根据巴斯奈特的理论主张，翻译的研究方法中的翻译单位应该以往所认为的语篇转为文化，这就是"文化转向"。视文化为翻译的单位，是由语言和文化之间的紧密关联所决定的。如前文所述，文化如身、语言如心，只有身心和谐，人方能具有蓬勃的生命力。译者进行翻译活动时，也要将语言置于文化之中进行翻译的思考。

文化翻译观提出了新的理论研究方向，继而在这个新的理论指导下，译者的认知也随之发生变化。

从框架角度出发，可以将文化翻译观指导下的译者角色转变分为三点。

第一，译者需要将源语的框架机制巧妙转嫁嵌入到译语文化中，这不仅要求译者对源语和译语读者之间的差异了如指掌，同时要具备与框架相关的篇章知识和语言学知识。

第二，译者要将框架理论作为分析切入点，在进行翻译实践时，要注意译本原意和自身知识之间的互动，此时，译者的任务是根据具体框架调整自身理解过程。

第三，译者在框架模型中的作用是将单纯的语言分析调整到多维度理解过程，要将源语框架投影到能激活读者知识框架的目标语言元素上，使得译本在语义、语用和风格上与源语元素能对读者的激活框架相同。只有目标语言元素激活了相关的文本解释框架，读者才能够根据其基于框架的知识来推断绘制正确的语境。从这个角度来看，译者成为两种不同概念体系之间的双文化的"中介"。

总之，在文化翻译观下，译者要有充分的框架意识。具备这个认识与定位，译者才能很好地从框架角度解读文化翻译观并将理解付诸实践。

五、文化翻译观指导英语翻译人员构建情景框架

框架可以表现知识的不同属性架构，是一个基础性的认识语言学概念。框架可以视为记忆存储的某种信息，基于这些信息，人类能够对相同或近似的场景进行范式处理。和文化要素相关的框架包括情境框架、形象框架、类属框架、社会框架及文本类型框架。

简单来讲，情景框架是指与常规场景有关的信息词块。在同一情景框架中，不同参与者会给出不同的描述。例如，在"餐厅"这个情景中，一个顾客进入餐厅，随后决定位置、朝向等，对于这一客观动作，顾客与服务员可以从不同的角度进行非常不同的描述，那么所使用的词汇，即信息词块也将不同。再例如"go to the doctor"在英语下的翻译和在西班牙语下的翻译就不同。例如，在美国，病人先和护士交谈，而在西班牙看病之前，

病人通常先和医生交谈。那么，当美国读者和西班牙读者看到"go to the doctor"这个词组时，他们产生的心理反应与想象是不同的。因此在翻译过程中要特别注意这些社会文化差异，因为这可能会阻碍目标语言读者的理解过程。

所以文化翻译观主张，翻译要突破复刻源语字面含义的限制，转而关注文本在译语文化环境中功效上的一致性。情境可以为活动提供行为手段和目的信息。译者要对原文所处情景进行判断，并选取特定的表达。读者根据特定表达能够对常规场景有初步预判，在理解文本内容时更容易，同时更好地实现源语与译语在文化功能上的等值。尤其对于源语中一语双关的话语，译者要在该情景框架下明确该话语的目的，并将其原汁原味地转达到目标语言当中，使得目标语言读者与源语读者产生相同的联想。

文化翻译理论认为翻译是一种交互活动，而不仅仅是对编码的解析和重组。在翻译实践中，交流所使用的语言模式是一特定情境的规定，当译者脑中构建出情景框架时，便能选取恰当的表达。情景框架的不同维度解释了我们所谈论的情景、沟通渠道（模式）以及与对话者（语气）的关系，这些决定了在特定情况下使用的语言。从这个意义上说，情景框架提供了一个与人的认知能力相一致的解释：人们将产生于常规情境的经验组织成一个整体示意结构，这个结构中综合了语言信息、情景信息和文化信息。

六、文化翻译观指导英语翻译人员构建社会框架

文化翻译观主张翻译的原则和规范具有时代性，会随着时代的变迁而不同，以符合该时代文化群体和文化本身的需要。框架理论中的社会框架将这个观点进行了具体的拆解。社会框架指的是社会创造出来的体系体统以满足群体的需求，包括地域、社会地位、人际、体制、意识形态等。不同群体可以根据社会框架中的"地域""社会地位""人际关系"来划分。

社会框架包括与社会知识相关的许多领域，因此在社会框架下划分出4种子框架，分别是地域框架、社会地位框架、人际框架以及体制框架。"地域框架"和"社会地位框架"实际上可以被视为文化的不同方面，它们包括种族、地理和特定社会中多元的社会经济特征。"人际框架"指发生在特定文化群体中的社会情感关系，包括与朋友、家庭之间的关系的有关方面。"体制框架"指的是社会为满足社区人类需求而创建的系统，包括构成所有社会基础的方面，涉及政治经济组织、教育系统、公共和家庭生活等方面。

（一）构建地域框架

地域框架下，从认知的角度来看，读者会组织以往的特定地域下的社会经验，并将其进一步转化成用于解释话语的框架。在全球大部分地区，不同地方的人口一般有着不同的方言或口音。许多小说的原作者常常会利用方言和口音来刻画人物特征，因为方言或口音能蕴含很多背景知识，如文化程度、人物性格等等，作者有时也会通过口音来突显幽默。例如，许多作家的作品中常常使用社会口音的标记来激活读者对人物社会经济地位的认识，这些标记主要出现在下层工人的演讲中，通常和地理口音标记在一起。有些词的翻译有些太原始了，但是它比一些文雅的词汇更有助于激活工人阶级的原型，增加幽默效果。构建地域框架能够使译者对口音、方言此类的标记更加敏感，注意到此类标记，译文会更加地道纯熟。

（二）构建人际框架

人际框架能反映出亲密语言和权力距离，特别是进行小说翻译时，译者要注意语言、词汇、句法和语义层面上的社会地位标记，即文化翻译观所提出的"满足不同文化群体的需求"。

人际框架指的是关于特定社会成员之间的社会和情感关系的知识框架。在人际框架中，读者的心智模型包括对父子关系、朋友关系或者恋人关系等情感关系心理模型，以及关于每个关系的语言特征的知识。例如，在大部分东西方文化里，我们都期待着朋友用友好的语言说话，爱人用亲切的语气和充满爱意的语言沟通，或者以正式的方式和上级沟通。因此，在源语中出现一词多义的情况时，不仅要选取最契合当前语境的语义，而且还要选取最适合当前人际关系的表达。在小说翻译中，说话人之间的不同类型的社会关系不仅决定了使用正式语言还是口头语言，还涉及是否会使用粗俗语。说话者之间的权利距离越小，使用粗俗的可能语性就越大。如对于英语翻译来说，粗俗语是有存在价值的，它是作者与读者分享的文化知识的触发器，是和读者隐性交流的途径。恰如文化翻译观所指出的，翻译是一种交互活动，而不仅仅是对编码的解析和重组，其交互活动的目的就包括了解人物特点，发展人际关系。

第四章 文化视角"剖解"英语翻译之翻译基础技能

翻译的层次与不同语言间的交流具有直接相关性，高层次的翻译不仅能够避免误解、加深理解，还能够为不同文化搭构桥梁。所以，应当着力提升学生的英语翻译层次，关注学生的综合素养，通过英汉对照的方式教授翻译方法，无论是单词、句式还是文章结构，都应引导学生发现英汉语法和语言环境的区别，提高学生的翻译水准。

第一节 英语词汇翻译

一、词语的转换技巧

（一）名词与动词之间的相互转换

英语句子中常常含有大量名词，而汉语句子中则喜用动词。所以动名词转换在英汉互译中数见不鲜。在英语中，大量由动词和名词派生的具有动作意义的名词在英汉翻译中常被转换成动词。当汉语被翻译成英语时，却常常把汉语动词转换成英语名词。

例1：Difference between the social systems of states shall not bean obstacle to their approach and cooperation.

译文：各国社会制度的不同，不应妨碍彼此接近和相互合作。

（二）英语动词转换为汉语名词

英语中有一些动词，特别是名词派生动词，如特征、动作、行为等，很难从汉语里发现与之完全对等的动词。所以，此类动词的汉语翻译可以进行名词性转化。同样，汉语名词翻译成英语时，也可以做动词性转化。

例1：新产品的特点是设计独特，质量高，容量大。

译文：The new product is characterized by unique designs, high quality and great capacity.

（三）英语形容词与汉语动词之间的相互转换

英语中有一些形容词用来表达感知、情感、欲望和思维等心理状态，如 afraid、

anxious、careful、glad、delighted、cautious、grateful、envious、embarrassed、confident、certain、angry、ashamed、jealous、aware、sorry、ignorant 等，这类形容词在英译汉时常常转换为动词。

例1：Scientists are confident that all matter is indestructible.

译文：科学家们深信，所有物质都是不灭的。

此外，还有一些形容词短语在句子中被用作谓语或定语时，通常被翻译成汉语动词。

这类形容词短语有 absent from（缺少）、adaptable to（适合于）、beneficial to（有益于）、harmful to（有害于）等。

例2：A responsible government is one responsive to the wishes of his own people.

译文：一个负责任的政府是一个响应人民意愿的政府。

相反，在汉译英中，汉语中的动词（如感知、情感和欲望）通常可转换为"be+形容词"或"be+形容词+介词短语"的结构。加之，汉语里的部分动词是可以根据文章含义在翻译成英语的过程中转化成形容词或形容词短语的。

（四）英语副词与汉语动词的转换

英语副词可以转换为汉语动词。

例1：Spring is in.

译文：春天来了。

（五）英语介词或介词短语与汉语动词的转换

英语句子中往往含有大量介词，很多介词或介词短语承担了动作含义，在翻译成汉语时，可以转用动词表达，以贴合汉语的用语习惯。

例1：Millions of the people in the mountainous areas in China have been off poverty.

译文：中国有千百万山区人民已经摆脱了贫穷。

同理，汉语中的动词也可以转译为英语中的介词或介词短语。

例2：今年暑假我们将到夏威夷去度假。

译文：We will be on holiday in Hawaii during this summer vacation.

（六）名词与形表词的转换

英语句子中有部分名词（尤其是形容词派生的名词）在句子中充当表语或宾语，在译成汉语时，可以转为形容词，以贴合汉语的表述方式。

例1：As a Beijing opera singer, he has achieved great success.

译文：他是一个很出色的京剧演员。

在英语中，一些表示事物特征的形容词在用作谓语时也可以转换成汉语名词。有些形容词加上定冠词后表示一类人，这样的形容词也可以转换成汉语名词。

例2：Computers are more flexible and can do more kinds of jobs.

译文：计算机更灵活，它们可以做很多不同的工作。

上述两种转换现象也存在于汉译英中。汉语中的形容词可译作英语的"be+名词"结构，定语形容词可译作"名词+of"结构。汉语中的名词也可转换为英语的形容词。

例3：由于采用新技术，工厂的效率越来越高。

译文：With the new techniques adopted, the factory is getting more and more efficient.

（七）形容词与副词的转换

在英汉翻译中，形容词和副词常常相互转化。由于英语的名词和动词与汉语的动词和名词能够相互转化，所以作为名词和动词的修饰，形容词和副词自然可以随中心词一样进行互换。

例1：We should make full use of this opportunity to promote our sales.

译文：我们应当充分利用这个机会进行产品促销。

（八）其他词类的转换

除上述词类转换外，副词还可以转换为名词，用于英汉翻译和汉英翻译。

例1：All structural materials behave plastically above their elastic range.

译文：超过弹性极限时，一切结构材料都会显示出塑性。

根据对上述词语翻译的学习，可以看出进行翻译时，可以先不考虑词性。不然，恪守原文词性可能降低译文的流畅性和逻辑感。而且，翻译词语时对词性的处理主要凭借英汉各自的语言习惯，而不是既定的"公式"或规则。所以，同一个词语在不同的语言环境中的翻译或许会存在差别。因而，译者需要通过反复练习来掌握这种翻译判断和技巧。

二、变换用词技巧

重复是汉语的一大特点，同一个词或短语可以反复出现在文本中，以便准确或有力。[1] 这与汉语是意合语言有关。汉语中几个相关句子的组织不是通过连词连接起来的，而是主要出句子的内在意义联系起来的。这样，在没有连词的帮助下，依靠简单的单词重复来增加句子的凝聚力是很自然的。因为就听者或读者来说，词语的重复要比使用代词、同义词等更能使句子浅显易懂。英语注重形合，所以句中需要较多的连词及其他衔接形式来串联句子成分，保证其含义的流畅，以便给予词语更多的灵活性和变化。用不同的词语表达相同的意思，以达到活跃文风的效果。

汉语词汇的重复还与其语音文字特点密切相关。从审美的角度看，为了使朗读顺口悦耳，文章往往追求音节的整齐、统一、匀称，从而出现了词语的重复。而英语的美学规则是不同的。英语中的重复词要么去掉，要么有所变化。鉴于汉英两种语言在这方面的差异，译者应采取相应的措施。被重复的汉语词语通常包括动词、名词、形容词等。

例1：奴隶社会代替原始社会，封建社会代替奴隶社会，资本主义社会代替封建主义。

译文：Slave society supersede primitive society, feudal society replaced slave society and capitalism supplanted feudalism.

分析：汉语接连三次使用"代替"，并没有给人一种枯燥的感觉。但在英译文中可使用三个不同的词，以活跃文风。

---

① 左瑜. 英语翻译的原理与实践应用［M］. 长春：吉林大学出版社，2019：107.

三、注意动态与静态的区别

中国人在翻译汉语动态动词时，既可以保留英语动态动词，也可以将它转化为静态的表达法。当然，并不是说所有的动态动词都必须转化为静态表达法，但翻译工作者应注意到存在这种转化的可能性，同时注意到动态与静态之间的微妙区别。

例 1：他父亲去世了。

译文 1：His father died.（表示动态）

译文 2：His father is dead.（表示他父亲已不在世的状态）

四、词语的变通手段

两种语言之间的差异决定了翻译活动的复杂性，而且语言在不断发展，英汉新词语在不断出现，构词手段也在逐渐发展。在一般情况下，如果仅依靠单一的或一成不变的方法去处理词语翻译的问题，那么翻译活动就很难完成。翻译活动还得讲究一个多样性的原则，因此除前面所讲的主要的词的翻译方法之外，在翻译活动中还经常采取一些必要的切实可行的变通手段，如替代法、释义法和缀合法等。

（一）替代法

替代法就是指使用同义词、近义词或以另一角度的措辞来代替原文的词义，以适应行文或表意的需要。替代法是翻译过程中重要的译词手段之一。使用替代法译词要注意的是，译者必须对原文词语的词义有准确而透彻的理解，在译文语言里精心选择替代词（substitute）。替代法有以下几种形式：

（1）代词性替代

代词性替代法主要用在汉译英翻译中，这是因为汉语中词语的重复现象远远超过英语，有时还作为一种修辞手段，以加强语气，英语则不同。在英语中，除非是强调，一般避免重复，代词的使用频率远高于汉语。因此，在汉译英时，往往使用代词或关系代词来替代同一意义的词语。

（2）同义词替代

汉语中成语的使用很普遍，这是因为汉语中成语相当丰富，成语使用得当可以使行文大为增色，通顺流畅，雅俗交融，生动活泼，形象鲜明，从而获得更好的修辞效果。英语中很多词语都可以在汉语中找到意思相同或相近的词、成语或习语替代词。

A sea of faces 人山人海

goose flesh 鸡皮疙瘩

Spend money like water 挥金如土

相对来说，汉语中的同义词没有英语中的同义词丰富。因此，在汉译英时，英语就可以充分发挥自身丰富的同义词优势。

（3）正反替代法

使用替代法可以将正说词从反面说，或将反说词从正面说，即正说反译或反说正译。这种替代法无论在英译汉中还是汉译英中都很普遍。

①正说反译

例 1：Yet the process of achieving gender equality is still an ongoing one.

译文：然而争取男女平等仍然是一项未竟之业。

②反说正译

例 1：请勿践踏草地！

译文：Keep off the lawn！

（二）释义法

释义法通常用于无法在译语里找到能够完全对等源语的词汇，同时也不能够将源语进行扩展、代替或直译的情况。简单来说，释义法是用译语解释了源语词语的意思，是英汉互译中常见且必要的翻译方式。释义法既能够解决译语中缺少源语对等词语的问题，又能够阐明特定的文化含义，使译文读者更加清晰明了地获知词语和句子含义。释义法主要有以下几种形式：

（1）使抽象名词具体化

Mindlessness——思想上的混沌状态

Precaution——预防措施

Magnetization——磁化现象

（2）使隐含的词义清楚明了

Teenager——13 至 19 岁的青少年

Prey——被捕食的动物

clock-watcher——老是看钟等下班的人

（3）阐释文化背景或特殊含义

Swansong——绝唱，辞世之作

（三）缀合法

缀合法包括两层手段，即连缀和融合。缀合法是综合英汉词义差异的有效手段。连缀指将两个比较贴近或不完全一致的汉语对应词糅合成一个词以求扩大词义范围

例 1：They were utterly in the dark about their population and natural resources and，when the job began，much of the territory had not been explored because of racial conflicts.

译文：他们对本国人口和自然资源一无所知，而当这项工作开始时，许多地区由于种族纠纷并未进行勘察。

（四）形译法与音译法

形译法主要指根据词的实际形状来翻译科技术语。这些专门术语的前部分表示该术语的形象或外表特征的字母或单词，翻译时要将这一部分译成能表示具体形象的词语或保留原有字母。例如：T-beam（丁字梁）、O-ring（O 形环圈）、X-brace（交叉支撑）、V-belt（V 形皮带）、U-steel（槽钢）。

音译法是按原词的发音译成相对应的单词。根据单词的发音进行翻译是一种有限的翻译方式，其中一些地点的名称、人的名字、公司名、计量单位、首字母缩略词以及一些新

术语等都适合用这种方式进行翻译。例如：

aspirin 阿司匹林

TOEFL 托福

Wall Street 华尔街

五、词的增译与省译

英语和汉语因为具有不同的语法、修辞方法和词汇结构，所以在表达相同内容的时候也会大相径庭。为了使译文符合译语的表达习惯，在翻译时，可以适当地增加或者去掉句子中的一些词，这就是增补和省译。在句子中加上一些词语，有的时候是为了使文章的前后部分过渡得当，有的时候是为了增强语气，有的时候是担心翻译的句子表达的意义不明确。在句子中去掉一部分词语，大多数情况下是想要在翻译的过程中更好地做到尊重原文，翻译得明白晓畅，流利自然。在实际翻译的过程中，我们可以同时将两种方法相结合，以更好地进行翻译工作。

（一）增译

在英语和汉语相互翻译时，根据表达的含义、句子结构、内在逻辑和语法结构等方面的区别，往往可以增补上某些助词、语气词、数量词和连词等①。

（1）结构增补

在翻译的过程中，根据语言之间不同的语法现象和句子结构，往往可以补上某个结构助词，更好地表达文章的意思。增加的结构助词可以有多种形式：虚词、实词、表达语气的词或者反映逻辑的词。

例1：They ate and drank, for they were exhausted.

译文：他们吃点东西，喝点酒，因为他们疲惫不堪了。（动词后增加名词）

在英语语言里，常常会有一些带有动作性质的名词或者带有抽象意义的名词，在独立运用的时候，含义不够明确具体。因而，翻译时可以在文章的词中补上一些使词语名词化的概括性词语，以保证文章的规范性。

由于汉语句子中，无主句或省略主语的句子十分普遍，汉译英时，因英语语句结构的需要，应该联系文中含义补充主语。这是汉语意合与英语形合的用语习惯差异所致。所以，汉语的整句可以由若干意义相连的零句排列构成，连接词不是零句衔接的"必需品"；但英语分句则需要连接词或词组串联。因而，译者应当根据文义和用语习惯补充连接词。

（2）信息增补

在翻译的过程中，可以适当补充一些作品中内在的隐含的内容，让文章表意更加准确具体，从而更好地让读者理解作品想要传达的主旨。除了这些情况外，英语和汉语中都会有大量的包含一定的文化内涵和历史内涵的典故、习语，这些特定的文化语言对本国家人来说，十分容易理解。但是因为读者是具有不同文化和社会背景的人，读这些习语时可能就会产生迷惑，在没有注解的情况下可能不能正确理解这些语言的意思。因而，在遇到这

---

① 黄文．实用职场英文口译教程［M］．北京：对外经济贸易大学出版社，2018：114.

样的情况时，我们可以用增补法，在文章中补上一些词语，便于读者理解。

（二）省译

因为英语和汉语在许多方面存在区别，如句子结构、语法等方面，某些成分在原来的句子或者文章中又是必须存在的，但在翻译的过程中，如果一一落实，翻译后的句子就会不太符合语法要求。尊重原来的作品不意味着要字字落实，我们应该在遵守语法规则的前提下，将原来句子的意思流畅、自然地展现，保持译文与原来的作品具有一样的主题内涵，在这个过程中可以适当地删去一些成分。

省译不能够想要去掉哪些成分就去掉哪些，删掉的应该是一些重复出现的表述，达到更加符合译语的语用习惯的目的。结构性省译和逻辑修辞性省译是省译的两种类型。英语和汉语两种语言具有不同的组织结构，因而产生了结构性省译。将英语翻译成汉语时可以删掉一些助词，如连词、动词、介词和代词等，也可以删掉一些反复出现的词汇。

（1）结构性省译

①冠词的省译。英语与汉语相比，英语中存在冠词。所以，在将英语翻译成汉语的过程中，如果出现了表示不定冠词 "二" 或者 "每一个" 的含义时，往往可以把此类冠词忽略不计。定冠词也常常被用来表示特定的事情，也可以被忽略不计。

②代词的省译。如果英语句子的主语是人称代词或者是指代人称代词的词语，往往也可以删掉。在人称代词方面，英语与汉语不同的是，英语中存在反身代词和物主代词，因而在将英语翻译成汉语的时候，可以根据汉语中词语运用的特点，将这类代词删掉，有时某些关系代词也可以被删掉。

③介词的省译。英语中介词的运用与汉语中的比较而言，汉语中运用介词的次数比较少，而英语中往往一直运用介词。因而，翻译英语的时候，可以把介词夫掉。

④连接词的省译。英语中常常使用形合法，尤其是在词与词之间、短语和短语之间，特别是造句时更要用到多种多样的形式去把这些成分联系起来。表示连接关系的词有关系代词、关系副词、并列连接词（如 or，and，but 等）和从属连接词。但是，汉语不一样，一般较多地使用意合法连接句子成分，十分强调逻辑顺序，着重关注作用和效果。所以，汉语中可以不用连接词。英语翻译成汉语时，连接词往往可以删掉。

⑤动词的省译。在每一个英语句子里，必须包含谓语动词。相反，在汉语中，可以不存在动词，可以用一些其他词性的词作为谓语，如名词（名词性短语）、形容词（形容词性短语）。因而，在翻译的过程中，我们往往可以把句子中的动词删掉。

⑥其他词的省译。在汉译英中，常常省略一些重复的词语或语句。表示范围的汉语词汇几乎无实际意思，仅表达相同的意思，翻译时一般省略。

第二节　英语句法翻译

一、特殊结构句的翻译

（一）汉语无主句与无宾句的翻译处理

汉语是意合性的语言。如果能够使上下文的语意较好地衔接上，可以在中间去掉一些成分，不需要在意语法结构或者逻辑关系。汉语在很多情况下不存在主语或者宾语。因此，在将英语翻译成汉语时，可以将省掉的主语或者其他成分补充上，遵守语法规则。

如果需要被翻译的句子是没有主语或宾语的，一般可以采取以下几种手段：

①在口语体翻译中最为实用的是补充上一个人称代词。②添加上某个语义相对十分虚泛的名词性短语作为主语。③在正式文体中，可以换成英语中的被动语态，一般常用在科技论文中。④可以将汉语句子里某些不是主语的成分变为英语中的主语。⑤补上省略的主语。

1. 补上人称代词作为主语

例1：加强思想政治工作，讲艰苦奋斗，都很必要，但只靠这些也还是不够。

译文1：It is most essential to strengthen ideological and political work，and stress the spirit of hard struggle，but counting just on these will not suffice.

分析：译文1机械地将"只靠这些"译成 counting just on these，但使用 counting 充当句子主语不是十分常用、地道的。

2. 补上语义虚泛或具体的词语充当主语

例1：过去，只讲在社会主义条件下发展生产力，没有讲还要通过改革解放生产力，不完全。

译文：In the past，we only stressed expansion of the productive forces under socialism without mentioning the need to liberate them through reform. That conception was incomplete.

分析："不完全"可视为"这不完全"的省略形式，翻译时可补上主语。补上的主语可以是较虚的 that，也可以在可能的范围内将其更具体化一些。上面译文补上了 That conception，比 that 更具体、更清楚。

3. 转为被动语态

例1：基本路线要管一百年，动摇不得。

译文：The basic line should be adhered to for100 years，with no vacillation.

分析：以上译文采用被动语态来进行处理，语义正确，在书面语中比较妥当。但在口语体中，应避免使用被动语态，可添加人称代词当主语：We should adhere to the basic line for a hundred years with no vacillation.

4. 将非主语成分转为主语

例1：自然而然地也能感觉到十分的秋意。

译文：And a sense of the fullness of autumn will come upon you unawares.

分析：上述译文是从客观角度翻译，将原句谓语动词译为主语。

5. 补上省略的宾语

汉语动词往往没有宾语，隐含的宾语需要读者自己通过推理得出。例如，某人说："我有如下一个建议……"；另一人说："我接受。""接受"的隐含宾语就是"建议"。英语中及物动词较多，不宜说 I accept. 而应说 I accept it. 必须把宾语显示出来。

（二）省略句的翻译

简洁也是语言的重要属性之一。无论是口语、书面语，还是翻译活动，基于语言表达和句式的考虑，常常省去某些不必要的成分，但意思仍然完整，这种缺少一种或一种以上成分的句子称为省略句。英语和汉语中都存在省略句。有多种形式的省略，如省去句子的主语、谓语和宾语，或者其中的一种成分或多个成分。对省略句的翻译，不管是英译汉，还是汉译英，关键都在于对省略成分的准确理解，然后翻译时，根据译文语言的表达习惯，增加或省略被省略的成分。[①] 如果看不清楚被省略的部分，就会产生误解，导致错误的翻译。下面探讨翻译省略句的常用方法。

1. 原文中省略的部分，译文中补出

省略是英语的一种习惯用法。英语中的某个或某些成分有时可以不存在于句子中，也可以是在文章中已经被提到过，那么我们防止再出现，可以在后文中不再使用。英语里的一些成分，如谓语动词、状语和主语，都可以在句中省略，但翻译时，准确理解被省略的成分，可将其在译文中补出。

2. 原文中省略的部分，译文继续省略

英语中被省略的部分，有时根据译文需要，也可以在译文中省略。例如，有些从句中省略了和主句中相同的部分，此时可根据需要，省略原文中省略的部分，尤其是由 than 引导的比较从句，从句中被省略的部分，常常不译。

（三）倒装句的翻译

一般说来，英语陈述句的正常词序为：主语+谓语动词+宾语（或表语）+状语。但英语的词序比较灵活，有时为了强调句中某一成分，或从修辞角度考虑，可将句中的有关成分提前，构成倒装。英语的倒装可分为结构性倒装和修辞性倒装两大类。倒装句的翻译关键在于对倒装句的理解，而理解的关键就在于对句子作出正确的语法分析，找出句子的主干，确定什么成分被倒装。一般来讲，翻译结构性倒装时，汉语可采用正常语序，而翻译修辞性倒装时，可根据译文的需要，保留原文语序，即仍然在汉语中使用倒装语序或采用正常语序。

1. 结构性倒装

这种翻译主要是因为语法结构的要求而产生的倒装，是应运而生的。其主要包括疑问倒装，there be 结构倒装，虚拟倒装，以 there、here、then、thus、now、so、nor 和 neither 等副词位于句首引起的倒装。结构性倒装的翻译一般采取正常语序。

---

① 杨莉，王美华，马卫华. 翻译通论 [M]. 北京：中国纺织出版社，2019：50.

2. 修辞性倒装句

修辞性倒装句的目的是加强语气，或是避免头重脚轻。它包括句首为表示地点的介词或介词短语、否定倒装、让步倒装、only 位于句首引起的倒装、为了叙述方便或使情景描写更加生动形象而引起的倒装等。这类倒装根据需要，可采用正常语序或倒装语序。

（四）分词短语与分词独立结构的翻译

分词短语可分为现在分词短语和过去分词短语。一般说来，分词短语的翻译并不难，可根据它们在句中所充当的成分而译成汉语中相应的成分，这里主要探讨分词短语作为状语时的翻译。分词短语作为状语可表时间、原因、方式、结果、条件和伴随状况等逻辑关系。翻译中非常重要的一点就是充分把握分词短语和谓语动词的逻辑构成，以确保能够恰当地在译文里增加相应的逻辑关联词。

（五）并列结构句的翻译

在我国的语言中，所有的动词都没有形态的改变，因而从外在看起来大多呈现并列结构。英语中的动词有多种多样的形态变化。在这些基础上，将汉语词汇翻译成英语的时候会出现一些词性的变化。比如，可以将汉语里边的动词换成英语中的名词、形容词等。所以，翻译的时候往往把并列关系转为不并列的结构，抛掉了原来的均衡效果。在某些情况下，翻译的人会选择性地维持结构的均衡性和词汇形态的统一性。当词汇的形态不一样的时候，变换英语单词的词性，也可以适当增加一些意思不太突出的单词，保持形态相同。当然，有时汉语句型结构也会比较随意，翻译时如果发现汉语语义上并列，但结构上未处于并列关系的情况，翻译的人最好换一下词语的顺序，让它们都一一对应，使翻译的作品更加吸引人。

（六）被动句的翻译

语态是通过动词展现出主语和谓语之间关系的一种形态，包含主动语态和被动语态。这只是从两个不同的观察点来认识句子结构，表达的结果与意思是一样的。但是，在意义方面有一些明显差别：主动语态，主语是行为动作的发出者，关注的是行为与动作；被动语态，主语是施事对象，关注的是行为结束后的状态。语言本身的特征是决定主动与被动的关键原因，同时受到某个民族的思维方式和语言环境的影响。中华民族的传统观念中十分强调物我合一，关注思维上的整体观。从"物"与"人"的关系角度来看，大致意思为，在世间万物中，人是发挥主导作用的，充分展示了人民思想的主题思维方式。在这种思维方式的影响下，许多人形成了思维定式，在心理上觉得只有依靠"人"这个主体，才能使行为动作得以完成。因而，在很多词语被运用的时候，无论是表达主动的角度还是表达被动的角度，一般都用主动句来表示。与之不同的是，西方的哲学研究领域关注"人为万物的尺度"，比较强调主客体对立，物我分明。因而，在西方人的大脑中，物代表的就是客体意识；人代表的就是主体意识。在运用主动和被动的时候，主动句关注行为的执行者；被动句则关注行为的对象。英语语言与汉语不同，是一种形合语言，形态变化特别多，尤其是动词。"be+动词的过去分词"是英语中表示被动语态的重要标志，是可以看出来的。汉语是意合语言，基本上不存在形态的变化，动词也没有各种形式的变化，因而在汉语里，不存在十分明显的标志词，必须通过其他的方式来表示被动的意义。

二、英语长句的翻译

英语长句的翻译一般使用下面的几种方法：

（一）顺译法

一部分英语长句所叙述的内容是根据动作或事件发生的先后顺序或者内部的逻辑关系进行排列的，这跟汉语表达习惯非常相似。在翻译的时候，通常可以按照原句的顺序进行翻译。

例1：After six months of arguing and final 16 hours of hot parliamentary debates, Australia's Northern Territory became the first legal authority in the world to allow doctors to take the lives of incurably ill patients who wish to die.

译文：经过6个月的争论以及最后16个小时的国会激烈辩论，澳大利亚北领地地区成为世界上第一个允许医生根据绝症患者个人意愿来结束其生命的合法政府机构。

（二）逆译法

英语中有相当数量的句子，其成分的构成顺序完全不同于汉语句子构成顺序。尤其是很多复合句，其主句一般被置于句首，将重心迁移，但汉语往往根据时间和逻辑的需要，把重点设置在句末，产生尾重心。翻译这些句子的时候最好使用逆序法，就是从后向前翻译。

例1：It was a keen disappointment when I had to postpone the visit which I had intended to pay to China in January.

译文：我原打算一月份访问中国，后来不得不推迟，这使我深感失望。

（三）分译法

汉语的句子重意合，英语的句子十分在意形合，这是两种语言之间特别明显的不同。英语句子的每一种成分在前后都能够加不同的修饰词，在主从句中间可以有连接词，从句可以套从句，短语还可以套短语。所以，英语句子总是很长且结构十分复杂。而汉语造句却用的是意合的方式，很少或者甚至不加连接成分。

汉语句子的叙事还会按照逻辑顺序或时间进行安排，所以语义的层次非常分明，语段的结构流散。因此，汉语里面省略句或散句比较多，长句就较少。在进行英汉翻译的时候，经常要按照意合的原则，调整原来的句子结构，化繁为简，化整为零，把原文翻译成分离的单句或并列的散句，以实现适应汉语表达习惯的目的，这就是分译法。分译法不但可以适用于翻译单个的短语、单词，而且可以用于翻译简单句，还可以拿来翻译难句或长句。

例1：Bad weather prevented us from starting.

译文：天气太坏，我们无法动身。（短语分译）

（四）综合法

英语语言有其独特的表达习惯，常常把概括部分或重点部分置于句首，接着叙述分析次要的部分，而汉语一般是按逻辑或时间顺序，从小到大，步步推进，在最后得出结论并且突出主题。所以，在英汉翻译的时候，用前面的那几种办法确实能够解决一些问题。事实上，在英语里面有特别多的长句，单独使用分译法、逆译法或顺译法，是没有办法解决实际问题的。当碰到这种情况时，更常见的是依据具体的情况，结合上下文，把这几种方法结合在一起使用，有的遵循逻辑顺序，主次分明，顺逆结合的对长句进行综合梳理，这样的翻译方法叫作综合法。

在翻译的时候有一点一定要注意，翻译出来的长句要跟译入语的表达习惯相匹配。并且，在表达方式上要做到灵活应对，抓住两种语言的不同之处，综合运用多种翻译方法。①

第三节　英语段落翻译

一、逻辑增补

中英的思维模式存在较大差别，这种差别投射到语言上会形成不同的表述习惯。在翻译过程中，译者需要适时进行逻辑增补。

例1：杭州的龙井茶为我国绿茶中的极品，以虎跑泉水冲饮，清香扑鼻，甘醇无比。

译文：Hangzhou's Longjing Tea, the best of China's green tea, requires the water from the Tiger Spring to bring out its fragrance and delicacy.

解析：译文增加了"bring out"这一短语，是译者做出的逻辑增补，使各分句之间具备更明确的逻辑关联，让句子结构严密，意思完整顺畅。

二、视点转换

所有语言都有其产生和存续的文化环境，并在传承过程中产生了其与众不同的呈现方式，作为读者，也构建了其母语语系或日常使用语系的独到的表达习惯。因此，译者翻译的过程中，需要在特定的情况下重构原文信息的表述方式，采用不同的表达视角，令译文更加贴合译语表达习惯，使读者能够更顺畅的理解，以相对充分地发挥翻译的预期功能，这就是所谓的"视点转换。"②

视点转换，也叫作角度转换，是使用有悖于原文的视角进行相同信息的传递。视点转换指的是译者对原文含义深刻把握之后，不受语言形式的拘束，转化原文的思考角度，使用其他视角呈现原文的意义，让译文的表达以更贴合译文语系习惯的方式呈现原文。广义

---

① 佟磊. 英语翻译理论与技巧研究［M］. 长春：东北师范大学出版社，2017：149.
② 张煜，康宁，段晓茜. 新编实用英汉翻译教程［M］. 上海：同济大学出版社，2017：250.

的视点转换囊括了相对性转换、词类转换、正说和反说转换（反译法）、语态转换、句子成分转换，等等。此处将着重阐释相对性转换。因为文化的差异，英汉翻译会存在某些词语没有可以与之完全对应的译入语的情况。这种情况下，转换角度审视原文就显得尤为必要，采用不同的视角和事物的相对性对原文进行再次呈现。

下述两种情况可运用相对性的转换：

（1）原文直译不容易懂，可能招致误解或者在译语中找不到近似或等值成分。

例1：riot police.

译文：防暴警察（而非暴乱警察）

例2：He lived in a room with a southern exposure.

译文：他住的是一间北屋。

（2）直译虽然可以理解，但不合乎译语的习惯说法。

例1：Well, you need not let go your hold of me so thanklessly the moment you feel yourself out of danger.

译文：好，刚一脱离危险，你就这样无情无义地撒开手，你想想你应该不应该？

例2：Her parents are both in their seventies.

译文：她父母都已年过古稀。

对转换单位进行转换时使用的"具体化""抽象化""解释法"的共同点是至少保留了原词语的核心意义。但有时这种核心意义很难保留，其原因就是：语言符号和其表现的事物间存在着随意、习惯化的关联，这些习惯基于特定的民族和文化形成，而不同民族、文化之间必然存在差别，投射到语言上，就会形成相同含义下的不同表述方式。因而，翻译可以在适当的情形下巧妙地转换视点，即换一个角度来观察事物，用不同的词语来描写相同的事物，其结果是翻译中的"替换法"。使用"替换法"不能胡乱选用另一个毫不相干的词语来替换一个词语，要求替换词语与被替换词语的所指统一。翻译活动需要充分运用逻辑分析剖解语义，从多角度理解原文以能够进行恰当的转换，在将原文深植于心的基础上，相对客观的寻找切合译入语的呈现视角，以免由于过度遵循原文语言的外部形式而使译文干瘪拗口。

三、调整与重组

在句子结构上，汉语表现为既有整句，也有大量的零句。整句通常至少由主语和谓语构成；而零句则不是主谓结构，主要包括词或词组。零句是汉语的基础句式，能够成为整句的主语或谓语。汉语的整句经常可以通过零句构成，以短句连短句的形式呈现形散而神不散的形式，属于流散形句式，也就是不使用连接词，侧重意合。英语也有与汉语零句相似的句式，即破句。破句同样不具备完全的主谓结构，主要包括词、短语、从句，除了特殊语境中（比如口语、广告、标题等），通常视为英语的语法错误。英语一般更重视形合，要求句子结构完整、紧密，破句不被认为是常规句式。

如果完全按照汉语零句的表述喜欢翻译成英语，译文显然不符合英语语法和习惯。所以，翻译长句通常需要先理清主从，去掉多余的修饰成分，确定主干。通过分析不同部分的语义内涵和逻辑架构，找出主要信息并将该句定位主句，其他修饰成分部分采用更符合译文语境表达方式的词句形式，与主句相结合。多个零句构成整句的汉语句式的翻译成英语时，需要注意结构的完整紧密。

例1：创建于1866年的福建船政学堂，是中国最早的科技专科学校。学堂海纳百川，领风气之先，开中国新式教育之先河，既引进外国先进科技、人才及办学模式，中西合璧，培育新人，又选派优秀学生出洋留学深造。

译文：Founded in 1866, Fujian Marine Art College was the first polytechnic school in China. Leading in the country, the college was a pioneer of modem schools where advanced technologies and new ways of school running from the West were introduced to meet with the best in the Chinese educational system. It was also where many talented people were selected to study abroad.

解析：原文属于较为典型的汉语书面表达，由四字短语和零句交错组成，用词考究、句式对仗、文体华丽。假如逐字逐句翻译成英语，必然会导致英语句子的冗杂和冲突，因而需要依据英语的表达习惯，在保留原文意义的前提下，确保上下文对应且逻辑架构合理，对修饰句（词）进行重新排列，较好地保证了译文在译语语境中的可读性。

翻译不仅是语言的转换过程，同时也是一个逻辑思维调整的过程。翻译往往需要对原文进行语义逻辑的调整与重组。这一点，在段落翻译中表现得比较明显。

例2：I cannot say of myself what Johnson said of Pope："He never passed a fault un-amended by indifference, nor quitted it by despair." I do not write as I want to; I write as I can.

译文：约翰逊谈到蒲伯时说过："他从不会因为漫不经心而放过一个小小的错处，也不会因为无能为力而善罢甘休。"我可不能说是这样写作的，因为我写东西是尽力而为，而不是随心所欲。

解析：译文从语义上讲，先说相关的内容，然后回过头来再结合自身谈下去，逻辑上比较连贯。从结构上讲，把I can not say of myself调整后移，非常恰当。

进行段落的翻译，没有必要追求字词句的一一对应，而是在不背离原文意义的前提下，跳出原文用语形式的局限，根据译文用语习惯，对句子和句间结构进行合理调整。即使原文表述方式较为复杂，译文只要将语言逻辑梳理清晰，仍然能够做到中心明确，行文顺畅。作为相对完整的语言单位，段落经常围绕一个中心思想展开论说或叙述，所有句子都服务于这个中心思想。既然如此，每个句子在结构上的独立性自然而然受到削弱；翻译时译者不妨根据需要，把原文的句子打散重组。

例3：我很爱上学。我老觉得学校里有不少的花，其实并没有；只是一想起学校就想到花罢了，正像一想起爸的坟就想起城外的月牙儿——在野外的小风里歪歪着。妈妈是很爱花的，虽然买不起，可是有人送给她一朵，她就很喜欢的戴在头上。我有机会便给她折一两朵来；戴上朵鲜花，妈妈的后影还是很年轻似的。妈妈喜欢，我也喜欢。在学校里我也很喜欢。也许因为这个，我想起学校便想起花来（老舍：《月牙儿》）。

译文：I love going to school. I had the feeling that the schoolyard was full off lowers, though, actually, this wasn't so. Yet whenever I think of school I think of flowers. Just as whenever I think of Papa's grave I think of a crescent moon outside the city-hanging crooked in the wind blowing across the fields.

Mama loved flowers too. She couldn't afford them, but if anyone ever sent her any, she pinned them in her hair. Once I had the chance to pick a couple for her. With the fresh flowers in her hair, she looked very young from the back. She was happy, and so was I.

Going to school also made me very glad. Perhaps this is the reason whenever I think of school I think of flowers. （沙搏理译）

分析：译文以三个段落翻译原文，这是因为原文可分为三层含义。第一层：学校和花的关系；第二层：妈妈对花的钟爱；第三层："我"爱学校，爱花。原文虽以一段的形式出现，但译文并没有拘泥于形式，灵活地重建了段落组织，再加上对一些特有情感意味的词语诸如"月牙儿""戴上朵鲜花""歪歪着"的合理翻译，使译文读起来朗朗上口，特别地道。

四、删减与改写

（一）删减

中英的语言各有特点，无论是词句结构、表述方式，还是文章风格、行文规范，都存在较大差别。例如，中国常常讲究文字灵动，所以汉语常常用到丰富的形象词语、成语、长短句等增强文字的观感，甚至接连排列多个零句和词语以凸显行文的节奏感。可正是这些汉语中具有韵律和动感的文字，如果机械地翻译成英语，会出现繁杂、冗长、赘余的译文，无法获得翻译的预期效果。所以，为了使译文功能清晰地显示，令语言达成交互的目的，译者往往需要加工原文信息和表述，保留主要信息后，概括或直接删除修饰的次要句子成分，压缩和简化句子，以使译文更加符合译文语系的表现形式。

例1：我们从事了10年的英语教学，教学质量高，教学经验丰富，在世界各地有成功办学的范例。

译文：We have over ten years of experience in teaching quality English and have successfully managed schools in different parts of the world.

分析：原文一句话里，重复出现了三处"教学"，另外还有一些在英语语境中不合适的夸张词和范畴词。译文根据英语表达习惯，突出信息功能，省去了冗余信息，译文可读性强。

例2：中餐烹调所用的天然配料，品种繁多，几无穷尽；烹调方法，亦层出不穷，不可悉数，凡此种种，举世无双。

译文：The nearly endless variety of natural ingredients and methods of preparation employed in Chinese cuisine stand out unequaled in the world.

分析：原文连续使用了几个意义相近的短语，译文根据英语表达习惯，删去了同义重复部分，并用笼统的词句加以概括。译文严密完整，句意清晰。

（二）改写

改写是为了完成译文的预期效果，综合考量两种语言间差异性的文化、政治、经济、语言表达等方面，选择能够为译文读者所理解和接纳的方式，梳理、调整甚至重构原文的结构和内容。改写是译者建立在剖析原文的基础上，基于呈现译文效果的考虑而进行的筛选和再塑，绝不是毫无根据的乱改乱编。

例1：云南有26个少数民族，是中国少数民族种类最多的省份。各民族的服饰、建筑、风俗、歌舞、饮食等，形成了一幅美丽的风情画卷。

译文：Home to 26 ethnic groups—the largest number in China — Yunnan Province offers tourists a cultural feast of unique ethnic costumes，architecture，cuisine，songs，dances and rituals.

分析：此段文字出自一篇介绍云南的旅游宣传资料，其译文预期功能为吸引外国游客到云南旅游。为了实现这一目的，译文应顺从译语语言与文化环境的规范和标准，让读者乐于接受，同时使用富有感染力的表达方式。很显然，以上原文如果采用直译，要么文理不通，要么乏味平淡。因此，译文对原文内容和结构均进行了一些改写。如第一句中 "有" 的处理，译文将其改为 home to。这一感情色彩浓厚的词语（家园）显然比平铺直叙地简单译为 "there are" 更能引起读者的共鸣，对该旅游目的地产生亲近感。同样，"风情画卷" 在汉语里顺理成章，但是译成 "a picture scroll of customs" 似乎逻辑不通。改写后的译文 offer tourists a cultural feast of unique ethnic costumes，architecture，cuisine，songs，dances and rituals 目标对象明确，富有鼓动力。此外，原文两个句子的表层结构在译文中也进行了重组，合并为一个句子，在组篇模式上更接近译文，更符合译语读者的接受习惯。

第四节 英语篇章翻译

一、篇章的衔接

（一）英汉语言语法的衔接

我们所说的语法连接就是依靠建构句子使用的语法手段，也就是标示词语相互间的结构关系的部分，让语篇的衔接变得连贯，哪些因素可以是没有特定词语的单纯的结构形式，或者是词语里的特殊的语法形式，也许是带有语法功能的词语。

1. 英汉语言的语法连接差异

（1）英汉语言的语法连接存在着差异，在汉语里语法的连接比较像隐性连贯，而英语里语法连接带有显著的显性连贯。形式词和形态变化是英语实现显性连贯的主要方式，显著地区分出词之间、小句之间或短语之间等的语法关系。形态变化包含了代表语法意义的构形形态和有构词作用的构词形态。和英语完全不一样，汉语没有形态变化。那些用于代表词语之间、语段中句子之间、句子中小句之间关系的连接词语是英语里的形式词。在英语里起连接形式和手段作用的词语不但种类很多，数量庞大，而且使用非常频繁。其中，最主要的连接形式和手段有冠词、介词、连接词（包括从属连接词、并列连接词）、关系词（包括关系副词以及关系代词）以及别的连接手段，如 there 和 it。在汉语里，造句更加注重以意统形，隐性连贯，很少或者基本不用形式手段，大部分使用逻辑顺序和连贯去实现句子连接。

例 1：He boasts that a slave is free the moment his feet touch British soil and he sells the children of the poor at six years of age to work under the lash in the factories for sixteen hours a day.

译文：他夸口说一个奴隶从他的脚踏上英国土地的那一刻起就是自由的，但他却把穷人家 6 岁大的孩子们卖到工厂在皮鞭下干活，一天要劳作 16 个小时。

形态变化包括谓语动词的时态、名词的单复数（years, children, factories, feet, hours）、代词（he, his）、数以及语态（is, boasts, touch, sells）、冠词（the poor, a slave, the children, the lash, a day, the moment, the factories）、连接词（that, and, the moment）、介词（of, to, under, in, for）、一致关系（his feet - touch, he - sells, He - boasts, a slave-his）。

（2）在语法的连接手段上，英汉这两种语言存在着差异。比如，英语中的时体形式，我们在进行翻译的时候，汉语总是要使用替代方式。英语和汉语在语法构成上的不同，导致了英汉翻译经常需要转化语法连接方式的情况。用某种语法连接方式，汉语（或英语）要翻译成英语（或汉语）就需要依靠隐性连贯、词汇手段或逻辑手段等。

2. 英汉语篇语法衔接的转换

（1）从省略关系上分析

省略就是通过省略来衔接上下文的一种方式。在语篇分析里有分句性、动词性、名词性三种省略。这三种不同的省略方法都是为了满足语法结构上的要求。在英汉语篇衔接里语法结构的省略特别常见。不管是汉语还是英语，如果不能忠实地照译语法结构上的省略，都会用替代或者重复的方法去解决相应的问题。不过，面临名词性省略这个问题的时候，英汉语往往有同样的表达方式。

例 1：Take these pills three times a day. And you'd better have some of those too.

译文：这些药片一天吃三次。还有那些也最好吃一点儿。

（2）从时体形式上分析

把英语的时体当作语篇衔接使用的语法手段。

例 1：Roger has finished the thesis. Calolin will arrive from New York.

译文：罗杰完成了论文。卡罗琳将从纽约来看他。

（3）从替代关系上分析

替代指的是选用新的词语代替前文已经使用过的部分词语。不过这不是指称性上的同一关系，只是有类似或者一样的语义。替代有三种类型，分别是分句替代、动词替代、名词替代。在英汉语里这些替代都存在，而且总是会相互对应。不过，有时也会出现互相不对应而难以照着翻译的情况，这个时候就需要其他连贯或者衔接手段提供帮助。

例 1：A：I'll have a cup of black coffee with sugar, please.

B：Give me the same, please.

译文：A：劳驾，我要一杯加糖的清咖啡。

B：请给我也来一杯。（试比较：请给我也来同样的。）

汉语零位主语这个现象是汉译英里需要特别关注的省略问题。汉语里的零位主语和英语里的省略不完全一样，其在汉语里是一种非常普遍的现象。这是因为汉语并非主语非常突出的语言，很多句子的构成可以直接以主题为中心进行表达，即使没有也不影响句意的理解，读者自己就明白了。在这个时候，汉译英就要填补上。

（4）从连接关系上分析

连接作为衔接手段，是使句子、分句和段落相互联系的形式标记。在语句衔接方面，英汉也存在较大区别：英语侧重从句法结构的完整性和紧密性，多用连接词串联句子成分，属于形合法；但汉语可以通过意义的流畅进行衔接，对连接词并无严格要求，属于意合法。所以，英语连接词的使用频率和作用要远高于汉语，且连接词的形式也不限于连词。例如，表示关系并列或递进的连接词：and、or、in addition to、furthermore、moreover、too、also；表示因果关系：because of、due to、as a result、therefore、accordingly、so、consequently、thus、hence、since；关系代词或副词：which、that、when、where；还有短语：in short、for example 等。汉语中虽然也有一些连接词，但在表达中，人们常常表现出一种少用或不用连接词的趋势。

例1：九岁时，母亲死去。父亲也就变了样，偶然打碎了一只杯子，他就要骂到使人发抖的程度。后来，就连父亲的眼睛也转了弯，每从他的身边经过，我就像自己的身上生了针刺一样：他斜视着你，他那高傲的眼光从鼻梁经过嘴角而后往下流着。

译文：After mother died, when I was nine years old, father became worse. If you accidentally broke as small a thing as a cup, he would throw curses at you until you shivered all over. Later, even his eyes could cast crinkled glances. Whenever I passed by him, he would eye me sideways, with his arrogant look streaming down along the bridge of his nose then off the comer of his mouth, making me feel as if pricked on needles.

解析：原文前两句有一定的因果关系，因此，使用连词 after 和 when 将其合译为一句。然后，使用 if 将条件显性化。随后用 later 和 whenever 将各句衔接起来。译文环环相扣，简练紧凑，反映了原文的脉络和意境。

（二）英汉语言词汇的衔接

语篇中出现的部分词汇之间是存在联系的，这就是词汇连接，其联系的形式多种多样。通过必要的词汇连接手段，语篇的顺畅性将能得到保证，读者读起来也会非常舒服。英语语篇与汉语语篇的词汇连接方式具有许多共性，因此翻译起来相对比较容易，但如果从语义角度来看的话，二者也存在着不同之处，如在指称照应这方面，不同之处就比较多。

1. 语义重复

不同的词汇经过搭配所组成的词汇链就是语义重复。语义重复在英汉语言词汇衔接中非常普遍。

例1：The recovery of organs does not begin until after the heart stops beating and death is certified by a physician not affiliated with the transplant program.

译文：器官的复原在心脏停止跳动、死亡已被与器官移植无关的医生证明之后，才能进行。

2. 指称照应

所谓指称照应也是语篇衔接里非常重要的方法，指称照应涵盖了词语、事、物、地点、时间和人等方面，既有对语篇内部语言要素的内指，也有对外部的现实世界的外指，既有下指，也有回指。指称照应是为了形成一个结构完整、正确的语篇，使上下文成为一个照应性系统。英汉两种语言主要的区别是指示指称和人称指称，这两种指称均为具有理论以及实践价值的语篇现象。在有的上下文里，人称照应是不可或缺的，特别是英译汉。如果理解时出现错误，译文也是不对的。

例 1：There are two classes of people：the selfish and the selfless；these are respected，while those are looked down upon.

译文：世上有两种人：自私者和忘我者；忘我的人受到尊敬，而自私的人则遭鄙视。

（三）英汉语言的逻辑衔接

逻辑连接的区别是确保语篇的必备条件之一，是语篇里深层次的最普遍的连接。逻辑连接分隐性与显性两种。隐性逻辑连接是不用连接语而依靠语境、语用等实现的连接，显性逻辑连接指的是用 then，for，but，and 之类连接语的衔接。英汉两种语言的逻辑关系其实是相似的，都有转折、因果、时空和表示相类似的推延这些基本的逻辑关系。但是，它们的逻辑关系并不完全一样，存在细小的差异，如英译汉的时候总是会把英语里的时空关系改成因果关系，反之亦然。因为逻辑关系显性与隐性之间是存在明显差异的，因此，在进行具体的翻译时，翻译者需要选取对的逻辑连接语或词，这样才能保证译文读者在阅读时可以获得与自己平时的阅读习惯一致的阅读体验。

例 1：Where there is a will，there is a way.（空间关系）

译文：有志者事竟成。（条件推断）

二、篇章的语义连贯

前后语义关联有着两大要求，这两大要求便是衔接与连贯。通常情况下，衔接的表现比较明显，从形式上就能看出来，但是说到连贯的话，其相对来说就比较复杂。词汇、句子、逻辑关系等表现得非常流畅、合理的语篇特征就是连贯。连贯可以通过不同的方面表现出来，主要的目的就是将完整的语义关系展现出来，保证篇章的流畅性。衔接通过有形的手段实现篇章的紧密完整，在很大程度上因语言而有别；而连贯则通过无形的手段体现篇章的内聚力，是各种语言所共有的。不过，笔者需要指出的是，语义的逻辑关系并不是显性的，它常常潜藏在语篇的字里行间，并不占据语篇的高层，甚至处于底层的位置。因此，译者在进行翻译时，必须要对原文的实际内容做到精准掌握，能从细节处了解文章的真正意思。即使对于在篇章中看似被孤立的句子，译者也要根据文章主题、逻辑关系等找其真正的意思。

译者进行翻译活动的最终目的绝对不是要实现词汇、句子在形式上的一一对应，而是要让读者在阅读过程中梳理出清晰的文章逻辑，能非常清楚地理解文章。从这个方面上来说，译者在翻译时必须要重视译文的连贯性。

例 1：蜜蜂这物件，最爱劳动。广东天气好，花又多，蜜蜂一年四季都不闲着。酿的蜜多，自己吃的可有限。每回割蜜，给它们留一点点糖，够它们吃的就行了，它们从来不争，也不计较什么，还是继续劳动、继续酿蜜，整日整夜不辞辛苦。（杨朔：《荔枝蜜》）

译文：The bees are industrious. They work the whole year around, Since our province has warm weather and plenty of flowers. Though they produce much honey, they eat only a fraction of it. Each time we extract it we leave them a little sugar. They never argue or complain，just go on producing honey day after day.

解析：这是一个非常典型的汉语意合篇章。篇章的衔接主要靠的是意义上的连贯。译者在翻译时，一方面很巧妙地利用了原文中业已存在的清新、流畅的连贯结构；另一方面根据英语重形合的特点，添加了 though、it、we 等词语，使译文更加紧凑连贯。[①]

三、篇章的布局

篇章的布局主要体现为段落的具体安排。尽管原文作者对篇章已经完成了合理的布局，但译者为了使译文更加符合译文读者的阅读习惯，通常在具体翻译时会对原文的布局进行合理的调整。

英语与汉语的段落划分标准其实是有明显差异的，通常情况下，英语的段落不长。英语中用一句话来讲述一件事的情况非常普遍，汉语的自然段的长度要比英语长，主要是因为作者需要大篇幅具体阐释中心思想。

例 1：A ball has no power by which it can put itself in motion but as soon as you throw it, you impart energy to it and this is why it speeds through the air. When the ball is once put into motion，it would continue moving on in a straight line for an indefinite length of time unless the resistance of the air and the pull of gravity opposed it and made it fall. The ball requires a certain length of time for starting and，like wise for stopping. It is this property that one calls inertia.

An electric current acts in that very way. That is to say，it takes time to start and once started it takes time to stop. The factor of the circuit to make it act like that is its inductance.

In its effect，inductance may be also compared to the inertia of water flowing in a pipe.

译文：球本身并不是具有使其进入运动状态的动力，但你一挪它，就给了它能量，这就是它为什么快速飞入空中的道理。球一旦进入运动状态，就会沿着直线无限期地继续运动下去，除非空气的阻力和重力的拉力阻止它并使它落下来。球需要一定的时间起动，而一旦起动了，则需要时间停止。这个性质就是人们所称的惯性。

电流的动作方式也是这样，即：它需要时间起动，而一旦起动了，则需要时间停止。使电流这样运动的电路因素是它的电感。

就效果而言，电感也可比作在管子里流动的水的惯性。

分析：原文第一段的内容为球（物体）的惯性，第二段的内容为电感与物体惯性的对比，第三段的内容为电感与流动的水的惯性对比。仔细分析，可以看出，第一段的意思相对比较完整，因而可以独立成段。第二、三段因为是不同视角出发来揭示电感与惯性的关系的，因此可以分离出两个自然段。从汉语表达的角度来看，第二段与第三段都在讲述电感，译者就可以将两段合并进行翻译。

---

① 杨娇．基于文化视角的英语翻译新论［M］．长春：吉林人民出版社，2021：81.

第五章　文化视角下英语翻译方法总结

文化是一个内涵丰厚且复杂的概念，其不但覆盖了一般意义上的知识、文字、语言、艺术、科技等层面，还涉及一国或一民族的历史渊源、风俗习惯、价值取向等。文化以其巨大的存在感强势影响着语言的表达，成为语言翻译中不可忽视的重要因素。如果翻译过程中，忽视了文化背景，就可能造成词不达意、理解偏差、背离原旨、言辞刻板等问题，使译出语读者不解其意。这不仅会影响到翻译作品本身的质量，甚至会使原著作的价值也大打折扣。因而，在英语翻译中，翻译人员必须具有广阔的文化视域和深厚的文化底蕴，以凸显翻译艺术的优雅和内涵。本章就将以文化为视角，首先解析英文翻译中的不可译问题，继而整合并呈现翻译中常用的翻译方式，以期助力翻译人员的翻译实践工作。

第一节　文化视角看英语翻译中的不可译问题

一、理论层面的"文化不可译"

与可译性相对的，就是不可译性。人类有着悠久的翻译历史，当人类发现自己所说的语言与其他地区的人们所说的语言不同时，他们就开始尝试学习新的语言，以保证自己可以和其他地区的人交流，而这就是翻译的源头。当然，翻译并不是一种能完全再现原语形式与内涵的手段，有些原语中的词汇、文化是很难用另一种语言展现出来的。经过几十年的探究，人们对翻译活动进行了详细的探索，不仅积累了大量的翻译实践经验，而且还从理论层面上完成了对翻译的基本认知与理解。有些学者甚至认为"不可译性是绝对的"这一命题是对的。通常情况下，该命题包括两个部分，一个是理论层面的"不可译性"，另一个是实践层面上的"不可译因素"。

理论层面的"不可译性"又被分为"语言不可译"和"文化不可译"。

持语言不可译观点的学者认为，不同语言之间的差异并不仅仅局限于语言与符号之间，而是掌握这两种语言的人他们对客观世界的认识是不同的，因此，他们在交际中所使用的词汇是不同的。所谓的不可译其实指的是风格的不可译，而风格的不可译主要受到语言音系结构、词语结构与修辞结构的影响，从一种语言译成另一种语言实质上是不可能的。"语言不可译性"表现在字形、语音、词汇、语法和文体风格等不同层次上。

文化不可译，其原因更为复杂，可能是生活方式和风俗习惯的差异、宗教信仰与价值观念的差异、社会文化背景的差异等。在翻译材料上以文学作品的附加值——审美功能造成的困难最多，在诗歌体裁、作家风格、修辞手法、词汇空缺等方面表现得尤为突出，中国古代的诗歌传统表现为抒情诗，这与西方不一样，西方文学延续的是一种形式主义的传统，因而其传承的诗歌主要为史诗和叙事诗。[①] 从语法上来看，古代汉语非常灵活，这与英语不一样，英语的词汇要连成句子必须通过一些连接词和连接手段，但是古代汉语的灵活性使汉字与读者之间可以建立一种自由的关系。读者在阅读的过程中就能使自己与文字保持一种"若即若离"的关系，同时也能对文字所传递的内容进行无穷的想象。例如，汉语的双关、回文、对联、拆字、四声，英语的头韵、尾韵都很难在形式上还原。

对翻译的可译性问题进行探讨的学者有不少，不得不提的一位是乔治·穆南（G. Mounin），他在其著作《翻译的理论问题》中对翻译的可译性进行了系统的探究，选择了现代语言学理论作为研究的参照物，同时还借鉴了其他学科的研究成果，为"翻译不可能论"的研究提供了依据。

二、实践层面的"文化不可译因素"

当然，如果从具体的翻译实践来看，就会发现，译者经常会遇到各种不可译的情况。与理论分类相对应，实践层面的不可译因素也可以分为"语言不可译因素"（方言、双关语等）和"文化不可译因素"（地域文化、历史文化、宗教文化、习俗文化等）。以下着重探讨文化不可译因素的常见表现形式。

（一）地域文化差异

由于中西方所处的地理环境不同，因此，二者形成了不同的地域文化，具体表现为中国人与西方人在认识与理解同一事物时所使用的表达方式是不同的。大多数西方国家是海洋型国家，其依赖海外殖民地与海外贸易发家，这让其拥有了非常发达的航海业，繁荣的航海业在其语言中有着多样的表现。英语中有着大量的与"water"和"fish"有观的词汇，这些词汇就极大地表现了西方海洋型文化的特征，比如，"above water"的意思为摆脱困难。

中国与大多数的西方国家不一样，自古以来，中国都是农耕型国家，农业生产在人们的生活中扮演重要角色，这使汉语中有许多与农业生产有关的表达。例如，中国人在描述土地的面积时使用的单位是"亩"，而西方人使用的单位是"acre"（英亩）、"hectare"（公顷）。

（二）历史文化差异

各民族的发展历史不同，走向不同，因而形成了属于自己的特色文化。这种特色民族文化主要可以通过民族语言表现出来。中西方对"龙"的认知是不同的，在中国文化中，"龙"是神圣的，是中国的图腾；而在西方文化中，"龙"则是邪恶的象征。因此，英语中的"dragon"从文化意义上来讲并不等同于中国文化中的"龙"，恰当的翻译应该是"loong"。"loong"这一翻译的产生有其形成的背景，在清代，西方传教士将中国的龙直

---

① 张白桦. 翻译基础指津［M］. 北京：中译出版社，2017：52.

接翻译成"dragon",这导致不明就里的西方人对中国文化、中国人形成了误解,因而在清代末期,美国华人出于文化自救的目的,改变了龙的翻译,将其定为"loong"。因此,可以看出,因为中西方文化之间存在差异,汉语中的一些词汇并不一定能从英语中找到其对应的意思,而出现这一情况时,创造新词汇是必须的。

(三) 习俗文化差异

受中国传统伦理文化的影响,中国人向来对于别人的赞美都呈现一种谦虚之姿,甚至有时候还会表现出自贬之姿,用"哪里,哪里"等词来回应别人的赞美。当然,处于中国的伦理社会环境,这种回答是合理的。但在西方文化中,对于别人的赞美是不能谦虚回应的,而是应该大方接受,因为在西方看来,你的大方接受能说明他很有眼光。因为中西方文化存在差异,所以有些在英语中的表达无法在汉语中找到对应的表达,这就导致了不可译性情况的出现。

(四) 商标用语内涵差异

在世界经济全球化发展过程中,不同国家之间的贸易往来频繁,在激烈的国际竞争中脱颖而出的手段是多样的,一个成功的商标语翻译就是不错的手段。商标语翻译的恰当、合理,就能给合作伙伴留下好的印象,进而促成合作的成功。一个成功的商标语能让消费者的注意力在第一时间被抓到,同时也能将其背后的文化内涵揭示出来,有利于消费者对产品,甚至企业文化产生一定的认知。在进行商标语翻译时,不能一味直译,而是应该合理考虑文化因素,如果不考虑文化因素,可能产生错误的翻译结果,甚至还会损害企业的形象。

中国曾经有一家日化公司生产了一款叫作"芳芳"的唇膏,为了能走上国际市场,公司将这款唇膏的商标翻译为"Fang Fang"。本来公司希望此款唇膏可以有一个不错的销量,但最终的结果并不令人满意,主要的一个原因便是商标语的翻译出错了。当然,对于中国人来说,我们都能理解"芳芳"代表都是一个温柔、美丽的女子,但是在西方文化中,"fang"的意思是"毒牙;尖牙",而且该商标还使用了两个"fang",营造了更加惊悚的氛围,以至于西方消费者并不敢购买该产品。此外,曾经一家法国公司在中国市场上推出了一款名叫"Opium"的香水,这款香水被翻译成了"鸦片",其实公司想要表达的意思是使用了这款香水,使用者将会像吸食鸦片一样上瘾,但该公司忘了由于历史上鸦片战争给中国人民带来过苦难,中国人民根本就不喜欢该产品,进而更不想购买,这一产品的销量十分不好。① 商标翻译的最终目的是通过商标吸引消费者的注意力,从而激发其购买欲,促进商品的销售。但倘若在翻译中仅仅遵循忠实、连贯的原则,而不去关注翻译的本质,那么,商标翻译的质量并不能获得保证,同时,公司产品也无法为人们所真正认可。

三、文化不可译(因素)的应对策略

尽管由于文化的差异会造成不可译现象,但是在翻译学界,总体有着"意义对等优

---

① 魏精良,仇伟. 目的论观照下的英汉翻译不可译研究 [J]. 牡丹江教育学院学报,2019 (11):11-13.

于形式对等"的理论。我们要尽量在忠实于原来句子含义的基础上对其进行翻译。如果能够在翻译的过程中跨越这种文化的差异，从而实现更好地翻译，那么其交流的目的也就能够很好地实现。一般来说，应对不可译现象的方法主要包括以下几种。

（一）直接翻译加注释

类似成语、俗语一类有特定文化背景的语言，译者如果仅仅从形式上对其翻译，人们一般无法了解其真正的含义，因此，通常译者会在译文旁边加上一句注释，进行文化层面的解释。如：

司马昭之心，路人皆知。

This Sima Zhao trick is obvious to every man in the street.

该句可增加注释：

Sima Zhao was a prime minister of Wei, who nursed a secret ambition to usurp the throne. Sima Zhao's intention is obvious to every man in the street.

（二）借译法

从结构与用词上来看，英语与汉语存在很大的差异。即便如此，其在意思表达上也展现出了一致性。例如，在汉语中表达的"吃得像猪一样多"，在英语中可以用"eat like a horse"。英汉翻译中有许多这种情况，尽管借用的物体并不一样，但是从各自的文化角度来说，说不同语言的人依然能理解句子的意思。

（三）移植法

中国与西方的交流越来越全面、深入，在交流的过程中，语言之间的交融呈现多样化趋势，英语中的一些词汇开始出现在汉语中，经过中国人的普遍使用，已经成为国人的共识。比如"T-shirt"等词在中国人的交际中经常出现，提到这一词汇，人们就知道它的意思。

第二节　增译法与减译法

增译法和减译法是翻译中常用的两种方法。

一、增译法

增译法是指在翻译时根据句法或意义或修辞上的需要增加一些原文中未出现的词汇，其目的是更准确、通顺和完整地表达原文的内容，并使译文符合目标语的表达习惯。增译法和减译法在翻译中的运用不是截然分开的，也不是孤立的。在复杂文本的翻译中，我们需要灵活并综合运用增译、减译以及其他翻译技巧，这样才能使译文更通顺流畅。[①] 但无

---

① 仓兰菊. 工程硕士研究生实用英语教程　读写译［M］. 上海：上海外语教育出版社，2010：38.

论增译或减译，都不能随心所欲，一定要尽量忠实地再现原文。

英译汉时，基于语法上的需要，翻译时可以添加原文问答句、比较句、含蓄条件句中所省略的部分以及原文中所省略的动词等。

增加并列句中省略的动词，如：

Mary majors in sociology and her brother in computer science.

玛丽主修社会学，她弟弟则主修计算机科学。

增加原文问答句中省略的实意动词，如：

——Do you like traveling?

——你喜欢旅游吗?

——Yes, I do.

——是的，我喜欢旅游。

例如，增加比较句中省略的部分：

Mary is more talkative than Tom, but Tom is more decisive.

玛丽比汤姆健谈，但汤姆比玛丽果断。

基于意义或修辞上的需要，翻译名词时可添加适当的动词、形容词；翻译动词时可添加适当的副词；翻译形容词时可添加适当的名词。还可以灵活添加表示时态的词、语气助词、数词、量词等。

增加名词，如：

This computer is indeed cheap and fine.

这台计算机真是价廉物美。

增加动词，如：

Father left the room without a word.

父亲一句话没说就离开了房间。

增加形容词，如：

What a day!

多么糟糕的天气!

增加副词，如

The policemen came and the crowds melted away.

警察来了，人群渐渐散开了。

增加数词，如：

The lion is the king of beasts.

狮是百兽之王。

增加概括性的词，如：

The paper summed up the latest achievements made in signal processing, image processing and artificial intelligence.

论文总结了信号处理、图像处理和人工智能这三个领域中取得的最新成就。

增补并列结构中省略的词语，如：

Reading makes a full man; conference a ready man; writing an exact man.

读书使人充实，讨论使人机智，写作使人准确。

同样，汉译英时也需要经常运用增译的技巧。

英译句中增加了主语，如：

如果能去欧洲旅游该多好啊！

If only I could go on a trip to Europe!

英译句中增加了连词，如：

虚心使人进步，骄傲使人落后。

Modesty helps one to go forward, whereas conceit makes one lag behind.

二、减译法

减译法指的是翻译时不把原文中的某些词逐字译出来，或者说原文中的某些词在译文中被省略或删减了。减掉某些词语后，译文仍然很忠实于原文的内容，并且更加符合目标语的表达习惯。减译法的使用也可以从语法意义、修辞两个方面来看。

英译汉时，从语法意义上看，可以省略代词（物主代词、人称代词、非人称代词"it"），省略强调句中的"it"，省略连接词（并列连接词、从属连接词），省略冠词和介词等。

省掉非人称代词 it，如：

It is impossible to complete such a complex project in a few months.

几个月之内完成这么复杂的项目是不可能的。

省略强调句中的 it，如：

It was in the subway in Beijing that I ran into Tom, my classmate in high school.

我正是在北京的地铁站里遇上了我高中同学汤姆。

省掉条件状语从句中的连接词 if，如：

If winter comes, can spring be far behind?

冬天来了，春天还会远吗？

省掉并列连接词 and，如：

Most of the contestants were confident and quick, wined.

大多数参赛选手很自信机敏。

省略不定冠词 a，如：

I'm going out for a walk. Will you go with me?

我准备出去散步。你要跟我一起去吗？

省略介词 on，如：

On the second day of our trip, the tour guide took US to the Grand Canyon, one of the Seven Wonders of the World.

我们旅行的第二天，导游带我们游览世界七大奇观之一的科罗拉多大峡谷。

从修辞角度看，可以省略原文中某些重复出现的词或短语部分，还可以省略一些译文中可有可无的词，使译文在忠实于原文的基础上更通顺、简洁、流畅。试比较以下例句的两种翻译：

He said it was a bad decision and it was certainly mistimed.

他说这是个糟糕的决定，肯定不合时宜。

他说这是个糟糕的决定，这肯定是不合时宜的。

We got the can open with the help of a knife.

我们用刀把罐头打开了。

在刀的帮助下，我们把罐头打开了。

Those are questions a whole new generation of young people is beginning to wrestle with.

这些是整个年轻一代开始苦苦思考的问题。

这些是整个新的一代年轻人开始苦苦思考的问题。

汉译英中也存在很多需要减译之处。

英译句中省译原文中的名词，如：

中国政府历来很重视教育问题。

The Chinese government has always attached great importance to education.

第三节　直译法与意译法

人类翻译活动伊始，就有"直译"和"意译"之别。在翻译实践中，直译法与意译法都很重要，译者不能有偏见，过于重视其中一种方法，而是应该结合两种方法各自的优势，实现翻译质量的显著提高。不管使用哪一种翻译方法，都应运用适度，以求译文尽量比肩原文。

一、直译

译者在翻译时尽量使译文与原文在形式结构上保持一致，这种翻译方法就是直译法。英、汉两种语言的表达方式都是以"主—系—表""主—谓—宾"和"there be"句型为句法主干，语言共相占主导地位。① 所以在许多情况下，"直译"法是人们常用的方法。

这里笔者必须说明的是，直译并不意味着译文与原文必须实现形式上的绝对对等，译者在翻译时是有一定灵活性的。否则很可能会滑向拘泥于句法和语义外形的"不透明直译"。

完全对应的例子也是有的，如：

This is a big mountain.

这是一座大山。

I'll go in and get the lay of the land—see if Pam's in a better mood.

我要进去了解一下情况——看看帕姆的心情是否好了一些。

Crick and Watson laid down the foundations of modern genetic research.

克里克和沃森奠定了现代遗传学研究的基础。

但是，完全对应的例子是很有限的。我们认为，译文能在外形的总体语势、主体框架上与原文基本对应（当然必须以通顺地传递原文信息为前提），就算是成功的直译。如：

---

① 宋天锡. 翻译新概念 英汉互译实用教程 6 [M]. 北京：国防工业出版社，2011：23.

American companies are way ahead when it comes to biotechnology。

美国公司在生物技术方面遥遥领先。

这句译文在总体语势上或主体结构上应该说是"直译"，只是在处理 when 从句上采取了灵活方式。难道说非要译成"美国公司是遥遥领先的，当谈到/涉及生物技术的时候"才算是"直译"吗？那样译是地地道道的"死译"。

英文中的系动词"be"译为汉语的动词或其他词类，是翻译实践中经常使用的技法，称之为"词性转换法"。这样的转换，如果不是意思的转换，就不能说成是"意译"，而是"直译"。如：

The information highway is the cutting edge of the electronic revolution.

信息高速公路处于电子革命的先锋地位。

如果不加转换的机械直译，这句话就会被译为"信息高速公路是电子革命的最先进的"，但这显然不符合汉语习惯。

有时直译会在保留原文的语势与框架的前提下，对部分词语做灵活变通的表达，而不改变其真正意思，如：

Partly as a result of the recently increasing demand, wholesale tea prices have almost doubled.

部分由于日益增长的需求，批发茶的价格几乎翻了一番。

使用增译法或减译法的翻译方式，也可以是直译，如：

I read this letter with both surprise and excitement, surprise because he is still around, excitement because he didn't ever forget me.

我读到他的信时又惊又喜，惊的是他还健在，喜的是他一直没有忘记我。

二、意译

意译法与直译法完全不一样，它并不强调形式上的对等，而是重在实现原文意思与译文意思的一致。一般情况下，当直译无法清楚说明原文的意思时，译者就会使用意译法。

任何翻译在许多情况下都是译入语对原文进行诠释，因此，打破原文的语言外形有时是不可避免的。并不是所有的文章都能被合理地翻译，有些翻译重在意义的理解，因此，当译者遇到实在翻译不通畅的情况时，其没有必要译，不能像中国古代寓言里那个扛着横竿进城门的"机械"先生那样，一点儿也不知道灵活变通。带着一根长竹竿进城门，横着是进不去的，但是可以平竖着进城门，调一下角度就可以了。

"意译"的核心是灵活、权变和圆通。如果依照原文的表层意义无法把原文的真实信息表达出来，那就应该借助意译法。

（一）词语的意译

许多词汇都具有"意义广谱"，其中有指称意义（字面意义）、语用意义（即实际意义）、隐喻意义（比喻意义）、语境意义（在上下文中的具体意义）、搭配意义（词语组合成的词组意义）、文化意义（民族特色措辞的意义）等。[①] 这里面，除了"指称意义"

---

① 宋天锡. 翻译新概念 英汉互译实用教程 6 [M]. 北京：国防工业出版社，2011：26.

可以而且也应该直译外，其他几个方面的意义在许多情况下都需要意译。专业术语或科技词汇绝大多数情况下都有明确的意思，翻译时比较容易把握，倒是高频词的意义变化多端，反而需要高超的译技。有时会遇到"假朋友"（多为隐喻意义），一不小心可能会出错。

以英语的"be"为例，"be"可以说是一个启蒙词汇，最初学英语时就会学到它。但它的意义不止一个"是"字，如：

To be，or not to be：that is the question.

是生存还是死亡，这是一个需要仔细衡量的事情。

语出莎士比亚剧作《哈姆雷特》，此处的"be"意为"生存，活着"。

1 think，there fore I am.

我思故我在。

该句为哲学家笛卡尔的名言，此处"be"意为"存在"。

A11 I am，or can be I owe to my angel mother.

我之所以能有今天，我之所以能做出一些成就，都归功于我天使般的母亲。

此句中"all I am，or can be"作动词"owe"的宾语，两处"be"均有指代含义。

（二）语篇意义的意译

许多情况下，词汇本身并无隐蔽意义，但词与词通过语篇融合，就产生了深刻的含义。在这种情况下，只有通过对上下文的语境进行分析、联想、推理，才能挖掘其真实含义，只着眼于孤立的词是无法译出原文的真谛的。

有些句子若不作语篇分析和推理，即使用词并不高深也很难翻译，如：

Jelly is still a popular food because of the fact that it's good，its sweet，and it's simple to make doesn't take a rocket scientist to put it together.

果冻仍然是一种受欢迎的食品。它不仅外形美观，味道可口，而且制作简便——稍懂得一些程序就会做。

有些意义单一的词汇，在句子中会获得丰富的语篇意义，如：

She was torn between staying at home to watch the TV play serial and going to the cinema with him.

她是待在家里看电视连续剧呢，还是跟他一块去看电影，一时拿不定主意。

如果按照词汇意义翻译，就会变成"她是待在家里看电视连续剧和跟他一起去看电影之间被撕开了"，读起来非常奇怪。

有些词汇会因与特定词的搭配而获得更为生动的意思，如：

Prices and wages are fellow-travelers on the same upward escalator.

物价上涨，工资也总是跟着同步增长。

"fellow-travelers"意为"一起旅行的人"；"escalator"意为"自动扶梯"，这两个词都没有更多的含义。但它们与"prices and wages"搭配，就有了生动的意思，从死气沉沉的单义词汇变成了生机盎然的动态词汇。

（三）语言结构的意译

在两种语言互译的过程中，为了表意明晰而改变或打破原文语法外形的翻译，就叫做语言结构的意译。改变或打破原文语法外形，实属无奈之举，否则，原文的信息无法明晰地表达出来。

是否已需要改变句法结构进行翻译，与句式复杂程度无关，很多没有过多繁杂修辞成分的句子，甚至是简单句，都有可能需要通过改变原句结构才能表达清楚原意。试对比如下句子的意译和直译两种翻译方式：

A crescendo of resentment built up between the two women.

这两个女人之间反目失和，相互憎恨的情绪已至顶点。

愤慨的顶点在这两个女人之间建立了。

Our very anxiety is born of our knowledge of what is now possible for each other and all.

我们意识到大家相互之间可能会发生什么事情之后，顿时颇感忐忑不安。

我们的颇感不安出自我们对大家彼此之间可能会发生什么事情的意识。

He also concluded that insight into prehistoric cultures should ideally proceed from knowledge of living cultures.

他还得出这样的结论：要想深入了解史前文化，就应从了解现存的种种文化入手，这样才是最理想的方法。

他还总结道，深入了解史前文化应该理想地从现存的各种文化入手。

瑞典著名学者和汉学家马悦然教授（G. Malmqvist）认为，两种语言的差异，有时大到任何想要转换诗体的尝试都注定失败。他说他在四十多年前曾做了一个实验，用"无句法"的方式把唐朝诗人柳宗元的田园诗《江雪》翻译成瑞典文和英文：

千山鸟飞绝，

万径人踪灭。

孤舟蓑笠翁，

独钓寒江雪。

马悦然的"无句式"英语译文：

Thousand mountain　bird fly sever,

Ten thousand path, man footprint extinguish.

Solitary boat, rain-cape, bamboo-hat old man,

Alone fish, cold river snow.

宋天赐改变原文结构的译文：

River Snow

Snow-clad mountains stand in cold,

In sight neither birds nor a soul.

Rain-cape and bamboo-hat braving chill,

Greybeard angles in lonesome floating boat.

第四节　分译法与合译法

英语和汉语在句子结构和语序上基本对应的句子很少，为了使译文符合汉语的一般表达习惯，翻译时不必完全遵循英语原文的组句方式和句法结构，而应根据具体情况对原文句子结构作适当的调整。① 分译法和合译法是其中改变原文句子结构的两种重要方法。

一、分译法

分译法就是把一个英语句子中的某一部分分译出来，与句子的主要部分组成一个汉语复合句，或两个甚至两个以上的汉语简单句。

（一）单词的分译

单词的分译是指把原文中一个单词分译成句子，使原文的一个句子分译成两个或两个以上的句子。

翻译中常有把表示主观评价的副词从原句中分译成一个汉语分句的情况，如：

He unnecessarily spent a lot of time introducing this book, which the student are familiar with.

他花了很长时间介绍这本书，其实没有必要，因为学生们对它已经很熟悉了。

The ancients tried unsuccessfully to explain how a rainbow is formed.

古代人曾试图说明彩虹是怎样形成的，但没有成功。

形容词的分译，如：

That region was the most identifiable economic development spot.

那是个经济发展最快的地区，这是显而易见的。

名词的分译，如：

The inside of each tent depends on the personality of its occupants.

每个帐篷的内部怎样布置，取决于帐篷主人的性格。

The price limits its production.

它价钱昂贵，限制了批量生产。

（二）短语的分译

短语的分译是指把英语原文中的一个短语，如分词短语、介词短语、动词不定式和名词短语，分译成句子，使原句分译成两个或两个以上句子的汉语复合句。

分词短语的分译，如：

Let us have a good look at the following figure showing how supply and demand determine price.

---

① 董晓波. 商务英语翻译 第 2 版 [M]. 北京：对外经济贸易大学出版社，2017：250.

让我们仔细看看下图，它说明供求关系是如何决定价格的。

She sat with her hands cupping chin, staring at a corner of the little kitchen.

她坐在那儿双手托着下巴，眼睛凝视着小厨房的一角。

介词短语的分译，如：

We tried in vain to persuade the country to give up their wrong policy.

我们尽力劝说这个国家放弃错误的政策，但没有成功。

The process of cooperation began in the 1950's with the initiation of our commercial relations with Japan.

这种合作进程始于20世纪50年代，最早是与日本建立贸易关系。

动词不定式的分译，如：

Heat is required to change ice to water.

冰变成水，就需要热。

The velocity of light is too great to be measured in simple units.

光速太快，因此不能用普通单位计量。

名词短语的分译，如：

Lower wages are associated with lower incentives to work.

工资一低，工人们工作的积极性就低落下来。

An equipment failure of accident on the moon could have left the astronauts stranded.

在月球上设备一旦出了故障，宇航员便会陷入困境，进退维谷。

Energy can neither be created or destroyed, an universally accepted law.

能量既不能被创造，也不能被消灭，这是一条公认的规律。

在上句中，就是把"universally accepted law"这一名词短语，译成一个句子。

（三）句子的分译

把英语原文中的一个句子拆开，译成两个或两个以上的汉语句子。

定语从句的分译，如：

Summary must be a condensed version of body of the report, written in language understandable by those members of mine management who may not be specialists in the field of rock testing, but who are one the less responsible for the work.

摘要必须是报告的浓缩，要以矿山管理部门人员能够理解的语言编写；他们虽然负责岩石试验工作，但不是这方面的专家。

The research work is being done by a small group of dedicated and imaginative scientists who specialize in extracting from various sea animals substances that may improve the health of the human race.

一小部分富有想象力和敬业精神的科学家正在进行这项研究，他们专门研究如何从各种海洋动物中提取能增进人类健康的物质。

Chinese trade delegations have been sent to Africa who will negotiate trade agreements with the respective governments.

为了与各国政府商谈贸易协定，中国派了贸易代表团前往非洲各国。

上句的关系代词"who"相当于"in order to",表明派代表团的目的,整个定语从句相当于一个状语从句,故将其分译成一个表目的的汉语分句。

单句的分译是将英语原文中的一个并列分句或并列成分分译成汉语的一个独立句。如:

We find that we have to deal with things like climate, soil plants, and such-like factors common to all biological situations.

我们发现我们必须考虑诸如气候、土壤、植物此类的因素,这些因素是所有生态环境中常见的要素。

We have forwarded the catalogues and drawing you sent us to some large manufacturers and now have an affirmative answer from a factory in Shanghai.

我们已将寄来的目录和图纸转交几家大厂。现已接到上海一家工厂愿意承办的答复。

复句的分译是将英语原文中的一个状语从句分译成汉语的一个句子,如:

I was on my way home from tramping about the streets, my drawings under my arm, when I found myself in front of the Mathews Gallery.

我夹着画稿,在街上兜了一番,回家的路上无意中发现自己逛到了马太画廊的门口。

二、合译法

合译法是把原文中的两个或两个以上的简单句或一个复合句合译,用一个汉语简单句或复合句来表达。

(一) 单句的合译

英语原文中的两个单句,合译成汉语的一个句子。如:

There are men here from all over the country. Many of them are from the South.

从全国各地来的人中许多是南方人。

We received your letter of June 3, 2016. In your letter you asked about purchasing software for use in your accounting department.

从贵司 2016 年 6 月 3 日函获悉,贵方拟购会计部使用的计算机软件。

有些独立的句子在意群中充当表示时间或地点的状语,可将其合译为状语;另外,有些独立的句子彼此之间构成非常严格的修饰关系,可将其合译为定语。①

合译为时间状语,如:

It was April 1945. The Second World War was coming to an end.

1945 年 4 月,第二次世界大战已接近尾声。

合译为地点状语或连动式,如:

He selected a deserted barn in a desolate suburb. He murdered the victim there.

他选择在一个废弃仓库残杀了被害者。

合译为定语,如:

She went back home to take care of her husband. He was seriously ill.

---

① 郑晶. 英汉互译技巧解密与实践 [M]. 上海:上海大学出版社,2014:99.

她回家去照料病重的丈夫。

They sat down in the waiting-room to do some reading People came to and from there.

他们在人来人往的候车室里坐下来看点书。

（二）复合句的合译

把英语原文主从复合句的主句和分句，合译成汉语的一个句子。如：

Science moves forward, they say , not so much through the insights of great men of genius as because of more ordinary things like improved techniques and tools.

他们说科学的发展与其说源于天才伟人的真知灼见，不如说源于改进了的技术和工具等更为普遍的东西。

When that happens, it is not a mistake: it is mankind's instinct for moral reasoning in action an instinct that should be encouraged rather than laughed at.

这种反应并不错，这是人类用道德观念进行推理的本能在起作用。这种本能应得到鼓励，而不是遭到嘲笑。

为了避免译文语句啰唆、行文不畅，英汉互译过程中可以依据上下文和逻辑关系针对任何词汇、词组、分句或句子进行修辞性省略，使译文尽可能符合译入语表达习惯。

限定性或修饰性很强的定语从句合译为偏正结构的定语，如：

They reviewed the international situation in which important changes and great upheavals are taking place and expounded their respective positions and attitudes.

双方回顾了正在发生重大变化和巨大动荡的国际形势，并阐明了各自的立场与态度。

宾语从句合译为宾语，如：

Because our team refuses to see this problem for what it really is, we are well on the road to defeat.

由于我们团队对这个问题的实质视而不见，因此我们早就已经踏上了一条通往失败的道路。

时间状语从句合译为定语，如：

A tariff may be defined as a tax which is put on a commodity when it crosses a national boundary.

所谓关税，可以这样来定义，即对过境商品征收的税项。

第五节　异化法与归化法

异化与归化是两种不同的翻译策略，它是直译和意译的概念延伸，但又不全等同于直译和意译。

一、异化法与归化法的概述

（一）异化法与归化法的基本概念

异化和归化不仅涉及语言，还涉及文化和美学等因素。直译和意译只关注语言层面的因素。

异化，就是要尽量传达原作的异域文化特色，异域语言形式等。接受外语的语言及文化差异，把读者带入外国情境。异化理论最著名的代表人物为美国翻译理论家韦努蒂（L. Venuti）。

如"dinks"是指双职业、能生但选择不生育的人。目前，该词已经为中国人所广泛接受，所以汉语译文采用的音译法，保留了原语中的形式和含义，这就属于异化法。

归化，是以读者习惯的思维方式表达原文的内容，并尽量保留原文的风格，使译文读者在阅读时可以获得与原文读者一样的阅读感受。[①] 归化理论最著名的代表人物是美国交际翻译家、理论家奈达（E. A. Nida）。

如"as timid as a rabbit"，可译作"胆小如鼠"，因为汉语中为人所熟知的习语是"胆小如鼠"，因此不译作"胆小如兔"，这就属于归化法，即采用了中国读者可以接受的词汇，便于读者理解和接受。

归化和异化翻译并不相互排斥，而是相互补充。归化能很好地传达原语寓意和精神，异化能很好地保留原语文化。

（二）异化法与归化法的历史沿革

在认识异化法与归化法时，笔者认为不得不提施莱尔马赫（F. Schleiermacher），他曾经在自己的著作《论翻译的方法》中指出了翻译的两种途径，一种途径为译者要保持原文作者的意思，让读者通过阅读译文可以获得与原文读者一样的感受；另一种途径为译者并不对读者的思想施加影响，而是要让原作者去无限地与读者相接近。这种两种途径现在看来就是异化法与归化法的源头，但在当时，施莱尔马赫并没有确定翻译方法的具体名字。

之后，不少学者也就此问题进行了探究，其中，美国著名翻译理论家韦努蒂第一次确立了施莱尔马赫两种翻译途径的名字，将其命名为异化法与归化法。译者在翻译过程中最大限度上确保译文要与原作者相接近，能使原文的内容完全展现出来，这就是异化法。归化法则要求译者只要实现译文与原文在意思上的相接近即可。因此，我们甚至可以将异化法看作是直译法，将归化法看作是意译法。

（三）归化法广泛应用的原因

中国古代，中西方交流也取得了一定的成果，主要是中华文化对西方文化产生影响，但鸦片战争爆发之后，中国的国门向西方打开，西方许多优秀的文学作品开始在中国社会蔓延。西方文学作品在中国社会的传播的功臣之一便是翻译家，林纾是这一时期非常有影

---

① 安静，隗雪燕. 英汉互译实用教程［M］. 北京：知识产权出版社，2013：14.

响力的翻译家，他翻译了一百八十多部西方文学作品。对其翻译作品进行分析，可以发现，其译文中使用的语言多为文言文，因此，其在形式上很难做到与西方文学作品的等同，在具体翻译中多选择归化法。尽管林纾的翻译让许多中国人看到了西方世界，但是也应该承认的是，由于对西方文化了解得不够全面，其引文中也有不少疏漏，甚至还闹出过一些笑话。比如，他在翻译莎士比亚戏剧的时候就闹出了笑话，将其翻译成了记叙性的古文，完全损害了莎士比亚戏剧的美感，甚至遭到了当时文人的责骂。之后，在五四运动开展的背景下，异化法受到了推崇，鲁迅就是该方法的倡导者，但也应该指出的是，因为异化法过于坚持形式上的对等，导致译者翻译的作品比较"僵硬"，因而也为不少人所诟病。正是因为如此，到了 20 世纪三四十年代，有些翻译家开始"想念"归化法，认为在翻译过程中译者应该多使用归化法。中华人民共和国成立之后，中国的思想文化发展繁荣，翻译家们在总结自身翻译经验的基础上提出了自己的一些翻译主张，比如"翻译所求不在形似而在神似""艺术创造性的翻译"等，这些新的翻译主张表明，归化法又受到了翻译界的重视。[①]

归化法确实能对翻译的质量产生一定的影响，同时，其也受到一些因素的影响，这些因素主要与译者有关，包括译者的受教育背景、译者的身份等。对中国早期的文学作品翻译进行分析，可以发现，早期的译者翻译的文学作品展现了他们深厚的文学功底，他们并不局限于对原文的表达，而且还对原文进行了润色，也就是进行了新一轮的创作。

归化法受到中国翻译界重视的另一大原因为中国翻译界一直以来都比较推崇西方的翻译理论，译者在翻译实践中也适用的是西方翻译理论，中国翻译界并没有形成符合自身翻译情况的完善的翻译理论体系。当时，中国的翻译事业处于"蹒跚学步"阶段，自己并没有什么经验，只能学习与借鉴西方，归化法是一种相对来说比较好理解的西方翻译方法，因此，不少翻译家在翻译实践中使用这一方法。

（四）异化法地位提升的原因

中国自从实施改革开放政策之后，与西方的交流更加深入、全面，在这种背景下，大量的优秀的西方文学作品开始涌入中国。与此同时，西方更多的翻译理论也开始进入中国翻译界，大量的翻译理论让中国的译者认识到了归化法并不能算是一种比较完美的翻译，其也存在不少弊端。中国与世界人民交流更加频繁，彼此之间都更加了解对方的文化，这让中国人民对西方的文学作品、思想观念等有了更加清楚的认识。中国翻译家对西方翻译理论的了解更加全面，结合这些更加新颖、完善的理论，翻译的质量得以提高。

经济发展与文化发展向来是相伴共生的，当前，世界经济向着全球化与一体化的方向发展，与此同时，世界各民族的文化也开始交流、发展，有些文化甚至发挥了极大的优势，在世界范围内产生了巨大的影响力。尤其是西方文化，它正在从多个方面对中国社会产生影响，不仅影响了中国人的语言，而且还影响了中国人的思想与文化。随着世界各民族文化的不断交流，翻译的作用愈发突出，译者使用的翻译方法也多表现为异化法。

在将归化法运用在翻译实践的过程中，其劣势也逐渐显现了出来，译者与翻译研究者们开始了对于异化法的新的探索，并且取得了一定的成果，从理论层面上来看，异化法在

① 王静. 跨文化视角下的英语翻译理论与实践探究［M］. 长春：吉林人民出版社，2018：99-100.

中国已经获得了不错的发展，大量的优质翻译作品涌现了出来。同时，中国人对译文的理解也逐渐深入，这都进一步确立了异化法在翻译研究与实践中的地位。

二、异化法与归化法的关系

（一）异化法与归化法的结合

翻译工作需要翻译人员充分尊重原文本内容的理念与风格，而这些与目的语言文化存在着一定的差异性。对此，在翻译实践中异化方法无疑是最佳选择。与此同时，所翻译的文本还要顾及目的语读者的理解能力与接受程度，要考虑翻译后文本的通顺性，这时就需要选择归化方法进行翻译。当选择某个翻译方法时，完全摒弃其他翻译方法的行为是不可取的，也不符合实际要求。

异化法与归化法这两种翻译方法，有着各自的优势与不足，只考虑一种方法是无法顺利完成整个文本翻译的。既然在翻译过程中始终要思考选择异化还是归化的问题，就需要翻译人员做出准确的选择，让所翻译的文本内容在靠近作者与读者之间找到平衡点。① 但该点并不是特指作者与读者的中间点，而是要坚持以下原则来确立真正的平衡点。即当靠近作者时，不能与读者产生较大的距离；当靠近读者时，也不能与作者保持太远距离。换句话讲，在具体翻译过程中，选择异化方法，就要确保译文的通顺、便于理解；选择归化方法时，应体现出原文本的相应特点。

此外，由于不同语言之间的相通性与差异性，还需要翻译人员对文化视角转换与国际商务英语翻译研究翻译内容中的语言表达形式运用归化翻译方法，而对同一篇文章中的文化类要素则要运用异化翻译方法。只有这样，才能有效规避归化与异化各自的不足，发挥这两种翻译方法的优势与长处，使其在实际翻译中能够共同存在。通过上述分析能够看出，在翻译过程中，异化法与归化法是相互衬托、相互影响的辩证统一关系，翻译人员应进行科学选择。

（二）异化法与归化法的互补

作为翻译的两大主要翻译策略，异化法与归化法二者之间是对立统一的，都有其各自的适用范围，然而在很多语境中，仅仅使用异化与归化是无法传达出原文的真实内容的，这就需要采取异化法与归化法互补策略。

异化与归化互补策略的概念得到郭建中博士的支持，他曾指出，"翻译中的归化和异化不仅是不矛盾的，而且是相互补充的，文化移植需要多种方法和模式"②。翻译过程中采取异化法与归化法互补的策略有利于中国文化的繁荣与传播。

可见，好的翻译即是在异化和归化之间找到一个合理的折中点。这需要译者仔细研究原文，弄清原文的意蕴，遵循在对翻译目的、作者意图、文本类型和读者对象等因素分析的基础上谨慎地做出选择，准确把握好"化"的分寸。在处理归化法与异化法的关系时，孙致礼曾指出应将异化法作为首选的翻译方法，归化法作为辅助方法。也就是说，"可能

---

① 李素芬. 文化视角转换与国际商务英语翻译研究 [M]. 北京：北京理工大学出版社，2020：165.
② 陈璐，罗颖，汪银萍. 英汉文化翻译教学与实践研究 [M]. 广州：广东旅游出版社，2021：18.

时尽量异化，必要时尽量归化"。具体包括以下几个方面的内容。

1. 一般采用异化法

要让译文达到"形神兼备"的效果通常需要异化法来完成，因此在翻译过程中，如果异化法能够令译文晓畅达意，则应坚持使用异化法。

2. 综合采用异化法与归化法

如果单独使用异化法不能令译文完全达意或者译文不能完全通畅，那么需要综合采用异化法与归化法。

3. 无法采用异化法，可采用归化法

如果异化法完全行不通，译者也不必勉强，而应采取归化译法，舍其表层形式，传达其深层含义。

译者在处理异化法与归化法的关系时必须掌握适度原则。也就是说，异化时不影响译文的通顺易懂，归化时不改变原作的"风味"，力求做到"文化传真"，避免"文化失真"。从这个意义上说，归化法主要表现在"纯语言层面"上，而异化法主要表现在"文化层面"上。

（三）异化法与归化法的均衡

在实际翻译过程中，翻译人员通常或是倾向于原文本作者，或是倾向于目的语言的受众群体，或是处在不同语言之间的尴尬位置。翻译人员始终都在努力寻找两种语言、文化之间的和谐点，想要实现彼此的共存。翻译人员在具体翻译当中所做出的选择以及所表现出来的偏向，都将成为决定翻译增与减的关键性因素。固而，翻译属于选择性的艺术。

确实如此，翻译人员在工作过程中，无时无刻不面临着各种各样的选择，通过异化与归化，来更加贴近原作者与广大读者之间的距离，在其中寻找到合适的融合点。因此，在整个翻译当中，异化与归化这两种不同的翻译方法是相辅相成、相互影响的，是彼此理解的辩证统一关系。习语翻译的归异均衡便是一种最为理想的途径。当翻译某些具有浓厚文化色彩、暗喻明显、道理深刻的习语时，中英喻体无法顺利地进行转换。针对这种情况，刘法公研究出了一种全新的方法，即异化归化有机结合法，也就是说在形式上学习我国歇后语的短句结构，构建不仅能够完整保留汉语暗喻的文化喻体，同时还能准确传递深刻含义的翻译方法。简单来说，就是将汉语暗喻的文化喻体进行直接翻译，而将其中蕴藏的深刻道理进行间接翻译，将所有文化类的暗喻翻译成两部分，并将前后部分用破折号衔接起来，构成前后相互烘托、寓意相互补充的翻译文本模式。

三、异化法与归化法的翻译实例

采用异化法，可以保留译入语成语、俗语等语言文化的原味，但是译出语读者需要通过上下文语境才能理解其意。如：

平儿说道："癞蛤蟆想吃天鹅肉，没人伦的混账东西，起这念头，叫他不得好死！"

"A toad hankering for a taste of swan," scoffed Ping-erh. "The beast hasn't a shred of common decency. He deserves a bad end for dreaming of such a thing."

有时异化法很难表现原文真正的信息或者表达方式完全不符合译出语的用语习惯，则需要用归化法。如：

She is a vast library in epitome.

她满腹经纶。

该句保留原文句式及表层意义的异化法是:"她作为缩影是一座大图书馆。"这样的"异化"译文所传达的意思不够明晰,而且汉语读者也不会乐于接受。如采用"归化"译法译为"满腹经纶",既准确地转达了原文的信息,又能使译入语的读者产生阅读美感,达到了信息、美学的对应。

Right now, these animals are knee-deep in hard conditions and will soon become the last Mohican in this world.

眼下,这些动物面临十分困难的生存环境,不久就走向灭绝。

Mohican 是北美的一个印第安部族,由于不断受到殖民主义者的迫害和驱逐而遭到灭绝。last Mohican,喻指正在走向灭绝的物种或即将消失的某种流派的最后代表人物。这里采用归化译法,更易于汉语读者的理解。

有的文字在翻译时,为了更清晰地表达句子含义,需要异化法与归化法的融合使用。如:

When I first met the proverb "Kings and bears often worry their keepers" which is similar in meaning to a Chinese proverb, that particular use of "and" struck me as rather peculiar.

当我初次遇到"伴君如伴虎"这句类似汉语的英文时,我对其中的"and"一词的具体用法觉得有些奇怪。

第六章　富含文化信息的英语词语翻译实践

英语词语的翻译看似简单，易学易用，似乎只要严格遵照语法的规定，就可以按部就班，对号入座、完整而流畅地行文，清晰而正确地表达思想。而实际上如果真的这样操作，往往会出现错译、误译、乱译等现象。本节从词汇层面着手，介绍几种最常用的英语词语的翻译。

第一节　英语委婉语与谚语的翻译

一、翻译中委婉语的使用

（一）委婉语的内涵

在实际的交流中，人们使用的一些让人听起来非常有礼貌且悦耳的词汇或词组便是委婉语。在英语里，委婉语就是"euphemism"，意思是（example of the）use of pleasant, mild or indirect words or phrases in place of more accurate or direct ones（用令人愉快的、温和的词语或词组来代替那些直率的词语或词组）。"Euphemism"一词源自希腊语，词头"eu–"的意思是"good, well"（好），词根"–pheme"的意思是"speak"（说），词尾"–ism"的意思是指"（该）动作或其结果"。整个字面意义是"speak well of..."（对……好言夸之，对……婉称之）、"good speech"（好的说法）或"words of good omen"（吉言）。

在英语中，委婉语可以涵盖社会生活的许多方面，使人们可以从不同的角度出发去认识人们的行为准则、思维方式、价值观念等。中西方人民在交流的过程中必然会存在一些沟通障碍，毕竟二者所生活的政治、经济与文化环境是不同的，如果想要消除这种沟通障碍，笔者认为在交际中可以多使用委婉语。运用了委婉语，处于不同文化背景下的人们进行的交际将会变得更加顺畅，同时，交际的效果也能获得保证。

在不同的语境中，同一委婉语所表达的意思并不一样，因此，交际的双方应该根据委婉语的生成过程来确定它所指代的意思。委婉语的生成过程其实就是用一个词汇的含义来替代另一个词汇的含义的过程，两个词汇表达的意思是一样的，但产生的表达效果则是不同的。如果两个词汇之间并不存在含义替代关系，那么，它们就不是委婉语。委婉语并不是在静态环境中生成的，它一直处于动态发展中，会受到许多因素的影响，不仅会受到场合、对话与话题的影响，而且还会受到文化心理、价值观等的影响。不能根据某一词汇就确定其是不是委婉语，还要考虑词汇所针对的对象以及其所处的场合等。

尽管所有的语言是存在差异的，但在差异之外其实是存在语言的共性的，正是因为有了语言共性的存在，说不同语言的人才能进行顺畅的沟通与交流。如果没有语言的共性，说不同语言的人将无法进行交流，委婉语的得体使用也是如此。英语有涉及疾病、残障、死亡等凶祸内容的委婉语、职业委婉语以及有关人体隐秘部位的委婉语。

（二）英语委婉语的语用功能

许多语言都有自身的委婉语，并在语言中占据重要位置，汉语中的委婉语很重要，英语中的委婉语也很重要。对于委婉语类别的划分，无论是汉语还是英语，大体上是一致的。英语委婉语一般会在特定的场合和情境中使用，主要有三种功能。

1. 避免忌讳

人们在使用英语委婉语来避免忌讳时会将个别不好的词汇用委婉词汇代替，避免话语中出现残酷的、冰冷的、负面的词汇，使接收语言信息的人能够更容易接受讲话者说出的话语。主要包括以下三方面的内容。

（1）对精神疾病、重大疾病和死亡的得体表述

在交际活动中遇到对精神病、生理方面的缺陷和重大疾病的指称时，为了避免引起自己或对方的不快，往往也不宜直言。人们在跟病人对话时，会照顾病人情绪，尽量少地说出病人得的病的名称，而用一些描述病情的语言来指代病人得的病，像"行动不太方便、脑子有点毛病、脑子不太够用"等话语代替。例如，当说到"癌症"这种不治之症时，常用"（某部位）长了不好的东西"来进行替代。除此之外，在现实生活中，当一些病人已无法医治，家属却常常询问其预后前景时，医生常会有类似回答："能吃点什么就吃点什么，能喝点什么就喝点什么……"，这样的表达方式也符合交际得体性的需要。

语言使用者大多比较忌讳直接说出"死亡"这一词汇。不管是在西方的文化环境中还是在东方的文化环境中，死亡都是人们不愿意直接说出口的词汇。虽然每个人都会经历从出生到死亡的过程，但是各个地区和各个民族的人们都不认为死亡是好的事情，在人们看来，死亡是负面的、哀伤的事情，所以会刻意回避"死亡"这个词。人们在语言中会避免提到"死亡"词汇，在缅怀死者或赞扬死者时，会使用其他话语指代死亡这一事情，因此出现了大量的委婉语。如英语中 to go to sleep（长眠），to pass away（去世），to be gone to a better place（去了更好的地方）；汉语中"升天、享福、闭眼、上天堂、走了……"。英语使用者还将 belly（肚子）称为 stomach 或 tummy。事实上，英美人士不仅对不治之症和生殖系统的疾病加以讳饰，就连一些常见病，如呕吐、腹泻等也不愿直接说出来。有的人不愿说自己"生病"，只说"not look well"（脸色不好），"not feeling well"（有点不舒服）。"疾病"也用"trouble"（麻烦）或"condition"（状况）等词语来代替。

（2）对尊长指称的得体表述

如"老"在东西方有不同的含义。英美人士大都忌老、怕老，老与无能、体弱、孤单寂寞相联系，意味着已失去了对社会、对他人以往的价值，因此"老"成了生活中的一个大忌，不许别人说自己"老"，对"old"这个词尤为避讳。因为英美人士大多怕自

己老去，所以在英语中存在很多指代"老"的委婉语，这种现象能够反映出英美国家的人们的普遍文化。在英美，如果你称呼老人为"大爷"或"大妈"，甚至在公共汽车上给老人让座，人家不会认为你有礼貌尊重老人，反而会生你的气，他们不喜欢别人如此称呼、对待自己。在英语中"老"与"老人"的婉称俯拾皆是：golden years，a senior citizen，mature，an adult，elderly；养老院也有许多婉称：a home for adults，a nursing home，a rest home，a convalescent hospital；养老院的老人则含糊其词称：a resident。

（3）对被认为社会地位相对卑微低下的职业及其从业人员的得体表述

在人们的日常生活中，个别职业由于从事的人数少或具有特殊性质而经常被人们误解，当人们直接称呼这些职业时就会使从业者感到不适，感觉自己没有被社会重视或没有被理解。为了避免语言带给个别职业从业者的不适现象出现，人们会在使用语言时用委婉语指代特定的一些职业，使这些职业的从业者不会产生不适感，感到自己被尊重。有的委婉语职业指代词像是一种技术人员的职业名称，因而显得"高贵"，以达到语言交际活动的得体原则要求。

在西方国家，人们非常在意自己的职业和别人的职业，因为职业的不同会直接影响从业者的社会地位，而为了使对话双方能够平等地交流、避免不同职业的人产生冲突、引起不必要的矛盾、扰乱社会秩序，英语交际活动中也常把 cobbler（皮匠）称为 shoe rebuilder（鞋靴再造人）；dry cleaner（干洗工）称为 dry cleaning engineer（干洗师）；garbage collector（垃圾清运工）称为 sanitation engineer（环卫师）等。

总之，不管人们取得多大的成就，社会地位有多高，在与人交往时，我们要积极使用委婉语，避免使用"盛气凌人"的语言，使语言交际活动的得体性最大化地表现出来。

2. 避俗还雅——对性、生理现象的得体表述

各个地区和各个民族的人们都有一个共同的忌讳话题，那就是人类的隐私部位，虽然西方相对来说比较开放，但是仍会避免直接用语言说出身体隐私部位。在中国有指代身体隐私部位的词汇，在外国也有指代身体个别部位的词汇，因此，语言中存在着许多能够避免人们尴尬的委婉语可供人们使用。东西方人们成长在不同的地理环境中，接受着不同的文化，有着不同的生活习惯，于是也产生了不同的指代身体部位的委婉语。当人们在与人交流时，不管是正式场合还是相对放松的场合，都会比较隐晦地表达人类身体隐秘部位、繁育行为等，通常不会直接说出对应的语言，而是使用指代词或是含蓄词等委婉语。人们使用委婉语就不会使听者感到不适，也可以使听者明白自己的意思，以使交际双方不为此感到尴尬。

长此以往，人们就逐渐创造出了一些体面的语言交流规范，用以改善语言交际环境。当人们慰问病人时，要尽量使用委婉语指代病情，多安慰病人，不去刺激病人的情绪，不能讲负面的语言。当人们提到与衰老有关的内容时，不能直接说出"老"这个词，而是要用委婉语指代"老"，这样就不会直接刺激老人。当人们在谈到繁育行为和身体隐私部位时，不能直接说出相应的语言，而是要用相应的委婉语迂回地交流，减少交际双方的尴尬情绪，使交际双方能够更好地交流。①

① 翟麦生. 汉语交际得体性研究［M］. 北京：中央编译出版社，2020：115.

3. 表尊重与敬仰

在交际过程中，当人们谈及长相的话题时，为了表达得体常使用委婉语，面对同样的词汇意义，常常会善意地选择褒义和中性词汇，而尽量避免使用贬义词汇。例如：

A. 她很丰满。

B. 她很胖。

这两个句子的使用，第一句明显比第二句得体礼貌，关键在于使用"丰满"一词具有褒义的倾向，从而避免了使用"胖"的说法会带来的贬义倾向，十分符合交际活动的得体原则——礼貌准则。无独有偶，在英语交际活动中，形容某位女性长得胖时也常选用说"She is plump（丰满的）."的说法，而不是"She is fat."；当形容男子胖时则说："He is shout（结实）."，而不是采用"He is fat."的说法。形容某人长得丑时，也一般不会使用 ugly 一词，而是使用 plain，homely（平常的）。

在英语中使用委婉语表示尊敬的语气也不乏其例。英语也有表示尊重对方、赞美对方的词语，但都不含自谦自抑的意思。如弗里德里希·冯·恩格斯（Friedrich Von Engels）在《在马克思墓前的演说》一文中写道：The great living thinker ceased to think.（最伟大的思想家停止了思考。）句中的"ceased to think"是表示 died（死亡）一词的委婉语。

总之，在语法学范畴中非语法规则因素对交际得体性的影响，主要表现为要从礼貌准则、幽默准则、克制准则三方面来指导交际者熟练掌握和运用各种方式，以适合不同语境的需要，达到最佳得体的交际效果。

（三）英语委婉语的翻译方法

1. 直译

汉语和英语都注重委婉语的使用，甚至有的英语委婉语很像汉语委婉语。因此，如果汉语中的部分委婉语与英语委婉语含义相近或一致，就可以用直译的方式来翻译英语。直译指的是译者进行翻译工作时，既要保留原文的含义，又要保留原文的格式，使翻译过来的文本具有原作的形和神，尤其注意要好好翻译原作的表现手法，保留原作传达的民俗风貌，将原作的内涵和文风注入译文。直译的翻译方法就是将英语委婉语的内涵或表面意思翻译成汉语。直译法因其保留了英语委婉语，所以能够使读者了解到西方国家的委婉语文化。但直译并不是简单的翻译方法。译者需要想办法保留英语原文的形式和内涵，在汉语中找到合适的词来还原英语委婉词的内涵和形式，还原原著作者的写作深意。

The old man lay taking his rest after a life of bitter hardship.

这位老人含辛茹苦了一辈子，现在安息了。

"take one's rest"是西方人用的一种指代死亡的委婉语，直译就是汉语中的"安息"，而"安息"在汉语委婉语文化中就是"死亡"的意思。这种情况就是汉语中正好有与英语委婉语相对应的委婉语。在翻译"take one's rest"时，译者就可以用"安息"这个词，这样的直译不仅可以保留英语委婉语的内涵和形式，还可以使汉语译文读者理解原作的内涵和文化。

After three days in Japan, the spinal column becomes extraordinarily flexible.

在日本待上三天，脊梁骨变得格外灵活。

译者直接用直译法翻译了这句话。当读者看到汉语译文时，可能没法一下子想明白这个句子的意思，会产生不解，不知道前后句的关联性。这是因为，原文作者用了委婉语来幽默地讲述日本人常常鞠躬的民俗习惯，所以读者在看译文时需要想到日本人的鞠躬习惯才能理解译文含义。如果读者知道日本人的鞠躬习惯，就会知道原文作者在这里用的是委婉语，从而理解原文作者的风趣和生动的写作风格。这样的委婉语具有原文作者浓烈的写作风格，因此译者需要保留此处委婉语，直译原文，使读者也通过汉语译文感受到此处委婉语的幽默。

2. 意译

中国的地理环境、历史和文化与西方的地理环境、历史和文化不相同，这就导致英语和汉语的表达方法存在许多不同。译者在翻译英语时有可能无法找到与英语委婉语相对应的汉语委婉语，译者找不到汉语委婉语，就不能使用直译法来翻译原文，就得使用与原作不同的形式，使用意译法翻译原作，传达原作的内涵。当译者使用意译法进行翻译工作时，需要原作的内容完整地翻译成汉语内容，注重传递原作内容的完整含义，不需要刻意保留原作的形式。译者使用意译法是为了准确地传递原作的含义和情感，使读者能够明白原作内容的意思和情感，达到两种不同的文化相互交流的效果。使用意译法翻译原作也可以保留原作的委婉表达方式，只是不用汉语中的委婉语来翻译原作。意译法能够使读者更容易看懂译文内容，充分理解原文作者的思想情感。

We will have oil the Mayor to get the permit.

我们得向市长烧香，以便获得允许。

英语句中的"to oil sb."是一种委婉语，意思是贿赂某人，而人们知道贿赂是不好的行为，所以会避免直接说出贿赂这一词，为了使交际双方能明白彼此的意思，创造了"to oil sb."这个表达方式指代贿赂。汉语并没有直接与之相对应的委婉语，所以译者就可以使用意译法，只保留原文的"神"，舍弃原文的"形"，这里是将贿赂翻译成汉语中的烧香，使读者能够感受到原文语气的委婉。

3. 灵活采用各种翻译方法

中国的文化和西方的文化有着非常多的不同之处，语言上也能看出来两种语言的许多不同之处。译者在翻译英语时，会发现许多英语词汇并没有对应的汉语词汇，许多西方文化也没有对应的中国文化，所以不能轻松将英语翻译成汉语。有些英文著作内涵丰富，无法直接将原文用直译法或意译法翻译成汉语，不然就会失去原文的形与神，也会使读者无法读懂原文内涵，更无法理解原文的魅力，这就违背了翻译的初衷。因此，译者在翻译英语委婉语时，不能使用单一的翻译手法，也不能按照单一的翻译规律进行翻译工作，而是需要先了解西方文化，熟练掌握英语和汉语，灵活地处理英语委婉语，使用多种方法翻译原作，尽量保留原作的"神"，使读者充分理解原作的写作风格和深刻内涵。译者需要掌握英语委婉语的用法，将原文作者的用意体现在译文中，保留原文作者的写作风格，使两种文化可以进行交流，提高翻译效果。

二、英语翻译中谚语的使用

（一）英语谚语的主要来源

英语语言在漫长的发展过程中吸收了许多民族的语言文化，这极大丰富了英语语言的表达方法和内涵。英语谚语也吸收了各个民族的言语文化，而英语国家的作家也利用价值极高的英语谚语文化创作出了丰富的文学作品。英语谚语最早是源自民间文化。在谚语开始出现的时候，西方国家的农民、工人和家庭主妇等创作了许多谚语，这是西方国家劳动人民的智慧结晶，是能够反映人们日常生活习惯的智慧创作。如今，英语中有许多谚语是家喻户晓的，能够被作者使用到作品中，增添作品的趣味，使作者更加精准地描述场景或情绪。英语谚语素有"俗谚""雅谚"之分，前者源自民间口语的谚语，后者则源自古希腊—罗马文明、英语文学名著的谚语。①

1. 雅谚

英语中有相当一部分谚语源自古希腊—罗马文明、英语文学名著。与源自民间口语的谚语不同，这些谚语一般涉及典故，或多或少带有些书卷气，故称雅谚。

2. 俗谚

俗谚大多来自民间口语，主要内容就是普通人的生活日常，能够反映普通人的生产生活，凝聚了普通人的生活智慧，同时还能够体现人们对生活的感悟，展现人们的情感追求和价值观念。

（二）英语谚语的修辞手法

谚语作为民间文学，具有诗的活泼、文的凝重，因而在各种文体中都很常见。如果稍加留意，不难发现英语谚语运用了许多修饰手法，例如（反义）对比、比喻、拟人、典故、倒装、省略、平行、重复和押韵。这些修饰手法的运用，常令人耳目一新、难以忘怀。

1. 比喻

比喻是英语谚语的主要修辞手法。比喻就是以此喻彼，它有一个基础（心理联想）和四项要素（即本体、喻体、相似点、相异点）。比喻可分为明喻、暗喻、换喻和提喻。②

2. 拟人

拟人手法在某种情况下也可以是一种比喻手法，将没有生命的事物当作具有生命的事物来描述。

3. 夸张

夸张写作手法需要作者的想象力，将实际的数量和程度夸大化，增强文字的感染力，还可以隐晦地贬低、嘲讽某件事。

4. 押韵

为做到音韵美，许多英语谚语巧用头韵和尾韵来增强表达效果。一般成语、谚语让人过目成诵，正是得益于此法。

5. 双关

双关手法指的是作者使用特定的词汇或句子来使文字内容具有两种内涵，增加内容的丰富性和哲理性，从而创造含蓄、奇特而又不失幽默的表达效果。双关分为语义双关和谐音双关两种。语义双关即利用一词多义的特点，使读者看到文章时能够感悟到两种解读方

---

① 陈莹，吴倩，李红云. 英语翻译与文化视角 [M]. 长春：吉林人民出版社，2020：132.

② 田然. 英语谚语翻译技巧浅析 [J]. 陕西教育（高教版），2008（10）：76.

法，解读出不同的含义，增加文字的层次性和内涵型；谐音双关指的是利用词义不同的谐音词创作的双关。

6. 省略

英语常常省略某一些成分，以求言简意赅、朗朗上口的效果。

7. 重复

重复是指某词或词组的重复使用。英语谚语有时省略某些成分使语义简明，但有时也要重复相关词，以使语义突出。

8. 对照

对照手法指的是将两个不同的事物同时展现出来，使二者形成互相衬托的关系，或是将同一个事物的不同方面展现出来，从而直观地使读者感受到同一事物的两面性，帮助读者深入理解文字内容。

（三）英语谚语的翻译策略

1. 直译法

英语谚语大多比较生动，使用了比喻、拟人等方法。译者为了翻译效果的提升，可以准确地使用直译法来保留原文的形式，这样就可以既体现原文的创作风格，又可以使读者明白原文的灵活的语言。译者使用直译法可以充分保留原文的形式和内涵，使译文无限贴近原文的形式和内涵。例如：

Forbidden fruit is sweet. 禁果分外甜。

A good tree is a good shelter. 大树底下好乘凉。

2. 意译法

意译法指的是译者在翻译时注重传递原文的含义，不会太过注重保留原文的形式。意译法可以灵活处理译文的句式和词汇，妥善使用合理的修辞方法。原文的有些内容是用具有西方文化元素的谚语写出来的，而汉语中没有相应的表达方式，所以许多情况下不能用直译法处理原文，如果执意用直译法翻译原文，就会导致读者无法读懂译文内容。这时候就必须用意译法翻译。例如：

East or west, home is best. 金窝银窝不如自己的狗窝。

Two heads are better than one. 人多力量大。

3. 套译法

汉语也有与英语谚语相同含义的谚语。译者可以使用套译法来翻译原文中的谚语，这样的翻译方法能够理顺译文的思路，还能够使读者感受到文化的亲切感，理解原文的内容内涵含义。例如：

A barking dog do not bite. 吠犬不咬人。

Like begets like. 龙生龙，凤生凤。

4. 直、意译结合的方法

直译法和意译法并不是只能选其一来使用，而是可以相结合使用。译者可以使用直译法还原原文的形式，也可以使用意译法传达原文的内涵，使读者能够得到完整的原文信息。[1] 例如：

He is shedding crocodile tears. 他是鳄鱼掉眼泪，假慈悲（猫哭老鼠）。

To play dance music at the funeral is to put new wine into old bottles. 在葬礼时演奏舞曲就像酒瓶里装新酒一样不协调（"酒瓶里装新酒"是直译，"不协调"外加说明）。

5. 前后倒译法

英语和汉语的语言具有不同的使用规则和句式特点，因此译者可以根据汉语文化特点将原文结尾的内容放到前面，或将原文前面的内容放到后面，这样的翻译方法就是倒译。例如：

Friend may meet，but mountains never greet. （山与山不相会，人与人总相逢）

6. 对应借译法

有些英语谚语和汉语的谚语具有相似的形式和内涵。译者在翻译这些谚语时可以使用汉语中相似的谚语来还原英语谚语内容，保留原文的形式和内涵。这样既可以呈现原文的描写手法，又可以增强文化的感染力，使读者轻松理解作品内容含义。例如：Pride comes before a fall. （骄兵必败）。

（四）在英语谚语翻译中注意事项

1. 译者翻译英语谚语时要注意不能望文生义。通常情况下，谚语具有通俗易懂的特点。正因为谚语的通俗易懂，才使译者容易出现望文生义的翻译问题。谚语形式多样，内容多元，有的谚语具有复杂的结构和深刻的内涵，需要译者仔细斟酌，把握原文含义，准确翻译，传递原文意思。

2. 翻译谚语要重视翻译文字的口语化。人们在读谚语时更能够体会到其中的深意，因此，译者要斟酌怎样翻译才能使译文也使读者感到通俗易懂。谚语是劳动人民的智慧创作，具有浓厚的口语化特点。译者在翻译谚语的时候，需要考虑谚语特点，要将通俗的谚语翻译成通俗的译文，使译文具有生动的语言特点。

3. 译者翻译谚语时要重视保留原文语言的艺术性。谚语凝聚着劳动人民的智慧，反映着劳动人民的艺术思想。译者需要将谚语翻译好，完整地表达原文的内容，还原原文的艺术手法，使译文具有与原文一样的艺术性。中外谚语特点都是简洁、和谐，因此译者要在译文中体现谚语的这些特点。

4. 在英语谚语句子中遇到"It is that（who）"句型，翻译时要特别留心，这里的"It is that（who）"并非强调，而是含有"无论怎样……都不免……"的意思。如果照字面直译，就会文不达意。例如：

It is a wise man that never makes mistakes. 智者千虑必有一失（不能译成聪明的人从来不做错事）。

It is a wise mother who knows her own child. 为母不知其子之恶。

5. 译者翻译谚语时要保留原文的民族性。各个民族的谚语具有各个民族的民风。每个民族的谚语都会使人发现民族的文化特点，了解到民族的生产生活特点。译者不能在译文中抹去英语谚语的文化精华，不然就无法使读者感受到原作的民族性，也就无法产生两

---

[1] 韩悦. 英语谚语翻译技巧浅析 [J]. 农家参谋，2018（2）：185.

个文化之间的交流。因此译者在翻译英语谚语时，需要尽量保留原作的民族性特点。

第二节　英语习语的翻译

一、英语习语简要概述

习语，即习惯用语（the idiomatic phrases）。习语涵盖的范围很广，通常包括交际语（Communicative language）、成语（set phrases）、格言（sayings）、俗语（colloquialism）、俚语（slang）和歇后语（enigmatic folk similes）等，是经过长期使用提炼出来的固定短语。

习语具有生动形象、形式简练、内涵深刻、民族性鲜明等特点，易懂易记，因而为人们所喜闻乐见。以交际语为例，交际语的文化意蕴主要体现在见面交流的方式、社会称呼等方面。其中，社会称呼能够体现社会礼制，受社会制度与当地习俗的制约。中国经历过封建社会时期，是举世闻名的礼仪之邦，而西方是自由民主制社会，两种不同的社会制度塑造了两种不同的社会称呼。中国社会称呼更加复杂；西方社会称呼更加简单。

二、英语中常见的社会称呼与翻译

与汉语称呼中繁杂的敬称相比，英语称呼中尊（敬）称的方式比较简单，主要有下列几种。

（一）对王公贵族的尊称

①国王：Your Majesty（对称），His or Her Majesty（叙称）。
译成汉语为：陛下
②王后：Madam
译成汉语为：殿下称母亲，国王称御妻，大臣称娘娘。
③王子、公主：Your Highness（对称），His or Her Highness（叙称）。
译成汉语为：殿下。
④阁下、侯、伯、子、男爵等贵族或高级官员：the lords
译成汉语为：阁下。

（二）对男子的尊称

①Sir+姓名或职务，汉语为：先生。例如：Sir Smith（史密斯先生）、Sir Judge（法官先生）。
英美人通常对不相识男子、上级、长辈或对从事某一职务者的尊称。
②Sir（爵士）用在姓名或名字前面，但不可用在姓前，如 Sir John White 约翰·怀特爵士（也可称 Sr J. White，Sir John）。

（三）以社会职务为尊称

①Doctor+姓名，汉语为：医生，大夫。例如：Doctor Jim 吉姆大夫

②Professor + 姓名，汉语为：某教授。例如：Professor Strong 斯特朗教授（略作 Prof. Strong）。

③Governor+姓名，汉语为：地方长官（如省长），（英美殖民地）总督。例如：Governor Tone 托恩总督。

（四）对平级关系的尊称

①男性：Mister+姓，汉语为：某先生。

②女性：Mrs+姓，汉语为：某夫人。Lady+姓，汉语为：女士。Miss+姓，汉语为：小姐。

根据婚姻状况，对已婚女子统称夫人，未婚女子统称小姐。婚姻状况不详者可称小姐。

三、英汉习语的文化差异

英汉文化差异大，具有不同的习语特点。教师应当指导学生学习习语文化，提高学生的翻译能力。

（一）地理环境方面的差异

习语源自人们的实践，与生产生活相关联。英国有着长长的海岸线，航海业发达，英国人海上活动多，英语习语中有大量与海有关的表达。比如：like a fish out of water（身处陌生环境）、all at sea（不知所措）、raise the wind（筹集金钱）。中国重视农业发展，大多数谚语与农业生产相关。比如：斩草除根（cut the weeds and dig up the roots）、挥金如土（spend money like water）、顺藤摸瓜（follow the vine to get the melon）。①

（二）历史事件与典故方面的差异

英汉有许多习语源自历史、神话和典故。"drop the pilot"这一英语习语的本意是指船泊岸叫领航员下船，而后译为"得手后抛弃队友"，与汉语中的"过河拆桥"相似；"meet one's Waterloo"本指拿破仑遭遇滑铁卢，现译为"遭受重大失败"；"pan out"本指淘金者用淘金盘滤出小粒金子，现译为"成功"。汉语中也有源自典故的习语，如亡羊补牢、精卫填海等。

（三）风俗习惯的差异

风俗习惯是一个民族长期形成的社会现象，是人们约定俗成的生活方式，对于一个民族的人来说，其对于本民族的风俗习惯是有着极大的认同的。习语是语言中反映一个民族风俗习惯的主要方式之一，比如，英国人十分喜欢吃土豆，因此，英语中就有许多有关土

---

① 曹雪萍. 基于英汉文化差异的英语习语翻译 [J]. 陕西教育（高教），2019（7）：20.

豆的习语，英国人在表达自己的谦虚时，常常使用："I'm a small potato."（我是小人物。）中国人与英国人的饮食习惯有着极大的差异，中国人喜欢吃面食，同时也喜欢喝茶，因此，汉语中有着许多有关面食、喝茶的习语表达，比如"巧妇难为无米之炊""不思茶饭"等。

四、英语习语翻译策略

（一）直译法

译者在翻译过程中将原文的形式、内容最大限度上保留下来的翻译方法就是直译法，这一方法能保持原文的风格。① 当然，不同的文化肯定存在着明显的差异，但是不能小看译文读者，他们具有接受不同语言表达方法的能力，同时也具有理解异国文化的能力。正是因为如此，译者在翻译过程中经常使用直译法。对于习语翻译也是如此，译者通常使用最多的翻译方法便是直译法。

对英语习语直译方法进行探究，可以将直译法分为以下几种方法。

1. 套译法

英汉两种语言虽然是不一样的，但其包含的习语的意思有一样的，也有不一样的，对于那些意思无法做到一致的习语，译者在翻译时就可以使用套译法。即使生活在不同环境中的人类，其在许多方面也展现出了共性，这不仅可以从其生活的地理环境、气候环境上看出来，也可以从其生活方式、思维习惯上看出来。正是因为如此，人们即使在用不同的语言表达同一事物时，其他人也能了解他们的意思。不同语言中的习语往往是借助一定的客体表现出来的，因此，人们对于相关习语的理解也存在某种共性。对于在英汉翻译中存在意义对应关系的习语，译者翻译时可以使用套译法。例如：

Blood is thicker than water. 血浓于水

All rivers run into the sea. 百川归海

Walls have ears. 隔墙有耳

上面的这些英语习语都是对各种事物形象的生动表达，有着自己的喻义，在汉语中也能找到与之对应的习语。因此，译者在理解英语习语意思的基础上直接用汉语习语套用进行翻译，是最好的翻译方法，也能让汉语读者直观地了解英语习语的意思。

2. 直移法

人类对新事物有着极大的好奇心，他们在认识新事物的过程中总是能理解与利用新事物，试图运用新事物去解决其他的问题。基于此，译者在翻译英语中的一些习语时也可以使用直移的方法。这里笔者需要说明的是，英语习语中也有一些特殊的喻体，译者一般无法在汉语中找到相对应的喻体，对于这样的一种情况，译者可以使用直移法进行翻译。如：

tower of ivory 象牙塔

Wisdom is better than rubies. 智慧胜过红宝石

通过对上述习语进行分析，可以发现，它们都是由一些十分特殊的喻体组成的，即便

---

① 谭卫国. 论英语习语的翻译策略［J］. 复旦外国语言文学论丛，2011（12）：95.

如此，其喻体与喻义也是十分清楚的，因此，在进行翻译时，则可以使用直移法进行翻译。其实，笔者需要说明的是，英语中的这类习语一般都是直接进入汉语的，这让汉语具有了浓浓的异国风情，同时也为汉语注入了更多新鲜的元素，这些习语甚至已经成为现代汉语体系中的重要组成部分。

英语中还有一些习语，在对其进行翻译时可以使用多样的翻译方法，当然，使用不同的方法进行的翻译的结果其实是不一样的，下面笔者就以具体的实例进行说明。

to flog a dead horse 鞭打死马/做无用功

As gaudy as a peacock 像孔雀一样华丽/过于艳丽

通过上述翻译的结果，可以发现，第一种使用直移法翻译的译文的质量更好。这主要是因为它将原文的形式、内涵都清楚地表达了出来，同时也让目的语的表达更加生动；第二种翻译相对来说忠实于原文，但读起来非常简单，没有展现一定的意境美。

3. 直译加注法

在英语习语中背后常常隐含着不同的故事，或来源于比较著名的历史事件，或来源于当地的民俗风情，还可能来源于神话、名著等。如果直接翻译，接受不同文化的其他民族是无法了解其深层意义的，因此需要在翻译中加入注释，才能让更多人理解这一习语，更好的理解译文的含义。例如：

Pandora's box.

潘多拉的盒子（这是源于希腊神话中的习语。潘多拉是由宙斯命令火神用黏土制造的第一个人类女人，众神赋予她多重的魅力，让她去人类世界报复人类。潘多拉去人类世界时带去了宙斯送给她的盒子，将盒子中人世间的所有邪恶——贪婪、虚无、诽谤、嫉妒、痛苦等等都释放出来，当她再盖上盒子时，只剩下希望在里面。这句习语的寓意是指突如其来的灾害之根源。）

上面这个例子，其译文就采用了直译加注法。通过这一方式，将英语进行了直接翻译，保留了英语的原义，又对其在英语中的内涵进行加注解释，让更多人理解其深层涵义，让读者更加容易理解。

在这一类习语的翻译中，经常采用脚注或者尾注的方式对其原义进行补充。

（二）意译法

1. 改换喻体的意译法

不同的民族环境孕育了不同的文化，也培养了观念各异的人类，即使是同一民族中，地域的不同也会导致人们对文化的理解也不同。在习语的使用中更是如此，但大部分习语多是半对应关系，只是部分表现出源语的文化特征。也就是说在翻译英语习语中，可以根据不同文化环境，置换其喻体，尽管喻体不同但喻义相同。在翻译这种半对应的习语时，可以根据目的语的文化环境进行源语喻体的改变，让目的语的读者更顺利地理解源语习语的意思，并理解双方文化的不同，实现跨文化交际的目的。

比如，由于东西方人对某些动物的内涵意义的理解有所不同，因而出现了很多半对应关系的习语。英国人说"as timid as a hare"，因为在英国 hare（野兔）见人就跑，是最胆小的动物。而在中国，兔子则象征机警敏捷，老鼠才是见人惊恐逃跑极为胆小的动物。故转换该习语的喻体，译为"胆小如鼠"，中国读者一目了然。英国人说"as poor as a church mouse"，我们则用"一贫如洗"来表达同样的喻义。英国人说"as strong as a horse"，我们则说"力大如牛"。如果把这三个英语习语分别直译为："胆怯如野兔""贫穷得像教堂老鼠""力大如马"亦未尝不可，因为了解西方文化的读者越来越多，中西文化的差异不断缩小。但这种直译与中方文化中传统的认知相悖，大多数人会对其感到陌生，且考虑到喻体并不是最重要的，可以将喻体置换为中方文化中传统的认知，既可以保留英语的原义也可以增加一丝中国文化韵味，故采用改换喻体的意译法是可取的方式。

实际上，英语中的习语有好多都可以在汉语中找到对应的习语，只要置换喻体，双方可以自由切换。再观察一些实例。

A small bird wants but a small nest. 燕雀无鸿鹄之志

Take not the musket to kill a butterfly. 杀鸡焉用牛刀

Carrion crows bewail the dead sheep, and then eat them. 猫哭老鼠假慈悲

That theory doesn't hold water. 那种理论站不住脚

This product has become our company's milk cow. 该产品已成为我们公司的摇钱树

上面这些英语习语和汉语习语都是相同的语义，只是采用的喻体和意象不同。这类习语的翻译可以看出中方与西方文化的不同，对事物的认知也有区别。在翻译这类习语时，将西方的文化与我国的文化进行相互转换，了解两种语言和两种文化的异同是非常重要的，采用改换喻体形象、保留喻义的套译法也是比较实用的。当然，采用直译法也未尝不可，但以上列举方式会更容易引起读者共鸣，获得读者好感。

2. 纯意译法

部分英语习语充满了西方文化气息，在直译时与目的语文化截然不同，且不可能被目的语使用人群所理解。在这样的习语翻译中，需要采用纯意译法，用符合目的语文化的语句解释相关的英语文化。下面是一些采用意译法翻译的英语习语。

as like as two peas 一模一样

draw one's blood 伤人感情/惹人生气

hang on sb's sleeve 依赖某人

hang on sb's lips 对某人言听计从

这些英语习语在英语使用人群眼中是常见的词语类型，但它们采用了独特而形象的表达方式，在汉语中无法直接找到合适的语句与之匹配。因此，它们被翻译成了贴合其语义但抛弃了喻体的汉语词语或成语。这样的习语如果使用直译法，将会让读者理解出现障碍，失去阅读文章的兴趣，但采用纯意译法可以增加文章的文化意味，方便读者阅读、理解。在面对这样的习语时，翻译人员必须在字面意思与修辞意义之间作取舍，真正好的翻译应该综合各方面因素进行考量。

3. 意译加注法

还有一部分英语习语带有源语的历史文化知识、地域特色，在意译时会丢失部分文化色彩，因此需要采用意译加注法。在译文旁边加入注释有助于读者更好地理解双方文化的不同，更容易理解文章中真实的意味。让我们观察并分析以下实例：

He was down with fever and was as sick as a cat.

他发烧病倒，病情严重。（原文包含习语 as sick as a cat，在西方文化中，猫有九命，不易生病。如果猫生病了，那么病情肯定严重。）

The team met its Waterloo in the final.

该球队在决赛中惨遭失败。(Waterloo 滑铁卢，比利时城镇，1815 年拿破仑的军队在此惨遭失败。)

以上习语都采用了意译加注法，将原文的意思与引申的含义都表达出来，让文章的译义更加丰满，给人们带去好的阅读体验。如果采用直译法对上述语句进行处理，译文将会难以理解或者谬误荒唐，采用纯意译法则会忽略英语中的文化含义，因此，意译加注法是最好的处理方式。

（三）直译加意译法

有些英语习语本身具有的喻义已经非常形象，拥有较高的文化价值，在面对这样的习语时，可以采用先直译后意译的翻译方式，同时提供两种译文，让译文更加丰满。例如：

Fish where the fish are. 在有鱼的地方钓鱼/有的放矢。

Shrouds have no pockets. 寿衣没口袋/人死带不走钱财。

There's always room at the top. 最高层总有空位子/有志攀登者终能如愿。

Money does not grow on trees. 钱非树上长/挣钱不容易。

以上英语习语的直译已经带有浓厚的隐喻性，在进行翻译时可以采用直译法，但考虑其与我国文化的匹配度，又采用了意译法，增加了另一种相近的译文，丰富了其中国文化内涵。直译加意译法的翻译方式可以让习语在保留原本喻义的基础上增加其引申义，在编写词典、教科书或其他工具书时是非常重要的一部分。

第三节 英语典故的翻译

一、英语典故的来源

（一）文学典故

莎士比亚（W. Shakespeare）是英语文学典故的重要源泉，其他英语文学家也创造了很多典故。在英语中我们也能发现源于欧洲其他语言的文学作品的典故。欧洲各国的文化有很多相通之处。在莎士比亚的作品中有许多鲜明的人物形象，比如放高利贷的夏洛克，悲剧的哈姆雷特等，在后世文化中常常用这些经典的人物形象来比喻他们所代表的人物色彩。在一些经典名著中也会引用部分典故来突出故事的中心、文章的主旨，通过典故的使用引起读者的阅读兴趣。当然，在外国文学作品中，占比比较高的典故通常是寓言故事。大部分的寓言是通过浅显易懂的小故事来讲述一些哲理，通过故事的跌宕起伏来揭示部分道理，警示众人。比如，比较著名的有下金蛋的鹅与农夫的故事，农夫在机缘巧合之下获得了一只会下金蛋的鹅，并借此走上了发财之路，但农夫仍不满足于一天一只金蛋，想要获得更多，于是杀鹅取蛋，结果鹅死了，金蛋再也没有了。这则寓言主要是劝导人们做什么事都要适可而止，不可以过度索求，学会珍惜当下。这样的寓言故事常常出现在英语文学作品中，在翻译过程中要注意其带有的文化含义。

（二）源于历史的典故

历史事件和人物也可以是英语典故的来源。这些历史事件可能发生在英国或者其他西方国家，这些历史人物也可能是英语的人或者是说欧洲其他语言的人。随着时间的变换，社会的发展，历史也在不断累积，在这期间众多的事物开始带有除本身特色外其他的情感色彩。在英语文学中，多样的历史故事和民间习俗开始带有不同的色彩，表现的主旨开始成为拥有同一文化人们的共识。这就对翻译人员提出更高要求，翻译人员需要了解作者所处的时代背景、成长环境、创作初衷等，结合相关信息对原文进行具体推敲，准确掌握典故的来源与具体含义，保证译文的正确性。

（三）源于体育的典故

由于部分西方人热衷于体育运动，所以在英语里还有许多与体育相关的典故。美国人非常喜欢体育运动，他们大多参与体育活动或者观看体育赛事，在体育活动中出现了许多经典的场面或者事件，因而成为西方人经常使用的语言。所以在英语文学作品中可以发现有许多关于棒球、橄榄球、拳击等活动的事件作为典故出现，要充分考量其与文章的联系，进行全面的解读。

二、英语典故的使用

从认知语言学角度来看，典故是一种隐喻，用典就是借用有来历、出处的故事和词语打比喻，意在不言中。典故的字面意思描述了这个事件，但其深层含义还需要进行下一步挖掘。进行语言的解读时，需要根据上下文的语境，通过认知机制，将这一语境中的具体概念与典故的意义相接，进而挖掘出其深层含义，这种含蓄的连接作用就是隐喻。典故的隐喻性只有在以特定语境为基础，通过映射等途径进行一系列认知活动时才能得到充分的体现。英语典故大多是具有隐含意义的事件的使用，这些隐含意义的事件大多是较出名的历史故事、传说等，其现实意义（听者或读者透过字面意义领会到的隐含意义）的实现取决于使用者的意义赋值以及这种赋值与听者或读者的最佳关联性。

（一）意义赋值

实质上，典故的使用过程就是主体的人对作为理解对象的客体进行意义赋值的过程。

（二）最佳关联性

说话者对典故进行新的意义赋值，只是完成了交际过程的一半，要让听者（或读者）领略个中含义，说话者就必须对说话对象的文化水准和认知能力有一定的了解，适当地运用典故，以实现表述内容与听者（读者）的最佳关联，从而有效激活听者（读者）的理解力、联想力与想象力。

特定话语的会话含义通常与其所处的语境密切相关。这里所说的语言环境、副语言环境和非语言者的结合因素，即交际的场合、时间；交际双方的身份、地位；交际双方的关系；交际双方的心情、行为；交际双方的语调、语气、表情、手势等。

关联理论主张的是交际双方之间的推理，即语言并没有统一的定式，不是简单的解码过程，而是通过认知连接的语言之间的信息沟通。尽管所有的话语表达都有其一定的意义，但人们习惯于关注与自身相关的信息。这种关联理论包括两大原则：

（1）认知原则：人类的认知与最大关联性相关。

（2）交际原则：在交际行为发生时，应该考虑其最佳关联性。

从典故这方面具体而言，当一个典故的内涵与读者的认知关联性强时，读者可以轻而易举地理解这一典故与具体语境的联系，可以快速地理解作者想要表达的意思，获得比较好的反馈效果；反之，当内涵与读者的认知关联性弱时，读者需要耗费更多的时间在理解上，就会影响读者的阅读体验，达不到好的语境效果。最佳关联就是用最小的推理努力，取得最大的语境效果。对于人们耳熟能详的典故，使用起来当然多多益善；如是过于生僻的典故，在大多场合还是少用为佳。

三、影响英语典故翻译的因素

（一）英语典故和中文典故的对应关系

中华文化在千年的传承中已经形成了自己的文化特色，也拥有属于自己独特的文化底蕴，典故也多种多样。西方国家在发展过程中也形成了自己的文化，拥有众多典故。但我国与西方国家在发展过程中在某些方面是相似的，都经历了众多社会动荡，所以在某些方面看待世界的角度是相似的，也因此，英汉两种语言中有些对应的典故。例如：

To go through fire and water 赴汤蹈火

To add fuel to the fire/flame 火上浇油

在英语典故翻译中，如果能更多地了解中文典故，将中文典故与英文相联系，可以更好地连接两种语言，让读者、译者和文学创作者之间有更好的情感共鸣，进而实现几方的文学交流。

（二）文章的整体性

典故的使用，可以更加明确文章的主旨，强化作者的思想情感。在英语作品的翻译过程中，要明确典故在文章中的地位，全面考虑这一典故与整篇文章的关系，充分结合典故的历史背景等，找到典故与文章契合点，重视其在整体中发挥的作用。

如果文章的整体性被破坏，那将严重影响作品的文学性，因此在典故的理解与翻译中，要充分考虑部分与整体的关系。在作品中用典一般是形象生动地描述了一个事件或者事物，起到画龙点睛的作用，突出文章的主旨，如果翻译文章时忽略了典故的作用，将导致文章失去部分趣味性与准确性。在英语文学作品中遇到典故，要充分了解典故背后所承载的故事以及深层的含义，并将典故中隐含的感情色彩与历史背景等与文章进行联系，掌握作者想要表达的真实意味，进而选择合适的翻译方式，保留文章的文学价值，并顺利将此向读者传递。

（三）文化背景差异

不同的文化背景孕育了不同的语言，在语言的表达中也可以看出文化的差异。当了解一门语言时，应该先了解这门语言背后的文化、国家时代背景、风俗习惯等，只有了解这些文化后才可以更好地理解所使用的语言顺序以及思维方式等。不同的国家地理位置不同，风俗习惯也不同，语言表达的逻辑也不同。翻译人员在翻译作品时应该充分考虑不同的文化背景，用最接近汉语的语言形式进行翻译，赋予文章更多文化内涵，便于读者根据自身认知进行文章内容的理解。

四、英语典故翻译策略

（一）直译法

当翻译英语典故时，译者可以使用直译方式还原典故，保留原文的民族性特点，使读者感受到西方文化的魅力。例如：

（1）cold war 冷战

（2）shuttle diplomacy 穿梭外交

（3）a gentleman's agreement 君子协定

（4）the Trojan horse 特洛伊木马

（5）a barking dog never bites 吠犬不咬人

（6）a cat has nine lives 猫有九命

（7）a rolling stone gathers no moss 滚石不生苔

（二）意译法

1. 舍弃形象意译

由于英汉文化的差异，有些典故在翻译时无法保留源语的字面意义和形象意义，因此不能直接将原文直接翻译过来，这时需要用到意译的翻译方式。有的西方文化典故具有浓厚的西方文化风格，而汉语文化中没有与之相似的典故，如果译者直接将英语典故直译成汉语，就会导致读者因没有了解过西方文化典故而无法理解译文含义。译者在翻译某个西方典故时可以不采取直译的方法，可以仅翻译出原文的意思，提高译文的流畅度，使读者能够更容易读懂译文。例如：

It was another one of those Catch-22 situations, you re damned if you do and you're damned if you don't.

这真是又一个左右为难的尴尬局面，做也倒霉，不做也倒霉。

原文的典故源自美国小说《第22条军规》（Catch-22）。军规规定：当飞行员感知到自己状态不正常时可以暂停飞行任务，但是要提前申请。这条军规是自相矛盾的，因此Catch-22也指人们遇到的两难的境况。大部分中国读者并不了解这个典故，所以译者不能采用直译法，而是要将原文典故的含义翻译出来。

2. 改换形象意译

每个民族都有独特的历史和民俗，在长期的发展过程中会渐渐形成属于各个民族的语言特点。当不同的民族的人在描述同一个事物时会用不同的喻体来描述，因此译者在翻译时需要结合汉语文化，将西方常用的喻体转换成汉语语言中常用的喻体，使读者能够通过译文理解原文的形式和内涵，拉近读者与原作者之间的距离。如：

Sometimes a person who presents himself as kind and gentle can in private turn out to be a dragon, who breathes fire.

有时，某人在公开场合，显得和蔼可亲，温文尔雅，而在私下里却像个凶神恶煞。

在中西方文化中，龙的概念是非常不一样的。在中国文化中，龙具有强大的民族精神，能够在一定程度上象征着中华民族。而西方文化中的"dragon"是邪恶的生物，有着丑陋的外表，在攻击人类时口中会喷出火焰，长有巨大的翅膀。假如译者将该例翻译为"口吐火焰的龙"，那么中国读者就无法理解原作到底是什么意思，而译者将原作的"dragon"翻译成"凶神恶煞"，就是用中国文化解读了西方文化，能够使中国读者理解原作的意思。

How she wished she could send that man to the Furies——for the punishment she thought he deserved.

她真想把那个人交给母夜叉去让他得到她认为应得的惩罚。

在希腊文明中，"Furies"是复仇的人与中国文化中的"母夜叉"含义不一样，但与"母夜叉"的形象有相似之处，那就是这两者都是女性，长相都很骇人。在汉语语境中，惩罚与复仇是语义差距较大的词语，而例句指的其实是惩罚，因此译者进行翻译工作时没有直译"Furies"一词，而是用了"母夜叉"来代指原作的复仇的人，这样就可以保留原文形式，还可以使中国读者更容易读懂。

（三）套译法

尽管语言不同、文化不同，但人类对世界的认知却总是有着相同或相似之处，这就使英汉语言中存在部分意义、形象相同或相近的典故表达。对于这类典故，套译法是最佳的处理方法。例如：

（1）Like father, like son. 有其父必有其子。

（2）Walls have ears. 隔墙有耳。

（3）Love me, love my dog. 爱屋及乌。

需要指出的是，典故不能随便套译。译者在翻译之前必须弄清典故的文化内涵、褒贬色彩，忽略这些望文生义地直接套译。往往会导致误译。

（四）保留形象释义

保留形象释义的方法指的是保留原文使用的典故，并增添解释性译文辅助读者理解原作。这样不仅可以保留原文的典故和原文的写作特点，还可以准确传达原文典故的含义，帮助读者理解原作内涵，并增强译文文字的感染力。例如：

While it may seem to be painting the lily, I should like to add somewhat to Mr. Alistair Cooke's excellent article.

我想给阿利斯太尔·库克先生的杰作稍加几笔，尽管这也许是为百合花上色，费力不讨好。

（五）保留形象加注

译者需要考虑中国读者的文化水平和偏好，由于大部分中国读者不了解西方典故，所以译者在翻译中保留原文的典故形象时，还需要加上注释，帮助读者读懂译文。有的西方典故有着一个完整的故事，而中国读者往往不知道典故故事内容，就导致读者无法理解译文，因此译者需要适当加注，帮助中国读者读懂译文。例如：

Falstaff：I am as poor as Job，my lord，but not so patient.

福斯坦夫：我是像约伯一样的穷人，大人，可是却没有他那样的好耐性。

第七章　文化视角下英语翻译实践（一）

基于文化视角分析各种类型的英语词汇是十分必要的，能够令翻译者更加清晰地掌握句子释义并完善其译文。本章将基于文化视角分析人名、生态、节日、饮食这四种类型的英语词汇。

第一节　与人名文化有关的翻译实践

一、英汉人名的文化心态比较

（一）对姓与名的重视程度不一

在西方国家中，人的名字是名在前，姓在后，并且名包括教名（Christian name、first name 或 given name）和中间名（middle name 或 second name）；而西方人的姓（surname、family name 或 last name）包括单姓和双姓两种，双姓由两个不同的姓组成。西方人的全名是教名+中间名+姓。

中国人的名字也是由姓和名组成，但与西方不同的是，中国人的名字是姓在前，名在后。姓包括单姓和复姓两种，如欧阳、上官等；名包括一个字、两个字和三个字的名。大部分汉族人的名字都是单姓+双名，所以大多是三个字的名字。

姓能够象征一整个家族，象征着具有一样的血缘关系的群体，是代表着所有家族成员的一个重要符号；名是各个家族中的成员代表个人的符号。中国传统文化讲究的是宗族至上，强调每个家族成员的责任是"光宗耀祖"。在这种传统文化影响下，象征整个家族的"姓"就必须在"名"前面，而代表个人的"名"就要在"姓"的后面。

英美人的家族和个人关系观念与中国的传统观念恰恰相反。英美人追求自由，提倡人要有个性，要展现自我价值，不是很在意家族集体荣誉。所以英美人的名字是将代表个人的"名"放前面，把代表家族的"姓"放后面。中西方的姓名顺序可以体现中西方巨大的文化差异。

从中国去英美等以英语为主要语言的国家的华人华侨为了方便与当地人交往，会给自己起英文名，但是他们一般不会改掉自己的姓，因为中国人非常看重自己的家族文化传承。

（二）男女尊卑观念的表现不同

在英美等国家的传统中，女性和男性缔结婚姻关系后，女性会改姓其配偶的姓氏，例如，Mary Smith 和 Martin Brown 结婚后，Mary Smith 的姓名往往会改为 Mary Brown。尽管此传统并不绝对，也有很多已婚女性不改用配偶姓氏，例如，有自己艺名的女艺术家、有自己笔名的女作家，都不一定使用夫姓，但仍然不能改变主导的姓氏传统及其反映出的男女地位不平等问题。此问题直至今日仍然存在，但妇女解放运动的不断推进也在一定程度上改变了这一不平等的局面，很多女权主义者提倡妇女婚后不从夫姓。也有很多夫妻逐渐使用两人合姓的方式作为自己婚后新姓氏，即男女双方姓氏通过连字符组合在一起，如 Mary Brown 与 John Williams 结婚，婚后两人的姓名分别为 Mary Brown-Williams 和 John Brown-Williams，婚后所生子女，具体方式由夫妇俩共同选择决定①。这种新的命名模式，能否为大多数英美人士接受，有待时间的检验。

中国古代封建社会将"三纲五常"作为伦理基础，其中"夫为妻纲"直接体现出男尊女卑、重男轻女等糟粕思想，此类思想在漫长的封建社会乃至近当代都具有影响。旧时女性由于社会地位的局限，不能自由出入公共场合，周围人对其婚后的称呼常常是其配偶的名字加上泛亲称谓。例如，京剧《沙家浜》中的阿庆嫂，鲁迅《祝福》中祥林嫂，都不是使用的女性自己的姓名。但在女性自身姓氏上，婚前婚后都不需要从夫姓。

如今，中国很多夫妻为自己孩子取名时，也开始使用父母姓氏相加的姓氏方式。例如，父母姓氏相加作为姓，加单字作为名；或者父姓或母姓加一个字作为双姓。这不仅体现了男女平等意识的进步，也体现出中国传统更注重姓氏而非名字的传统取向。

（三）用词的性别指向性都较强

父母为孩子取名都带有其对孩子的祝福和期盼，这也是社会在历史传承过程中所形成的文化传统和价值取向。汉语人名和英美人名都有性别的差异，男性名字通常采用英武博大之词，带有阳刚之气；女性名字则往往择取清雅、娴静、聪慧、美丽之意，尽显婉约之感。此类姓名上的性别倾向可谓中西方诸国的共性。

汉语姓名中，有时会出现具有鲜明性别特征的字词，使人们能从名字上认识到用名者的性别。英语中的人名也同样如此。英美男女部分常用名的中译名和含义如表 8-1 和表 8-2 所示。

表 8-1　英美男士部分常用名的中译名和含义

英文名	中译名	名字含义
Alexander	亚历山大	人类的慰藉
Andrew	安德鲁	勇敢直率
Anthony	安东尼	无比可贵
Charles	查尔斯	大丈夫

① 秦礼峰.中西文化差异下的英汉翻译技巧研究［M］.成都：电子科技大学出版社，2017：145.

续表

英文名	中译名	名字含义
David	大卫	受人爱戴
Edgar	埃德加	荣幸
Edward	爱德华	财富守护者
Francis	弗朗西斯	自由
Frank	弗兰克	自由
George	乔治	耕作者
William	威廉	意志

表 8-2　英美女士部分常用名的中译名和含义

英文名	中译名	名字含义
Allen	埃伦	阳光
Alice	爱丽斯	美丽
Anne	安妮	高雅
Catherine	凯瑟琳	纯洁
Diana	戴安娜	美丽、优雅、高贵
Elizabeth	伊丽莎白	神的誓言
Jane	简	神之爱
Margaret	玛格丽特	珍珠
Nancy	南希	高雅
Joan	琼	温柔

欧美国家的女性在历史上长期因为性别受到偏见、冷待和剥削，甚至被剥夺了独立参与社会分工的资格。很多女性为了能够进入某些社会场合或从事某些职业，不得不使用男性姓名。例如，19 世纪著名的英国女作家勃朗特姐妹，在最初出版《简·爱》《呼啸山庄》等世界文学名著都是使用的男性假名。而在大洋彼岸的美国，也发生着类似的事件，当代著名儿童文学女作家苏珊·伊丽莎白·欣顿（S. E. Hinton）中学时写的《局外人》，在出版时被出版商要求用无法识别出性别的词首缩写作为笔名，以免被人发现其是一位女作家。直到今天，已经出版了几十本少儿读物的她仍然会被很多读者误以为是男性。

二、英语人名的习俗文化内涵

（一）英语姓氏来源

1. 以地名为姓

如 York（约克）取自英国城市名约克郡；Lancaster（兰开斯特）、Boston（波士顿）

分别取自英、美城市名兰开斯特和波士顿；Everest（埃弗里斯特）、Snowdon（斯诺登）分别取自世界最高珠穆朗玛峰和英国斯诺登山峰。

2. 以地形、地貌为姓

比如，表示荒野的 Moor（穆尔）、表示丛林的 Bush（布什）、表示滨岸的 Shore（肖尔）等词，后来也都成了姓氏的来源。

3. 以颜色名称取姓

如蓝色 Blue（布卢）、褐色 Brown（布朗）、红色 Red（雷德）、绿色 Green（格林）等。英语姓名中所包含的颜色词语往往体现了三种情形：第一，体现了用名者祖辈是特定肤色的种族；第二，体现了用名者自己的肤色；第三，体现了用名者祖辈或其本人喜欢的颜色。

4. 以职业名称为姓

英美人名中以职业为姓的人名比中国多得多，如工匠 Smith（史密斯）、渔民 Fisher（费舍尔）、狩猎者 Hunter（亨特）、屠夫 Butcher（布彻）、泥瓦工 Manson（曼森）等都是常见姓氏。

5. 以家族姓氏为姓

如 Johnson、Wilson、Jackson 等姓氏中，后缀-son 表示父子关系，分别为 son of John（约翰之子）、son of Will（威尔之子）、son of Jack（杰克之子）；又如 MacMillan（麦克米伦）、McDonald（麦克唐纳）等，带有前缀 Mac-、Mc-的姓氏表示改姓氏的人是苏格兰人的后代，而 O'Neil（奥尼尔）中的前缀 O-说明该姓氏的人是爱尔兰人的后裔；姓氏中前缀 Fitz-表示该姓的人是诺曼底人的后裔。

6. 以个人特征为姓

如 Wise（怀斯）表示聪明，Bigge（皮格）表示大个子，Bunch（邦奇）表示驼背，Fatt（法特）表示胖子，Small（斯莫尔）表示瘦小，Short（肖特）表示身量矮小，Long（朗）或 Longfellow（朗费罗）表示个子高大。

7. 以自然现象为姓

如表示雪的 Snow（斯诺）、表示霜的 Frost（弗罗斯特）、表示云的 Cloud（克劳德）、表示雨的 Rain（雷恩）等。

8. 以动植物名称为姓

如表示羔羊的 Lamb（拉姆）、表示狐狸的 Fox（福克斯）、表示树木的 Wood（伍德）和表示花卉的 Flower（弗拉沃尔）都是英美人常用的姓氏。

（二）英语取名原则

欧美存在"取一个好的名字胜过财富"的传统，所以人们给孩子取名时大多愿意选择寓意美好、尊贵的词，在前文所列的常用英文名就有所体现。当然，也有部分人会特意使用一些欧美传统中认为不太正面的词语作为名字，如"狐狸"Fox（福克斯）、"狼"Ralph（拉尔夫）等，主要是为了"以邪压邪""贱而长寿"。

三、英语人名的汉译原则

近年来尽管英美人的汉译正在趋于规范，但仍存在一定的混乱状况。虽然翻译领域一直尝试提出了各种解决方式，如改良音译规范、编制完备的译名词书、规范不同语种的翻译方式、长期设立权威性公共翻译管理机构等，但现实条件难以满足，阻碍重重，译名目前仍然处于较为混乱的状况之中。

在国家有关部门对这些问题没有做出统一规定之前，这种混乱状况还会持续存在一段时间。基于对英美传统习俗和人们意愿的尊重，翻译英美姓名应当遵循以下两个要求。

（一）先名后姓

英美人姓名排列的传统习惯是先名后姓，汉译时必须尊重他们的传统习惯，按"名+中间名+姓"的质序排列，且名与中间名和姓之间用中圆点间隔号"·"隔开。外国人名应遵从外国的传统习惯。过去有一些外国人名按中国"先姓后名"的习惯排列，如英国文学家 Bernard Shaw 译为萧伯纳，美国驻华大使 Leigton Stuart 译为司徒雷登；还有些所谓"协和式"译名，即按姓的第一个音节的发音选用中国人的姓氏翻译，如将英国研究中国自然科学的学者 Joseph Needham 译为李约瑟，将美国学者 John King Fairbank 译为费正清；又有个别译名在名和姓之间不使用间隔号，如将 Conan Doyle 译为柯南道尔，中国读者看了之后不知道这是名还是姓。其实严格来讲，上述译名并不合适，只是已经约定成俗，没有必要去改正，但不可效仿。翻译时保留"洋名"的传统排列顺序，也是遵从"名从主人"原则的体现，也是对英美文化的尊重。

（二）避免选字"汉化"

英美人名汉译，应尽可能保留其民族的姓名特征。有些人名，通过简化音节和汉化选字，完全成了中国式的姓名。用这种方式给自己取个中文名字，在西方汉学家、外交官、传教士、来华学生当中非常普遍。但是不清楚这一情况的汉语读者，对汉化后的"中式洋名"容易产生误解，无法判断其是本土作者还是外国作者。而且汉语既表音也表意，很多词语会使人出现"谐音""近义"方面的联想，所以翻译英美姓名务必谨慎用词，保留姓名中可识别的"洋"标识，规避易出现不当想象的字词，尤其是姓名首字。例如，曾经有译者将英国浪漫主义诗人 shelly 译为偏像汉语的"谢利"，但未能获得广泛认可；其后译者改译"雪莱"，留下了"洋"标识，无论读写都优于"谢利"这一译名。译名保有其"洋"标识在一定程度上可以说是保有了自身的民族传统与文化特色，经过翻译呈现他国文化，促进了不同文化之间的交流和碰撞。

第二节　与生态文化有关的翻译实践

一、英汉植物词汇翻译实践

（一）英汉植物词汇文化内涵解读

1. rose 与玫瑰

英语中的 rose 和汉语中的"玫瑰"是两种语言中联想意义几乎相同的词，两者都表示"爱情和浪漫"。特别在西方国家，rose 是很常见的花，英国历史上将红玫瑰作为王朝的象征，人们认为 rose 是健康的象征，这在语言中也有所体现。

在汉语文化中，"玫瑰"也象征爱情和美丽。汉语中将漂亮但是不容易接近的女人称为"带刺的玫瑰"。曹雪芹在《红楼梦》中也曾用玫瑰花来比喻探春的美丽和性格。

2. lily 与莲

在英语文化中，人们通常用 as white as lily 来表达"像百合花一样纯洁"之意，用 white lily 来指"纯洁的少女"。这同汉语文化中的"莲"这一植物文化意象形成了鲜明的对应。

在周敦颐的《爱莲说》中，通过"出淤泥而不染，濯清涟而不妖"来表达对"纯洁、高尚"品格的崇尚。可见，英语文化中的 lily 和汉语文化中的"莲"在文化联想意义上相对应。

3. oak 与松树

在英语文化中，oak 具有坚韧的品质，并产生 as strong as an oak 这一习语表达。在汉语中，有"大雪压青松，青松挺且直，要知松高洁，待到雪化时"的诗句，可见，松树在汉民族文化中展现着人们坚韧不拔的美好品质。从这一点上看，英语文化中的 oak 和汉语文化中的松树有着非常相似的联想意义。

4. plum 与梅

梅花（plum）在中西方文化中的内涵也有很大差异。

在英语文化中，与"梅"相对应的词语 plum 既指"梅树"或"李树"，又指"梅花"或者"李子"。在基督教文化中，梅树表示"忠诚"；在英国俚语、美国俚语中，plum 表示"奖品、奖赏"。现在，plum 则成为美国国会常用的委婉语。

梅花原产于中国，可以追溯到殷商之时。因它开于寒冬时节、百花之先，所以在中国文化中象征着坚毅、高洁的品格，为我国古代的历代文人所钟爱，很多诗词歌赋都以咏梅为主题。此外，梅花还象征着友情，成为传递友情的工具，享有"驿使"的美称，而"梅驿"成了驿所的雅称，"梅花约"则是指与好友的约会。总之，梅花在中国文化中有着崇高的地位，是高洁、傲骨的象征，象征着中华民族典型的民族精神。

5. willow 和"柳"

在英语文化中，willow 的含义远没有汉语这么丰富，英语中的"柳"常用于表示"死亡"和"失恋"等。例如，wear the willow 的意思是"服丧、戴孝"，用于悼念死去的爱人等。"柳"还可以用于驱邪，西方复活节前的星期日常用杨柳来祈福，以驱赶邪恶。

在汉语文化中，柳树自古以来就受我国文人墨客的喜爱，在中国的古诗句中很多诗人使用柳来表达自己的内心情感。柳在中国文化中表达的是依依惜别的情感，柳（liu）的读音与"留"接近，因此人们常用柳来表示"挽留"的含义。在古汉语诗歌中，柳的使用很频繁。

6. red bean 与红豆

在英汉两种文化中，red bean 和"红豆"有着截然不同的文化内涵。

在汉语文化中，红豆又称作"相思豆"，从这一名称可知其代表着思念和爱情。这是由于红豆呈心形，且有着鲜艳如血的红色和坚硬的外壳，所以多象征着忠贞不渝的爱情，我国很多古诗中都借红豆以寄相思。

7. peony 与牡丹

英语中的 peony 一词源于神医皮恩（Paeon，the god of healing），确切地说，peony 是以皮恩的名字命名的。这源于皮恩曾经用牡丹的根治好了天神之子。因此，在西方文化中，牡丹通常被看作具有魔力的花；而在欧洲，牡丹花与不带刺的玫瑰一样，都象征着基督教中的圣母马利亚。

在汉语文化中，牡丹也是一种内涵非常丰富的植物，具体来说，主要有以下内涵。其一，牡丹象征着国家的繁荣和昌盛。其二，牡丹象征着人们对富裕生活的期盼。其三，牡丹还是纯洁和爱情的象征。其四，牡丹象征着不畏权贵的高风亮节。虽然牡丹被誉为"富贵之花"，但是其并不娇嫩脆弱。

8. cucumber 与黄瓜

黄瓜能够给人以清凉之感，这类果蔬入口凉爽。由于黄瓜的这一特性，在英语文化中，便产生了 as cool as cucumber（凉若黄瓜）这一表达，这一表达具体指的是在遇到困难或者置于危险面前应保持"十分镇静，泰然自若"。

在汉语文化中，也存在着歇后语"老黄瓜刷绿漆——装嫩"，这一表达具体指的是某人的言行举止超过了本人年龄应该有的标准。

9. potato 与土豆

potato（土豆或马铃薯）是十分受中西方国家人士喜爱的蔬菜，在英语文化中，存在着很多用其表示隐喻含义的习语，如 a couch potato 具体指的是"整天沉溺于电视节目、无暇顾及学业的人"，a small potato 具体指的是"不起眼的人物"，a hot potato 指的是"棘手的问题"。在日常生活用语中，potato 通常用来比喻"人、人物"或"美元"。

在汉语文化中，土豆几乎没有非常特别的文化意义。

在英汉两种文化中，还存在着其他一些果蔬植物词汇，其仅在英语文化中或者仅在汉语文化中具有丰富的文化内涵。在另一种语言文化中却没有相对应的联想。具体如表 8-3 所示。

表 8-3　仅在英语中有联想意义的植物词汇及其语例

英语植物词汇	文化内涵	语例
tomato（西红柿）	美人	Jane is a real tomato. 简真是个美人。
apple（苹果）	指人或指事	The apple of disorder（祸端、争端的起因）
daffodil（黄水仙）	欢乐、春光	The Daffodils—William Wordsworth
pumpkin（南瓜）	笨蛋	pumpkin-head 笨蛋
4-leaf clove（四叶苜宿）	幸福，好运	be/live in clove 生活优裕
yew（紫杉）	不朽，致哀	英国等地的墓地上常种此类树

（二）英汉植物词汇具体翻译方法

1. 直译

直译法能够有效地保持源语的原汁原味，使原文的风格感情得到最充分的发挥。当英语中的植物词汇具有相同的联想意义时，可以直接采用直译法进行翻译。例如

"An apple a day keeps the doctor away. "

一日一苹果，医生远离我。

2. 意译

在英汉两种语言中，存在着很多关于植物的典故和故事，但是这些植物在东西方具有不同的比喻意义。在这样的情况下，译者可采用意译法进行翻译，也就是在不拘泥于原文表达形式的基础上将句子的内容合理译出。例如：

the apple of one's eyes   掌上明珠

Every bean has its black.

凡人各有短处。

3. 引申译法

英汉语言中很多植物词汇蕴含于历史典故之中，要想合理准确地翻译就必须对该历史典故有深入的了解，在翻译时不能只拘泥于词汇的字面意义，应着力表达词汇的内在深层含义。

4. 直译加注法

在英汉两种语言中，有很多植物词蕴含着丰富的文化知识，如果直接翻译会给译入语读者的理解带来困扰，为了便于读者理解和接受，可以在直译的基础上对句子中具有内涵意义的内容进行解释说明，在译文后加注释。例如：

A rolling stone gathers no moss.

滚石不生苔。（意为改行不聚财。）

二、英汉动物词汇翻译实践

（一）英汉动物词汇文化内涵解读

1. monkey 与猴

在西方文化中，猴子因其自身活泼伶俐的天性而被看作一种聪明且喜欢恶作剧的动物。通常，人们用猴子比喻贪玩或喜欢恶作剧的小孩。例如：

monkey with   瞎摆弄，鼓捣

monkey around   闲荡，胡闹

make a monkey of someone   耍弄、愚弄某人

在汉语文化中，猴与侯谐音，在许多图画中，猴的形象表示封侯的意思。例如，一只猴子骑在马背上，就被认为是"马上封侯"的意思。也恰恰因为如此，人们视猴子为一种吉祥的动物。此外，一提及猴子，中国人就通常会想到《西游记》里的齐天大圣孙悟空。美猴王孙悟空作为中国当之无愧的神话和英雄代表，体现了一种国人的勇气。

2. dragon 与龙

在英美等西方国家的文化中，人们对于 dragon 的联想与汉语中截然不同。西方人认为 dragon 极富破坏性，他们认为龙是一种口吐火焰、祸害人民的怪物。西方 dragon 的形象与蜥蜴的形状很像，dragon 是在蜥蜴的外形基础上想象发展而来的，只是在蜥蜴的身上加了一对翅膀。

在西方文化中，dragon 一词带有贬义色彩，其在英语中的使用远远没有汉语中那么频繁，这也从一定程度上反映了其在英语中的地位。在《圣经》中 dragon 通常都是以恶魔

的形象出现的。在英语中表示一个人外表凶狠可以说"He is very mean, just like a dragon."《圣经》中的恶魔撒旦就被称为 the great dragon。同时，dragon 还用来描述"凶狠泼辣的女人"。

对汉民族文化而言，"龙"是汉民族的文化图腾，人们将"龙"奉为圣物，以"龙"为自己的祖先。"龙"其实是一种在现实中不存在的动物，龙是我国古代传说中的神异动物，身体很长，身上有鳞，且有角，能行云布雨。在封建时期，龙是帝王的象征，与皇帝等有关的事物都与龙有关。当今社会，海内外人士仍以"龙的传人"而感到骄傲和自豪。

3. horse 与马

在英语文化中，无论在战争时期还是和平时期，马用来运货载人，功不可没。但是到了 19 世纪蒸汽机发明之后，马的"苦力"相对减少，起初蒸汽机就被称作 iron horse，功率为 horse power，指的是"一匹马的拉力"。这种称呼沿用至今。同时，在英语文化中，与 horse 相关的习语数量仅次于 dog。在早期，英国人用马来耕地，还开展很多赛马活动。英语中有很多与 horse 相关的表达。例如：

buy a white horse   浪费钱财

be on the high horse   盛气凌人

相对于英语而言，在汉语文化中，早期的农业社会人们用"牛"耕地，马拉车。牛有很多文化意象和英语 horse 很相似。例如，"像老黄牛一样吃苦耐劳"等。"马"是人们生产、生活的重要帮手。并且为人类的物质文明、精神文明做出了巨大的贡献。因而，"马"的文化内涵丰富、庞杂，无论褒贬，都是它在农业社会状态下社会功能的具体体现。

4. lion 与狮子

在英语文化中，lion 外貌威严、躯体庞大，是 courage、dignity、royalty 等的象征。lion 在英美民族中享有很高的声誉，人们认为 lion 是"百兽之王"。lion 往往被赋予一些"强壮、勇敢、凶猛"等积极亢奋的文化语义。关于 lion 的表述也有很多。例如：

literary lion   文学名人

the lion's share   最好的部分

同英语国家相此，与狮子相关的文化联想相对比较少，可以说，"狮子"是"舶来品"，它使我国增添了一种动物新品种，并融入我国人民的文化生活中。汉语中将"狮子"视为一种祥瑞动物，并认为，"狮子"既能够抵挡邪祟妖鬼，也可以抚慰人心，顺应人们的祈愿。中国人民对"狮子"的喜爱和尊崇反映出正气凛然、勇敢奋进、不畏外敌、坚韧有力的国民精神。

5. cat 与猫

在英语文化中，cat 的使用频率要远远高于猫在汉语中的使用频率。尽管如此，英语中的 cat 一词以贬义出现的形式较多。例如：

whip the cat   一毛不拔

a cat may look at a king   小人物也该有些权利

在汉语文化中，猫的含义比较简单，主要表示懒、馋，在汉语中也经常使用懒猫、馋猫等表示亲昵。

6. dog 与狗

无论是在英语还是汉语文化中，狗的形象都很常见，但是英语和汉语中对于狗的形象的联想却大不相同。

在英语国家文化中，dog 的地位远远高于中国，西方人很早便将 dog 作为宠物看待。这种情况与西方国家的经济现状是分不开的，西方国家的工业化发展较早，社会经济水平相对较高，这使得人们在工作闲暇之余有更多的时间和精力去接触动物并与它们相处。在西方国家人们将 dog 视为自己的孩子、伙伴等。在很多外国家庭中，dog 是孩子的玩伴，是老人的一种心理依靠等。西方人认为 dog 是人之良友。西方关于 dog 的词语很多。例如：

lucky dog　幸运儿

love me love my dog　爱屋及乌

（二）英汉动物词汇具体翻译方法

1. 直译

在对动物文化词汇进行翻译时，直译法也被运用得非常频繁。直译法之所以能够得到很好的运用，在很大程度上是出于人类所具有的大体相同的生理条件以及人类的思维所存在的共性，因此文化之间也存在很多共性。相应地，人们对于一些动物的联想就有相同或相似的感受。对动物文化进行直译处理可以有效丰富译入语语言，同时有利于中西文化间的交流。例如：

as faithful as a dog　像狗一样忠诚

2. 意译

当译者由于文化差异的存在而无法直译，无法保留源语的字面意义时，译者可将原意舍弃，放弃形式上的对等，转而追求译文与原文的意译对等、语用功能相近，这些都是运用意译法进行的翻译。由于采用意译法可不拘泥于原文的形象或表达形式，因此能更好地符合译入语的语言习惯。例如：

It's never too late to mend.

亡羊补牢。

ear the lion　虎口拔牙

3. 套译

英语和汉语都有相当丰富的发展历史，在各自发展的过程中都留下了深深的民族烙印，其中不乏用不同的动物喻体方式来表达同一思想内容的现象，因此在翻译过程中可以采用套译法，对同一意义使用不同的动物喻体来表达①。使用套译可以更好地反映译入语语言的表达习惯和文化背景。例如：

lion in the way　拦路虎

as hoarse as a crow　公鸭嗓子

as happy as a cow　快乐得像只鸟

---

① 李雯，吴丹，付瑶．跨文化视阈中的英汉翻译研究［M］．长沙：湖南师范大学出版社，2018：167.

三、英汉自然词汇翻译实践

（一）wind 的翻译实践

1. 表示无根据、不实事物

风有着来去自如、不受限制的自然属性，具有任意性和无拘无束的特征，风的这一特征反映到汉语语言中，就有了"风影""风议"等体现风的特征的各种词汇。在这一基础上，风又延伸出另一层含义，喻指消息，如"风声""风闻""闻风丧胆"等。风的任意性特征与消息这一含义相结合时，可以指无凭据的空穴来风，如"风谣""风言风语"等。关于风的基本属性，西方人也有着相同的感知，因此 wind 也有与汉语中的"风"相似的含义。wind 在英语中就有 rumor（谣言、传闻）的喻义，如 take wind（被谣传），whistle down the wind（诽谤），have wind of（得到风声）等。

此外，人可以感知但无法触摸风，其给人一种虚无缥缈的感觉，这反映到人们的思想和语言上，能贴切地表达"华而不实"的意思。例如，汉语中的"风语"指虚浮不实的话，"风花"指内容空洞、辞藻华丽的诗文。在英语中，wind 也喻指"空谈、空想"。

2. 表示事物发展趋势

风具有方向性，因此也就有了"动向、趋势"的文化含义。汉语中，"风向"常喻指形势的发展方向；"风头"常喻指与个人有利害关系的情势。在英语中，wind 喻指 tendency（倾向、趋势）的用法也十分普遍，如 something in the wind（将要发生的事），see/find out which way the wind blows（观望形势），the winds of popular opinion（民意所向）等。

3. 表示风向以及一定的情感色彩

汉语和英语中都用方位来区分风向。另外，英国是一个岛国，东邻欧洲大陆，西邻大西洋。每到冬季，来自北欧的"东风"与"东北风"为英国带来的是刺骨的寒冷，所以英语中的 east wind 并不是令人欣喜的词。而从大西洋吹来的 west wind 是温暖的，带给人春天的期盼，深受人们的喜爱。

4. 体现人物性格

西方国家比较注重个体的人格，所以人们常通过 wind "虚浮"的这一特点来表示人的虚荣和自负，虽然汉语中的"风"也有"虚浮"的含义，但主要是用于形容语言，基本不用来形容人。

（二）cloud 的翻译实践

1. 表示虚幻、不实际之意

英语中，cloud 的这一义项源自古希腊戏剧家芬尼斯戏剧中的云之杜鹃堡，后来用其比喻"脱离现实的幻境"，而且由此延伸出了很多类似的表达。例如，cloud land 喻指"仙境"，cloud-built 表示"空想的"，cloud castle 表示"空中楼阁"。由于"云"虚幻的特征，因此人们又将"云"与"困惑"联系在了一起，表示对事物或局势的困惑和不明，如 loud of words（模棱两可的话）等。

2. 表示危机、怀疑之意

大雨来临之前，都是乌云密布，天空阴沉黑暗，根据这一体验，人们赋予了云"危机、怀疑、不祥"的喻义。如 a break in the clouds（好转的迹象，希望）。

3. 表示普通的人或事物

在汉语文化中，人们常用云来比喻美好的事物或高洁的人。但在英语文化中，cloud 多喻指普通事物和人。

4. 表示心情

在英语文化中，cloud 也常用来比喻心情。例如，under the cloud 表示心情糟糕，on the cloud 表示心情好，cloud nine 和 cloud seven 则表示狂喜。

5. 表示情感

英语中，cloud 多表示对自由的崇尚之情以及孤寂之情。例如，a floating cloud, the cruising cloud, a roaming cloud 常被诗人用于诗歌表达这两种情感。

第三节　与节日文化有关的翻译实践

一、中西节日文化比较

（一）节日起源比较

1. 西方节日以宗教为主

尽管西方节日与节气有一定关系，但其更多地具有浓厚的宗教色彩。例如，1 月的主显节、2 月的圣瓦伦丁节（也称"情人节"）、4 月的复活节、5 月的耶稣升天节、8 月的圣母升天节、9 月的圣母圣诞节、11 月的万圣节、12 月的圣诞节等，这些节日都与一些宗教传说有关①。

西方的一些宗教节日是经过世俗的一系列活动逐渐形成的。例如，"感恩节"（Thanksgiving Day）最初是清教徒移民北美大陆后庆祝丰收的日子，之后感恩节被华盛顿、林肯等规定为"感谢上帝恩惠"的节日，所以"感恩节"具有浓厚的宗教色彩。

2. 中国节日以时令为主

中国节日多与时令节气有关。据宋朝陈元靓的记载，一年中的节日有元旦、立春、人日、上元、正月晦、中和节、二社日、寒食、清明、上巳、佛日、端午、朝节、三伏、立秋、七夕、中元、中秋、重九、小春、下元、冬至、腊日、交年节、岁除等②。其中多数节日都为时令性节日，这与我们的农业文明是分不开的。

另外，中国人比较看重世俗，而忽视宗教。节日期间，人们会参拜各路神仙，以求得平安幸福。中国人会参拜观音菩萨、玉皇大帝，还参拜门神、灶神等，这种"泛神"思

---

① 胡蝶. 跨文化交际下的英汉翻译研究 [M]. 长春：东北师范大学出版社，2018：181.

② 李淑梅，宋扬，宋建军. 中西文化比较 [M]. 苏州：苏州大学出版社，2016：133.

想使浓厚的宗教节日气息荡然无存，例如，十二月初八被佛教徒奉为"成道节"，这一节日是为了纪念释迦牟尼佛成道。事实上，成道节最初是为了宣扬佛教教义，但其传入中国后却逐渐被世俗化。在中国，每年农历腊月初八，人们将米类和各种果品掺杂在一起熬成粥，即"腊八粥"，预示着新年即将来临。

（二）节日活动比较

1. 西方侧重交际和娱乐

西方人在庆祝节日时会制作一些美食，如感恩节的南瓜饼（pumpkin pie）、圣诞节的火鸡（turkey）等。但其美食的种类与中国相比还是少很多的，而且食物本身及其名称也没有特别的含义，如南瓜是北美地区一种极为常见的植物，美国人吃火鸡也只是因为当时北美是火鸡栖息地。当然也有例外的情况，如在复活节，由于兔子和彩蛋是复活节最典型的象征，所以在复活节时，美国所有的糖果店都会出售用巧克力制成的复活节小兔子和彩蛋。

与中国节日活动相比，西方的节日活动更注重交往和欢乐。例如，英国北部、苏格兰等地的人们在庆祝复活节时会参加滚彩蛋比赛。人们会将鸡蛋染色并煮熟，在上边做好标志，再和大家一起把彩蛋滚下斜坡，彩蛋破掉就代表输了，彩蛋会让别人吃掉；最后还完整的彩蛋代表胜利，有着幸运的寓意和祝福。人们通过举行节日活动收获了快乐，而不是比赛的胜负。

2. 中国侧重家庭和饮食

中国人庆祝节日通常以饮食为中心，多以家庭为单位开展，中国自古就有"每逢佳节倍思亲"之说，因此在逢年过节之时有回家团圆的传统。在中国的春节、元宵节和中秋节等传统的节日中，为了表达人们期盼家人团圆之意，人们所吃的食物多是圆形的，如春节的汤圆、元宵节的元宵、中秋的月饼。逢年过节，特别是春节，人们即便是在千里之外，也要回家与家人团聚。一般情况下，春节拜年多在家族中进行。即使是一些集体娱乐性的节日，如元宵节、端午节，人们也习惯同家人一起参加，很少独自前往，明显具有中国传统以"家"为中心的群体组织文化特色。

中国传统节日中的饮食往往具有丰富的寓意和内涵。人们想通过饮食传达一种祝福、祈愿以及对自然和对天地万物的感激。例如，冬至时，有些地区的人们有吃馄饨的习俗，因为该时节正是阳气即将生发的起点，以馄饨借喻先祖神明破开混沌、分立天地的典故，体现了对祖先的纪念和感怀。

（三）重要节日比较

1. 圣诞节（Christmas）与春节

圣诞节和春节分别是西方和中国的两个重要节日，它们的共同之处是突显了家庭大团圆而营造的欢乐、祥和的氛围。西方传统的圣诞节具有浓厚的宗教色彩，而中国的春节通常会伴随着各种节日活动，举家同庆新年的快乐。下面分别论述西方圣诞节和中国春节的节日习俗。

（1）圣诞节

对西方人而言，圣诞节是一年中最重要的节日：在美国，很多人从平安夜（Christmas

Eve）开始就筹备整个节日，直到 1 月 6 日的"主显节"（Epiphany），这段时间称为"圣诞节节期"（Christmas Tide）。在英国，按照当地的习俗，圣诞节后会连续欢宴 12 日，这段时间统称为"圣诞季节"（Yuletide）。人们在这期间一般不劳动，直到 1 月 7 日的圣帕特里克节（St. Distaff's Day）才开始从娱乐的节日气氛中走出来：西方很多国家都特别注重这个节日，并把它和新年连在一起，庆祝活动的热闹与隆重程度大大超过了新年，成为一个全民的节日。就如同春节时中国人会阖家团圆一般，西方人在圣诞节也会全家集聚一堂，火鸡、圣诞树和圣诞歌是节日必备，全家一起享用圣诞"团圆饭"，唱圣诞歌并许下愿望。

（2）春节

春节是辞旧迎新之际，一些春节的习俗活动一进入腊月就开始了，有民谣可反映春节期间的准备和忙碌："腊月二十一，不许穿脏衣；腊月二十三，脏土往外搬；腊月二十五，扫房掸尘土；腊月二十七，里外全都洗；腊月二十八，家具擦一擦；腊月二十九，杂物全没有。"从腊月二十三的祭灶"过小年"开始，家家户户开始打扫房屋庭院，并谓之"扫尘"。因"尘"与"陈"谐音，新春扫尘寓意"除尘（陈）布新"，也就是要把一切穷运、晦气统统扫出门。这一习俗寄托着人们破旧立新的愿望和辞旧迎新的祈求。此外，还有张贴春联、张挂红彤彤的灯笼的习俗。

春节也是与家人团聚的时刻，这是中华民族长期以来不变的传统习惯，在外的游子都争取在大年夜之前赶回家与家人团聚，吃团圆饭。团圆饭又叫"年夜饭"，即全家人聚齐进餐，济济一堂，有吉祥和谐的寓意。

中国人在吃团圆饭时对讲话是特别有讲究的，要多说吉利话，如"好""发""多""余"等，忌讳说晦气的话，如"没了""少了"等。鱼是团圆饭中必不可少的一道菜，预示着年年有"余"（鱼）另外，除夕之夜北方人会吃"更年饺子"，南方人则吃年糕，预示一年比一年高，

除夕之夜，全家老少会坐在一起聊天、看电视，旧称"守岁"，共同迎接新年的到来。

此外，在春节期间，中国人不仅重视与在世亲友间的团聚，还很注重与祖先的团聚。因此，每逢除夕，人们都到墓地举行一些习俗活动，如烧香、烧纸、放鞭炮等，寓意请祖先回家过年，与家人团圆。

从初一直到正月十五，人们都会沉浸在过年的欢乐气氛中，并伴随一系列习俗活动，如分发压岁钱、拜年、走亲访友等，共同祝愿亲戚朋友在新的一年里吉祥如意。此外，不同地区庆祝新年的活动也会有所差异，如逛花市、耍龙灯、赏灯会、舞狮子等习俗。

2. 万圣节（Halloween）与清明节

（1）万圣节

万圣节源于古代凯尔特民族（Celtic）的新年节庆和纪念逝者的日子，人们一边躲避恶灵的侵害，一边祭祀先祖和善灵，向他们祈愿顺利过冬，在庆祝万圣节时，西方人会举行一系列的庆祝活动。

万圣节前夜，人们会尽情地装扮自己，尽情地作怪，无须在意他人异样的眼光。孩子们会穿上化妆服，戴上面具，到处搞恶作剧，有的孩子还会挨家挨户去"乞讨"，当主人打开门时，孩子们就高喊：trick or treat（捉弄或款待）。如果主人回答 treat，并给孩子一

些糖果、水果等，孩子们会开心地离开；如果主人拒绝招待的话，那就会被这些孩子捉弄，他们会在主人家的玻璃窗上到处乱画一通。

另外，很多公共场合会做各种装饰，如各种鬼怪、骷髅、稻草人、南瓜灯等，家家户户举办化装舞会，并摆上各种水果及食物供鬼魂食用，避免其伤害人类及其他动物。最热闹的习俗活动要数万圣节大游行，人们随意地在游行中拍照，尽情地享受特别而美好的一天，实现人与自然的和谐共处。

（2）清明节

中国的清明节有重要的纪念功效，可以传达对逝者的缅怀与悼念之情。

每逢清明，人们都要回乡祭祖，清明扫墓、追祭先人，这一习俗由来已久。人们会进行简单的祭祀活动，如清除杂草、添加新土、准备祭品、烧纸钱、放鞭炮等，用以传达对先人的怀念与敬仰，这也是对生命的崇尚与热爱。

除了扫墓，清明节还有插柳、戴柳的习俗，起初人们是为了纪念"教民稼穑"的农事祖师神农氏，而后由于柳的旺盛生命力和强大的环境适应能力，其逐渐被赋予了长寿的寓意，人们通过清明插柳来寄予长寿、趋吉避凶的愿望。

（四）整体差异总结

1. 节日文化的发源因素

作为拥有发达农耕文明的中国，其节日的发源大多与节气、四时、历史事件、自然崇拜、民间迷信等方面相关，也存在少量宗教因素，其目的主要围绕为自己和家人祈福；西方节日文化受宗教影响较大，主要发源于宗教信仰及其传说，目的既含有为自己祈福的部分，也有对"神明"的纪念之意。

2. 节日文化的庆祝习惯

中国节日的庆祝习惯往往侧重于饮食，大多节日具有相应的时令食物；西方国家节日的庆祝习惯则注重娱乐，除了几个特定节日，大多都没有特定的节日食物。其原因在于中西方不同的思想价值倾向。中国传统对于生命和自然的尊重，使其注重养生、修性，投射到饮食方面，就是中国人格外注意饮食和时间的顺应关系，对食物讲究"时令"，主张融入自然、顺应自然方为健康之道，因而节日的习俗大都有特定的节日食物与之对应，对节日饮食十分看重。而西方则追求生命的快乐和仪式感，具有浓厚的宗教属性，相较于严谨的饮食习惯，其更侧重宗教活动和娱乐活动。其受宗教"人生而有罪"思想的影响，认为人需要信仰上帝、忏悔自身、举行宗教仪式等进行赎罪，涤荡灵魂，所以西方的节日习俗大都与宗教紧密相连，并由宗教活动获得精神愉悦。

二、英汉节日词汇翻译实践

（一）直译

为了更好地传播中西方文化，让我国读者能直观感受到感受英语文化的特色，可以采用直译法。例如：

Thanksgiving Day　感恩节

Boxing Day　礼盒节

Mother's Day　母亲节

Father's Day　父亲节

（二）意译

有时，直译也无法忠实地再现民俗文化时，就可以考虑采用意译法。例如：

Guy Fawkes Day　烟火节

Valentine's Day　情人节

Christmas Day　圣诞节

Halloween　万圣节

第四节　与饮食文化有关的翻译实践

一、英汉菜肴文化比较与翻译实践

（一）英汉菜肴文化比较

1. 菜肴类型比较

纵观西方国家的发展历史，它们大都以渔猎、养殖为主业，而采集、种植等只能算是一种补充。因此，西方的饮食对象多以肉食为主。进入工业社会后，食品的加工更加快捷，发达的快餐食品和食品工业都成为西方人的骄傲。总体来说，受游牧民族、航海民族的文化血统的影响，西方人的食物品种较为简单，工业食品也往往千篇一律，但这些食品制作简单、节省时间，营养搭配也较为合理。

作为一个农业大国，中国的饮食对象毫无疑问主要来自农业生产，概括来说包括以下几个种类：

第一，主食类。中国的传统主食有明显的地域特色，即北方以面条和馒头为主食，而南方则以米饭为主食。此外，马铃薯、山药、芋头等薯类作物由于淀粉含量高，在一些地方也被当做主食。

第二，辅食类。中国深受佛教的影响。由于佛教将植物视为"无灵"，因此蔬菜成为中国的主要辅食。据统计，中国人吃的菜蔬有600多种，是西方人的若干倍。

第三，肉食类。在古代，中国人是很少吃肉的。值得注意的是，随着生活水平的提高，肉食也逐渐走上百姓的餐桌。

2. 烹调方式比较

西方国家对食材的分类较为简单，常将各种可能的食材混合在一起进行烹调。因此，西方的烹调方式也相对单一，主要包括炸、烤、煎等几种。不难看出，这种烹调方式虽然可以对营养进行合理搭配，但其制作过程却缺少一些文化气息或艺术氛围。值得一提的是，西方国家非常注重营养，尤其是青少年的营养供给，因此很多中小学校都配备了专业的营养师。

中国是饮食大国，中华民族的饮食文化可谓博大精深、源远流长，技术高超、品种丰富是中国烹调方式的主要特点。具体来说，对食材不仅会依据冷热、生熟、产地等进行分类，加工方法也异常丰富，如炒、煎、炸、烹、蒸、烧、煮、爆、煨、炖、熏、焖、烤、烘、白灼等。此外，中国地大物博，中国人常常就地取材，并根据地域特色来变换加工方式，从而形成了八大菜系，充分体现出中国人的聪明与智慧。

3. 饮食观念比较

根据基督教的教义，人应尊重灵魂，保持理智，因此应抑制肉体的欲望。受此影响，西方人普遍认为，饮食不是满足口腹之欲的工具，而应成为获取营养的手段。所以，西方人大都持有理性饮食观念，以保证营养的摄取为根本原则，更多地考虑各种营养素，如碳水化合物、蛋白质、维生素、脂肪等是否搭配合理，卡路里的摄取量是否合适等。如果烹调会对营养带来损失，他们宁可食用半生不熟甚至未经任何加工的食物。

与西方人不同，中国人多持一方面种美性饮食观念，不太关注食物中的营养而是更加注重其口感、观感与艺术性，即追求菜肴的"色、香、味、形、器"①。此外，中国人将阴阳五行学说也运用到菜肴的烹调上，使各种食材与各种味道互相渗透，从而达到"五味调和百味香"的境界。可见，"民以食为天，食以味为先"的观念在中国已经深入人心。但是，从客观上来看，不注意营养而过度追求味觉的观点有其片面性。

（二）英汉菜肴翻译实践

一般而言，西餐的菜名较为直接简洁，所以在将其翻译为中文的过程中常采用直译法。例如：

cucumber salad　黄瓜沙拉

creamed tomato soup　奶油番茄汤

tomato baked fish　番茄烙鱼

除此之外，还有一些英语词汇在汉语中找不到对应词，于是采用音译法。例如：

piccata of pork chop　必克脱猪排

二、英汉酒文化比较与翻译实践

（一）英汉酒文化比较

1. 酒的起源比较

在西方国家，最有影响力的关于酒的起源的说法是"酒神造酒谢"，但酒神却有着不同的版本。古埃及人心中的酒神是死者的庇护神奥里西斯（O-siris），而希腊人心中的酒神是狄奥尼索斯（Dionysus）。② 传说狄奥尼索斯是宙斯与底比斯公主塞密莉的儿子，后来在小亚细亚色雷斯和希腊地区流浪。在流浪的过程中，他向人们传授葡萄种植与酿酒的技术。于是，欧洲大陆飘起了酒香。总之，西方通常将酒视为神造的产物和丰收的象征，体现他们对酒神的崇拜。

---

① 王伟. 刀工与配菜 [M]. 长春：吉林摄影出版社，2003：282.

② 朱凤云，谷亮. 英汉文化与翻译探索 [M]. 北京：北京理工大学出版社，2017：101.

中国的酒文化内容丰富，关于酒的起源也众说纷纭，其中比较有影响力的是三种观点即古猿造酒说、仪狄造酒说、杜康造酒说。

古猿造酒说。自然界的各种果实都有自己的生长周期，为了保证持续的果实供应，以采集野果为生的古猿猴逐渐具备了藏果的技能。传说在洪荒时代，古猿将一时吃不完的果实藏于石洼、岩洞之中。随着时间的推移，这些野果中的糖分通过自然发酵变成了酒精、酒浆，酒就这样诞生了。

仪狄造酒说。传说在远古的夏禹时期，夏禹的女人命令仪狄去酿酒，仪狄经过一番努力终于酿出了美酒，夏禹品尝后赞不绝口。后来，夏禹因担心饮酒过度、耽误国事，不仅自己与酒绝缘，也没有给仪狄任何奖励。

杜康造酒说。杜康在中国历史上是一个真实的人物，但关于杜康怎样开始造酒却有两种不同的说法。一种说法认为，杜康是一位牧羊人，在一次放羊途中不慎将装有小米粥的竹筒丢失。等半个月后找到竹筒时，意外地发现小米粥已发酵成为醇香扑鼻的琼浆。另一种说法认为，杜康非常节俭，吃不掉的饭菜不舍得扔掉，而是将其倒入中空的桑树洞中。过了一段时间，树洞里飘出了芳香的气味，原来是残羹剩饭在树洞里发酵了。杜康大受启发，便开始酿酒。

目前，中国普遍将仪狄或杜康视为中国的酒祖。

2. 酿酒原料比较

一个地区农产品的种类、数量与质量在很大程度上受到水质、气候、土壤等自然条件的制约。中西方由于地理条件的不同，其酿酒原料也有很大不同。

作为西方文明摇篮的古希腊处于地中海东北端，这里三面环海，土壤贫瘠，冬季温暖多雨，夏季炎热干燥，尽管不适合农作物的生长，却对具有超强耐旱能力的葡萄的生长非常有利。另外，由于土壤贫瘠，葡萄树的根往往很深，这也使得结出的果实质量很高。于是，西方人就开始大量使用葡萄酿酒，并使葡萄酒成为西方酒文化的代名词。葡萄酒、香槟、白兰地等品种都以葡萄为原料。

中华文化发源于黄河流域，这里气候温和，土壤肥沃，小麦、高粱等粮食作物长势良好，早在一万多年前就成为世界上最早的三个农业中心之一。在这种情况下，人们就把多余的粮食用来酿酒，形成了具有中国特色的酒文化。概括来说，中国的酿酒原料主要包括高粱、小麦、粟、稻谷等，白酒、黄酒是中国酒的典型代表。

3. 饮酒文化对比

酒是一种物质文明，但饮酒却是一种精神文明，也是一国文化的重要组成部分。中西方国家由于文化观念上的差异，形成了迥然不同的饮酒文化。

西方人在饮酒时比较注重运用身体器官去享受酒的美味，因此他们往往会根据味觉规律变化来安排饮酒的次序，如先品较淡的酒后品浓郁的酒。如果是参加聚会或者宴会，则一般遵循开胃酒、主菜佐酒、甜点酒、餐后酒的顺序。西方人在喝酒时气氛相对缓和，既不高声叫喊也不猜拳行令，斟酒时提倡倒杯子的三分之二，而敬酒则通常在主菜吃完、甜菜未上之前进行。此外，敬酒时应将酒杯举至眼睛的高度，同时要注视对方以表示尊重。被敬酒的那一方不需要喝完，敬酒方也不会劝酒。值得一提的是，西方人非常注重酒具的选择。具体来说，他们出于对酒的尊重，常常选择一些利用饮酒者充分享受美酒的酒具，如让酒体充分舒展开来的醒酒器、让香气汇聚杯口的郁金香形高脚杯等。

中国素有"礼仪之邦"的美称，而这种礼仪通过饮酒方式得以充分体现，具体来说表现在以下两个方面：

首先，饮酒要有酒德。每个人的酒量不尽相同，因此对饮酒的数量没有硬性规定，但应以酒后能保持神志清晰为底线。

其次，饮酒要讲究长幼尊卑。中国人在饮酒时更加注重气氛及饮酒者的情绪，因此倒酒应"以满为敬"，喝酒应"先干为敬"，敬酒有固定的顺序，即先由主人敬酒，然后才可由其他人敬酒。在选择敬酒对象时，应从最尊贵的客人开始。此外，下级对上级、晚辈对长辈要主动敬酒，碰杯时下级或晚辈的酒杯要低于上级或长辈的，不仅要说敬酒词而且还要先干为敬，为表示诚意，也为让客人尽兴，主人还常常举行一些活动以带动气氛，如划拳、行酒令等。

（二）英汉酒文化翻译实践

中西方不同的酒文化为翻译带来了一定的障碍，因此译者应将音译、直译、意译及解释性翻译等多种翻译方法进行综合运用，从而将酒文化的深层含义准确传递出来。

三、英汉茶文化比较与翻译实践

无论在西方国家还是在中国，茶都是一种非常常见的饮料，人们常常在饮茶的过程中相互交流感受、交换思想，从而实现有效的交际。由于社会历史条件的不同，中西方国家形成了各自独特的茶文化。

（一）英汉茶文化比较

1. 西方茶文化

茶原产于中国，后经丝绸之路传入西方。目前可查的关于茶的最早记录是《塞缪尔日记》，其中写道："我喝了一杯以前从未喝过的茶。"而这一天是 1660 年 9 月 25 日。因此，可以推测茶就是那个时候被运往西方国家的。英语中的茶叶是 tea，这一发音源于中国香港。换句话说，中国香港当时把茶叫作［ti:］，因此在传入西方时也沿用了这一发音，后来演变成了用英语来拼写的 tea。这也证明了中国是茶的故乡。1750 年，英国人撰写了《茶经》，对种茶、采茶、制茶、泡茶等进行了介绍，这大概是西方最早的一本品茶学专著了。在此之前，就有一位咖啡店主在自己店里举办了英国历史上第一次茶叶大展卖，并大获成功。由于他们的大力推进以及人们的积极参与，茶在英国逐渐流行起来。

英国人爱喝茶是众所周知的。饮茶已成为英国皇室和举行重大社会事件时的重要内容。具体来说，饮茶已成为英国女王生活中必不可少的一件事情，在处理民生、国家利益等重要事务时，饮茶还是不可或缺的一项重要仪式。此外，饮茶还是英国人在工作之余的一种重要的休闲方式，不仅有早茶、午茶和晚茶之分，还配有各种小茶点。可见，饮茶已完全融入了英国人的日常饮食，成为与"一日三餐"一样重要的部分。

德国人也非常喜欢饮茶，且形成了独特的"冲茶"习惯，即在茶壶上放一个漏斗，漏斗上放一个细密的金属筛子，将茶叶放在筛子上面，然后用沸水不断冲洗茶叶，茶水就流到茶壶内。用这种方法冲出的茶水颜色非常淡。此外，德国人还饮用"花茶"，即将各种花瓣与苹果、山楂等果干混合在一起。不难看出，他们的花茶没有一片茶叶，是"有花无茶"。

法国的咖啡馆举世闻名，但饮茶在法国也成为一种时尚。法国人不仅进口茶叶，还积极学习东方的茶道文化。目前，巴黎就有许多具有东方文化色彩的茶座。

美国虽是咖啡王国，但却有一半人喝茶。此外，美国的茶叶销售额也十分惊人，每年可超过 10 亿美元。值得一提的是，美国人不像中国人那样喜欢饮热茶，他们更喜欢喝凉茶甚至冰茶。从饮茶方式来看，他们更多的是饮用罐装的，加入奶、糖、咖啡等其他材料的冷饮茶而不是即时加工的茶水。

综上所述，西方国家从中国引进了茶叶，但他们并不是机械地传承中国茶文化的内涵，而是将中国的茶文化与各自的民族文化相结合，从而使饮茶方式不断得以发展。

2. 中国的茶文化

《神农本草》出现于战国时期，是世界上最古老的药书，"茶"字最早就出现在这本书中。公元 758 年，唐代陆羽完成了《茶经》。这本书对茶叶的栽培、制作、挑拣、品饮以及评选经验等都进行了详细论述，是世界上最早的茶叶专著，陆羽也由此被后人尊称为"茶圣"。根据《茶经》的记载，我国早在 4700 多年前就已发现茶树并开始利用茶叶。

根据近几年的发现及论证，中国西南地区的云南、贵州、四川等地是茶树的原产地。后来，随着人口的迁徙以及地质上的差异，茶树慢慢普及全国并出现了人工种植。

中国人常说，"开门七件事，柴米油盐酱醋茶"。茶排在最后并不是因为茶不重要，而恰恰是说明只有在满足前六个基本要求后，人们才有能力和心情去品茶。所以，茶既野又文，既俗又雅，不仅能解渴疗疾还能悦目赏心，已与中国人的生活紧密相连，上至帝王将相、文人墨客，下至平民百姓挑夫贩夫，无不以茶为好。

中国人饮茶并非只为了解渴，而是具有更深层次的精神内涵。魏晋时期的玄学家提出，茶不仅可以解渴、药疗，还可以为交流增添气氛。后来，茶文化发展过程中受到儒、道、佛三教的浸染，形成了独特的中国茶道精神。茶文化吸纳了儒家"中庸和谐"的观点，体现了"修身、齐家、治国、平天下"的思想。因此，饮茶不仅可以磨炼人的意志，还能协调人际关系，从而实现互敬、互爱、互助的大同理想。茶文化还与道家"天人合一"的思想相融，通过饮茶来使人心静、不乱、不烦，有乐趣，有节制，即通过饮茶来助长内力，达到养生贵生的目的。佛学则通过茶道来向人讲道、使人顿悟，把饮茶从一种技艺提高到精神的高度，禅宗便是佛学与茶道有机结合的产物。

可见，儒家以茶养廉，道家以茶求静，佛家以茶助禅，中国的茶文化反映了人与自然的高度统一以及中国人对真、善、美的追求。

（二）英汉茶文化翻译实践

各国具有一定的饮茶发展历史，并形成了独具特色的茶文化，尤其在茶名、茶具、茶的烹制方法等方面可能有所不同。此外，在长期的饮茶活动中还形成了一些特定的茶道与饮茶习俗，这些也成为各国茶文化重要的组成部分。在对茶文化进行翻译时，应注意将这些文化内涵进行准确传递。在此过程中，应注意对茶名、茶具、烹茶方法、饮茶方法、茶道等的翻译。

第八章 文化视角下英语翻译实践（二）

文化与翻译之间的关联性极强，如果译者无法对中西方文化及其差异有全面的认知与掌握，那么，其在进行英语翻译时很有可能就会出现文化误译的情况。因此，本章运用具体的翻译实例探讨了文化视角下的英语翻译实践问题。

第一节 文化视角下商务英语翻译实践

一、商务英语的语言特点分析

商务英语以普通英语为基础，是商务各方面理论和技能与英语的有机统一。商务英语也具备普通英语的词汇、语法等基础知识，且同时具有商务领域特有的商业性信息和实践，无论是词语、句型还是行文架构、表意形式都带有特殊的商业属性。

（一）词汇特点

1. 用词正式、严谨、准确

商务英语没有可以"浪费的字"，应当清晰准确地表达信息，谨慎使用夸张、比喻等手法，尽量避免使用模棱两可的词语，以免产生不必要的争议。① 除了广告特定的宣传用语，商务英语应使用书面语，词汇准确正式、严谨无歧义。通常选择含义单一或含义较少的词语，以避免多义词造成的词义误解，确保文义准确、规范。

比方说，普通英语中的词汇 tax，be familiar with，buy，include 对应在商务英语中则用 tariff，acquaint，purchase，constitute。商务英语中常用的正式用词还有：assign（转让），construe（解释），interim（临时），partake（参加），effect（实现），levy（征收；征税），initiate（创始；发起），terminate（结束；终止），utilize（利用）等。

2. 常用缩略词、外来词、古体词

专业词语、古体词及外来词都属于具有正式用语风格的词汇，符合商务英语语体行文准确、简洁的要求。

---

① 莫群俐. 国际商务英语 翻译与写作 [M]. 杭州：浙江工商大学出版社，2013：22.

（1）缩略词的使用

由于商务交往中省时、省力原则的实际需要，商务活动中形成了相当数量的、具有普遍性和共识性的缩略语，以符合商务沟通的便利快捷的要求。业内承认的缩略语删繁就简，有效地缩减了交流和交易的时间，提高了商务往来的效率，因而被广泛应用于商务要约、合同、函件、协议、单证等文件中。例如：

VC　　　Venture Capital　　　风险投资

Reps　　　sales representatives　　　销售代表

blue chip　　　蓝筹股，绩优股

NYSE　　　New York Security Exchange　　　纽约证券交易所

外贸函电中常常会出现专业缩略语，因而充分了解并熟记此类缩略语对进行商务交往具有重要作用。

（2）外来词的使用

商务英语包括诸多专业词语及半专业词语，尤其是专业词语很多都是源于拉丁语、法语、希腊语等外来书面语，抑或合成词语，抑或约定俗成的"商言商语"，其含义相对固定，能够较为准确清晰地呈现意思。外来词增加了商务英语严谨精准的程度。如来自法语的 force majeure（不可抗力）；拉丁语的 ad valorem（从价税）等。

（3）古体词的使用

基于增强文件约束效力、规范性和庄严感的目的，商务英语保留了其他领域英语中少有甚至不再应用的古语词汇，这类词往往将 here、there、where 作为词根，增添一个或数个介词组合成复合词。

此类复合词同样是商务英语规范、严谨、庄严的表现，其结构和应用的机动性较强，表意凝练准确，因而常用于商务合同以及各类民商事法律中，逐渐成为商务英语的习惯性词汇。

（二）句式特点

1. 引入大量特殊词汇、短语、从句、语态

因为商务英语需要满足交流重要商业信息的要求，所以其必须正规、严谨、准确、庄重，避免无用词句，规避歧义带来的误解。基于对用语凝练、行文严密、事项清晰完备的考虑，商务英语中引入了很多介词、介词短语、祈使句、被动语态、情态动词、非谓语动词和各类从句。

商务合同、条约和其他文件都是商务各方履约的重要依据，因而其条款、概念及具体内容都应当描述准确，没有歧义，所以使用英语进行此类书面文件的草拟、订立、撰写不但要精准用词，还要采用短语、从句等对中心内容做出阐明或限制，句子往往长而复杂。

在商贸合同中较多地使用被动句和长句。被动句突出动作的承受者，对有关事务做客观描述和规定。被动句的应用也是商务英语用语严密的表现，翻译成汉语时要注意按照汉语习惯转化为主动句。英语中的被动语态句式结构严谨，语言表达清晰准确，具有极强的逻辑性，尤其是在商务英语中的应用，可以模糊施动者以凸显商务信息，增强文本的客观性，提高信息的公信力。所以在商务英语中恰当应用被动语态符合其庄严、严谨的要求。

2. 句型冗长且结构错综复杂

由于商务英语的说明解释、防止歧义等需要，很多句子长且复杂，一个句子往往包含若干短语、从句等，句子结构错综交叠，甚至能"一句成段"。为了在有限的条款中完整、明确地体现商贸各方的权利和义务，商贸合同中常常使用长句。长句的频繁使用无疑增加了合同逻辑的严密和句子结构的严谨性，但也增加了理解和翻译的难度。翻译商贸合同中长句一般采用拆句法，然后根据中国人的思维方式调整各句之间的顺序。

（三）文体特点分析

人们在商务与贸易活动中所使用的文体就是商务文体。根据不同的标准，可以对商务文体进行不同的分类，如果按照交际双方的相对地位与社会关系来看，商务文体可以分为以下五种，分别为冷漠体、正式体、商量体、随便体、亲密体。在商务国际活动中，商务英语的使用必须要遵循一定的原则与规律，既要尊重对方的文化，还要能确保使用的语言可以促进双方的商务合作。

商务文体涉及的领域很广，如商务信函、会议纪要、法律文书、备忘录、说明书、商业广告、通知、报告、演讲、协议或合同，以及各种相关单据与表格等，具有实用性、多样性和行业性的特点。

商务公文文体的形式多种多样，主要表现为商务信函、合同、通知等，鉴于商务活动的特殊性与严谨性，这些商务公文文体在书写上一定要用词准确，同时要简洁、规范。因此，在这类文体中，人们经常使用一些特殊句型，几乎不使用省略句，毕竟省略句容易产生歧义，导致双方产生不必要的误会。

商务信函、通知等公文文体以正式、严肃庄重为特点，大多以术语的形式出现。如 where as（鉴于）；there of（由此）；here by（特此，兹）等。因此翻译这类商务公文文体时，也要译成汉语的商务公文文体，古典庄重，语体对等。

像广告、商标等文体，其主要的目的是要最大限度上吸引消费者的注意力，甚至有些语言还具有鼓动性的特点，以激发消费者的购买欲，促使商品的最大化传播与销售。当然，在这类文体中还有不少新词，不过，这些新词往往是为了广告临时创造的，并不具有传播性。

英汉互译中不乏音、形、意完美结合的成功译例，如：Boeing 波音（飞机）、Benz 奔驰（汽车）、Coca Cola 可口可乐（饮料）等。了解国际商务英语的文体特点有利于译者把握原作的风格，翻译时做到语体对等。

二、文化视角下商务英语翻译实践策略

（一）忠实、精准的基本策略

商务英语并不像文学翻译那样讲究语言的韵味，而是强调语言的"忠实、准确"，也就是译者要最大限度上实现译文与原文在内容上的等同，将原文的信息与情感清晰地描述出来。商务英语必须要重视"忠实"这一原则，这是一项基本原则，如果做不到这一点，那么，译者翻译的译文可能会给读者以错误的引导，使其对原文的意思造成曲解，严重地还会导致商贸纠纷情况的产生。在商务合同翻译中，忠实、精准的原则十分重要，译者不

能为了展示自己的翻译水平使用华丽的语言，而是要忠实于原文，将原文的意思完整表述出来，同时要保证合同的严谨性。在合同翻译中，选择准确的词汇也很重要，当然，实现这一目标就要求译者可以对原文有清楚、全面的理解，恰当的词汇绝对不仅仅体现在含义上符合商务英语的标准，商务英语活动有其特殊性，词汇还要符合具体语境的要求。只有这样，译者才能在商务合同翻译中找到更加恰当的词汇。例如：

When a party breaches of the contract, the other party shall take appropriate measures to prevent further loss. If the other party fails to take appropriate measures, resulting in the expansion of the losses, it shall not claim compensation for the expansion of the loss.

译文：合同的任一签订方如有违约，为防止损失进一步扩大，对方应当采取适当措施。若对方未采取适当措施而导致损失扩大情况出现的，则违约方不必为扩大的损失进行赔偿。

Shall 在合同条款里具有特定法律意义，应该理解为汉语中的"应当""必须"，若是译成"将要，会……"便会失去准确和专业度。法律词汇翻译是一个非常难的翻译，尤其是在商务活动中，相关的翻译出现失真的情况不少，这导致商务合同翻译的许多措辞并不精准，进而给一些居心不良的人钻了法律的空子。

（二）直译与意译相结合

商务英语翻译方法多种多样，比较经常使用的方法当属直译法与意译法。商务英语翻译中有些内容是需要直接译出让对方一目了然的，有些则没有必要进行形式上的对等，只需要将原文的意思全部准确地表述出来，这时就可以使用意译法。商务信函旨在让商务合作的双方彼此之间可以更加信任，进而可以完成商务上的合作。如 Dear Sirs, With reference to your order No. F256 of Feb 5 for 1,000 sets of freezers... 为符合中文的语言风格，"Dear Sirs"则可不论性别，意译为"敬启者"，而后面译为"关于贵方 2 月 5 日第 F256 号 1 000 套冰柜的订单……"这样的译文既突出了源语的特点，也考虑到了目的语的行文风格，比直接译为"亲爱的/尊敬的先生，关于你们公司 2 月 5 日第 F256 号 1 000 套冰柜的订单……"更接地气，不仅礼貌得体，而且更生动。这算得上是对原句的一种意译。

（三）进行增减、转换词的翻译

中西方文化的差异显著，即使是在商务活动中，这种差异也体现得十分明显，因此，在商务英语翻译中，译者必须要正确考虑两种文化的差异，并在翻译具体词汇、句子时进行合理的增减及转换。

英语中的某些形容词与其后面的宾语之间关系密切，存在逻辑关系，这时译者就可以梳理二者的逻辑关系，并在把握原文具体意义的基础上实现形容词词性在译文的转换，可将其转换为动词。如：

原文：All cash dividends are subject to income tax.

译文：所有现金分红都要缴纳所得税。

经过转换，译文更加符合中文的表达习惯，流畅通顺。

（四）归化翻译法

在进行商务英语翻译的过程中，译者必须要充分考虑目的语受众对某些文化的接受能力，最为重要的就是要打破其原本建立起来的心理机制，使其能以包容的心态去理解原文的意思，进而可以打破文化归约，实现对另一种文化的理解。

原文：I will not fail to keep you informed about the continuation of procedure.

译文：申请的进展情况我们会随时知会对方。

英语重形合，通常习惯中心语在前，修饰语在后。汉语是意合语言，修饰语通常在被修饰的中心语前面。原文中的宾语中心语"you"有一个修饰语"informed"，处在被修饰的词的后面。分词结构在中文里没有语法对等的结构，存在一定的不可译性，对这类结构的翻译通常采用归化策略处理更为稳妥。

第二节　文化视角下科技英语翻译实践

一、科技英语文体特点分析

（一）科技英语文体的词汇特点

1. 大量使用专业术语

提到科技术语的构成，一般来说存在以下三个方面的情况：经过必要的处理手段，普通词语可以被转换成科技术语，如：couple 是"配偶"的意思，但在电学里指"耦合"、di-mension 是"维、度"的意思，在物理学里叫作"量纲"；利用语言中固有的词或词素，通过构词法创造科技术语，即，纯科技词汇。这类词汇的特点是词型长且带有具有固定含义的前缀或后缀，如：pseudophotoesthesia 光幻觉、controsurge wingding 防振屏蔽绕组、monoblock prestressed concrete sleeper 整体预应力混泥土轨枕、castanosperimine 栗树精胺、diskinaesthesis 肌肉不协调症等等；语法合成词（新造词），随着科技发展的日新月异，大量科技新词以借用、合成法、缩略法或派生词等形式出现。如：double-curved arc bridge 双曲拱桥、anticatalist 反催化剂、microbiology 微生物学、genetics 遗传学、hydrodynamics 流体动力学、semiconductor 半导体等等。

2. 大量使用名词化结构

名词化结构在英语中可以担任名词性的成分，因而可以做主语，其比一些简单词汇做主语的优势体现为它可以使整个篇章看起来十分严谨，同时还能负载更多的信息，能将科技问题的客观性与整体性表现出来。基于此，在一些科技问题中，我们总是能看到许多名词化结构的"身影"。比如科技英语词汇，oxidation，treatment，wear-resistance 等行为名词主要由动词加上 -tion，-ment，-ance 等后缀构成，可表示动作、状态、手段、结果。名词化结构更注重强调客观事实，使概念更加确切严密。

（二）科技英语文体的句法特点

1. 常用一般现在时

科技英语中最常见的时态是一般现在时。科学原理不会因时间而改变。谓语动词用一般现在时，可表达科技真理的普遍性。例如：

Each type of motor has its particular field of usefulness.

每种型号的发电机都有其特定的适用范围。

2. 使用被动语态

科技文章大量使用被动句，主要有三个方面的原因：科技文本阐述的是科学技术的发展。科学技术的本质是从事物本身出发，探索其内在的客观规律，探求与求证事实与方法、性能与特征等。在撰著此类文献时，必然要以客观的事物为出发点，对其进行合理的推断。从这一点上来说，在选择语言时，必须要保证语言的客观性，尽可能避免采用第一人称、第二人称或实施者为主语的句子，以防造成主观臆断；科技文体使用被动语态更能突出科学研究的主体和主要论证；在很多情况下，被动结构更简洁，因为英语主要通过动词的形态变化构成被动句，使用方便。

3. 大量使用无人称句

科技文体中包含了不少无人称句，之所以会出现这种情况，主要是因为科技文体旨在将科学事实阐释出来，并不重视对行为发出者进行解释。这里所说的无人称句是指句子的主语是由无生命的物质名词充当的。也就是通常说得非人称名词做主语。在科技英语中很少使用人称名词表明主观愿望。前面提到的被动语态和名词化结构的频繁使用就是很好的例证。例如：

The discussion does not mention all the variations of the flow sheet，which may exist，or the current status of particular plants.

该部分不介绍所有流程或某些钢铁厂的具体流程。

4. 大量使用长句及复合句

对当前的科技英语文章进行分析，一个句子包含的词汇可以到几十个，尤其是那些科技学术风险，为了能更好地将某一个观点阐述出来，作者往往需要构造非常长的句子。科技英语注重描述事物发展的逻辑性，复杂性和层次感，所以在句中必然会用到很多修饰、限定和附加成分。科技英语中，长句和复合句的高频出现和科技英语严密的论证手段也有着密切的关系。

5. 大量使用非谓语动词

科技文章句子较短，尽可能避免重复，在不影响清楚的表达完整内容的前提下，能省略的词尽量省去。例如：

Today the electronic computer is widely used in solving mathematical problems having to do with weather forecasting and putting satellite into orbit.

今天，电子计算机被广泛运用于解决一些数学问题，包括天气预报或把卫星送入轨道。

（三）科技英语文体语篇的特点

科技文献与其他实用文体相比，具有语言更加规范，逻辑性更强，层次更加分明的特点。也就是说，因为科技文献是指科技论文、科学研究报告、科学技术标准、科技产品说明、科技广告、科技新闻等，所以说理充分，论述缜密，逻辑严密，层次分明，使用书面语。请看以下例文中的语言和一般文章中常用语言的对比：

例文：（科技文献）... Rubber plantations were established in countries with a hot, humid climate, but this still could not supply sufficient raw rubber to satisfy the requirements of developing industry... For many years, attempts were made to produce a substitute, but they were unsuccessful. Finally, a method was discovered of producing synthetic rubber which is in many ways superior and in some ways inferior to natural rubber...

普通文章表达方式：People set rubber plantations in countries with a hot and wet climate, but this still could not give enough raw rubber to meet the needs of developing industry... For many years, people tried to produce something to take the place of it, but they failed. Finally, they found a way to produce artificial, man-made rubber which is in many ways better than and in some ways not as good as natural rubber.

二、认识文化语境

学界越来越重视对语境知识及其理论的研究。正是因为哲学、语言学以及人类学等学科都开始关注语境知识，语境学作为一门学科形成并发展了起来。中国学者也开展了对文化语境的探究，这些探究涉及不同的角度与方面，可见，中国学者为文化语境研究内容体系的丰富也做出了自己的贡献。

每一种语言中都有着文化因素，这些文化因素多种多样，有思维方式、价值观，也有历史文化、风俗习惯等，这些文化因素在语言交际中的交织就构成了文化语境。

三、文化语境对科技英语翻译的影响

（一）制度文化对科技英语翻译的影响

政治制度、经济制度等不同制度在人类社会生活中所产生的作用的总和就是制度文化。① 制度文化往往体现的是一个民族的特色，是其长期形成的社会归约，如果译者在英语翻译中，无法对西方文化中的各种制度文化有清楚的了解，那么，在进行科技英语翻译时就会为制度文化所侵扰，这时他们需要临时抱佛脚，去查阅与西方制度文化有关的资料，从而确保科技英语文章翻译的质量。

（二）社会历史文化对科技英语翻译的影响

译者在翻译时一旦遇到一些词义模糊的词汇就可以从其文化语境着手，当然，词汇所形成的文化背景并不能直接将词汇的意思展现出来，但是文化语境能帮助译者对词汇形成

---

① 王坤枫. 试论文化语境对科技英语翻译的制约 ［J］. 太原城市职业技术学院学报，2020（4）：192-193.

准确的理解。其实这也可以说明，如果译者想要将原文的意思完全表达出来，其必须要考虑词汇所处的文化语境，并对其进行准确地把握与分析、

译者在进行科技英语翻译时一定考虑中西方文化差异对翻译的影响，因为在英语中的有些特定词汇在不同的语境中的意思是不一样的。更为重要的是，科技文体极其复杂，如果无法将其置于社会文化语境中去理解，那么，科技英语翻译的质量就无法获得保证。

（三）生态文化对科技英语翻译的影响

生态文化也能对科技英语翻译产生影响，这里的生态文化主要指的是三个方面的要素，分别为自然环境、经济环境和社会文化环境。文化的形成不是一蹴而就的，是长期各种因素相互作用的结果，有自然环境的影响，也有经济环境的影响。中西方人民所生长的自然环境不同，所实行的经济制度、展现的经济实力等都存在明显差异，因此，这些都会对其各自的文化发展产生影响。表现在科技英语翻译上，就是地理环境因素与经济环境因素也可以对科技英语翻译产生一定的影响。"It is to carry coals to Newcastle to implement the artificial modification of rain at London City that may suggest a seeding activity just a few miles upwind of the metropolis."在这句话的广为人知语法里，"to carry bores to newcastle"（表示多余的行动），"newcastle"是靠近煤矿属于英格兰的一个城市。因此，通过对英国地理环境的理解，我们知道没有必要将煤运到一个本就生产煤矿的城市，因此，这里的"to carry bores to newcastle"可以被翻译成"多此一举"。

（四）文化语言对科技英语翻译的影响

全球发展呈现出明显的一体化趋势，在这样的一个背景下，文化的传播渠道与手段变得更加多种多样，影视作品就是一个不错的文化传播渠道与手段。中西方文化的差异还可以通过影视作品的翻译体现出来，比如，*The Big Bang Theory*，在对这一英语影片进行翻译时，如果采用直译的方法，翻译的结果为大爆炸理论，但这种翻译可能会给中国人民以错觉，可能会使他们将这一电影看作是一部纪录片。因此，在进行英语影片的翻译时，一定要考虑受众的实际心理需求，要考虑受众所处的文化语境。一旦翻译脱离了文化语境，那么，受众可能并不会为影片所买账[①]。这样的一种情况在科技英语中也是存在的。西方的政治、经济与文化多受到古希腊与古罗马文化的影响，这一影响也体现在了科技领域中，具体表现为存在于许多科技英语中的专有词汇就是用了许多古希腊、古罗马神话中的众神的名字或者与之先关的故事，例如：木星（Jupiter）、海王星（Neptune）。

在当前的全球化背景之下，国与国之间的政治、经济与文化交流变得更加频繁，正是因为如此，翻译在其中的作用越来越重要。对于科技英语翻译者来说，其不仅要应对科技英语紧密的逻辑关系，而且还要应对全球化给科技英语翻译带来的诸多困难。可见，科技英语翻译者面临着极大的翻译挑战，其必须要不断地提升自己的翻译水平，同时还要运用一切可行的手段锻炼自己的逻辑思维能力。对于所有的翻译者来说，当然也包括科技英语翻译者，其必须要掌握全面的科技英语翻译理论知识与翻译技巧，这是其开展科技英语翻

---

① 刘红.论翻译理论对译者翻译观的构建——以几种传统翻译理论为例［J］.沈阳大学学报，2015，17（5）：709-713.

译的基础。更为重要的是，科学技术飞速发展，科学词汇也处在不断的变迁与更新中，科技英语翻译人员必须要能紧跟科学技术发展的脚步，从而保证科技英语翻译的准确性。

四、文化视角下的石油科技英语翻译实践

石油科技英语翻译的前提是词汇翻译，只有完成良好的词汇翻译，石油科技英语翻译才能从整体上获得保证。但从词汇本身来讲，在石油科技英语中的词汇当然也是英语基本词汇体系的一部分，但当其被置于石油科技英语中时，其含义更加确切，甚至被固定下来。因此，译者在进行石油科技英语翻译时，需要了解这些一般性的词汇在石油科技英语中的具体含义，一定要结合具体的语境进行准确的翻译。如果直接将其一般含义套用在石油科技英语翻译中，那么，翻译的结果一定是错误的。

在英语国家文化的长期影响下，石油科技英语中存在很多以动物名称命名的专业技术词语，例如，pig 的普通词义是 "猪"，它的专业技术词义却是 "金属锭块"；dog 的普通词义是 "狗"，技术词义是 "挡块，止动爪"；cat 的普通词义是 "猫"，技术词义是 "吊锚，履带拖拉机"；cock 的普通词义是 "公鸡"，技术词义是 "旋塞，吊车"；horse 的普通词义是 "马"，技术词义是 "支架，铁杆"。以这些基本的石油英语词汇为基础，为了表现新事物和节省时间，人们在生活中又创造出许多非常有特色的专业技术合成词，如 pigiron（生铁），wildcatarea（初探区），cockhose（软管旋塞），horsecock（钻头），fisher（打捞器），fisheye（钢材加热/受力时产生的缩孔），等等。这些不断涌现出来的新词使石油语言的表现更生动形象，更通俗易懂。

石油科技英语中还有很多借用生活物品名称的专业术语，例如，coat 的普通词义是 "外衣"，它的技术词义是 "镀层"；cap 的普通词义是 "帽子"，技术词义是 "轴承盖，罩壳"；shoe 的普通词义是 "鞋子"，技术词义是 "闸瓦，履带片"；cup 的普通词义是 "杯子"，技术词义是 "皮碗，轴套"；bed 的普通词义是 "床"，技术词义是 "底座，机床身"，等等。

此外，石油科技英语中还有借用人体器官名称的专业术语，例如，eye 的普通词义是 "眼"，它的技术词义是 "孔环"；ear 的普通词义是 "耳"，技术词义是 "吊钩"；mouth 的普通词义是 "口"，技术词义是 "开度"；nose 的普通词义是 "鼻"，技术词义是 "喷嘴"；hand 的普通词义是 "手"，技术词义是 "手柄，指针"，等等。

在以上所列的各类词汇中，生活中的日常词汇在石油科技英语中被赋予了特定的比喻意义，直观形象和语言形象密切相关，这些特殊词语的翻译要求翻译工作者不能望文生义，而应在了解了文化信息的前提下根据专业内容谨慎处理，准确的使用。同时，译者应非常熟悉英语中基本的构词法，如合成法、拼缀法、混成法、缩略法等，以准确理解由这些词语引申出来的新词的词义，如在石油英语中，watercut 的技术词义应译为 "含水量"，oilrecovery 的技术词义应译为 "采油"，等等。

除了注意各种词汇所隐含的文化信息和恰当的使用词汇之外，译者还要掌握石油科技文体的其他特点：石油科技英语中常使用表示动作或状态的抽象名词或起名词功用的非限定动词形式，以使事实的叙述言简意明，如 aquifer gas storage field（含水岩层储气库）；常使用含有许多短语和分句的长句以及逻辑关联词，以使行文逻辑关系清楚、条理分明。如 The regional association of hydrocarbons with the inert gas, helium, and a higher level of natural helium seepage in petroleum－bearing regions have no explanation in the theories of biological origin. 常常用形式主语 it 来引导句子，如 It is suggested that，It has been proved that 等，以使句子结构更加平衡；常使用介词词组连用来简练地反映各句子成分之间的时空、所属、因果等逻辑关系。如 For the oil company，it may provide for access to water，equipment movement rights，and for notification of changes in ownership. 翻译工作者应明确各成分之间的语法关系和语义逻辑关系，熟悉各种句式的形态和译法，打好扎实的语言基本功。

第三节 文化视角下英美文学翻译实践

一、英美文学翻译的美学价值与情感价值

（一）英美文学翻译的美学价值

1. 英美文学翻译中的美学特点

（1）准确的情绪传达

文学作品的情感表现可以将文学作品整体的基调展现出来，同时，读者在阅读文学作品的过程中也能与作品产生情感共鸣。因此，对于译者来说，其在翻译过程中必须要准确地传达原文的意思，否则译文读者可能就会对原文的情感产生曲解。在进行文学作品写作时，作者一般会将自己对生活的感悟、对事物的情感藏于字里行间，这需要译者具有极强的共情能力，能对作者所表达的情感有准确的理解。译者在进行文学翻译之前，首先要做的就是对文学作品进行详细的阅读，能从作品的不同方面把握作者的情感，从而使用本民族的语言将其翻译出来。中西方语言在结构、修辞手段等的使用上存在极为明显的差异，同时，中西方文化在许多方面也差异显著，因此，译者在翻译时必须要对文学作品中的各种细节予以清楚把握。在莎翁经典作品《麦克白》中有这样一段话：I will not yield/To kiss the ground before young Malcolm's feet/ And to be baited with the rabble's curse. 在梁实秋的翻译版本中，这段话被译为"我不能降，不能匍匐在小玛尔孔的脚下，受世人辱骂。"同样的一句话在朱生豪笔下则被翻译为"我不愿投降，不愿低头吻那玛尔孔小子足下的泥土，被那些下贱的民众任意唾骂。"该段话出现在玛尔孔率领大军讨伐暴君麦克白的篇章中，梁实秋的版本中将"young Malcolm"翻译为"小玛尔孔"，"小"在我国用语习惯中往往是长辈逗弄晚辈的嬉皮话，用在这里表现出了麦克白没将玛尔孔当一回事，但却没将麦克白不可一世的神态情绪表现出来，但朱生豪将"young Malcolm"翻译为"玛尔孔那小子"，结合后文"低头亲吻足下泥土""被下贱的民众任意唾骂"，不仅表现出了麦克白的狂妄，甚至还有一丝悲壮的浪漫主义意味。

（2）严谨的结构层次

细数中国经典文学作品，可以发现，优秀的作家在作品中都使用了十分美妙的辞藻，使用了缜密的结构，正是因为如此，中国读者在阅读这些优秀的文学作品时总是能为其所

深深触动。这种情况对于英美文学作品也是如此，只要译者能将英美文学作品中的逻辑关系理顺，能将作者想要表达的情感描述出来，中文读者也能比较清晰地感知原文作者在写作时的情感。

英美作家根据作品的内容会进行结构上的安排，尤其是在叙事结构上总是表现出自我的各种选择。英美作家在写作过程中使用的叙事手法呈现多样性特征，这些叙事手法主要包括顺叙、插叙、倒叙等，这也让英美文学作品从篇章结构上就表现出了一定的困难，同时也给译者的翻译带来了困难。此外，英语语法十分特殊，英美作家在作品中使用的各种长难句结构可能表现了他的文章构式，因此，译者在翻译这类句子时一定要注意，不能随意地打破其结构。

中国古代文学作品非常究竟对仗，也就是要保持形式上的工整，语言表达上的押韵，这种情况其实在英美文学作品中也是存在的。只不过英美文学作品实现对仗、押韵的手法与中国古代文学作品不一样，其主要是通过在结构上的改变实现的，一种是通过十三行诗，另一种是通过抑扬格五音。比如，在对莎士比亚经典著作 "*Venus and Adonis*" 进行翻译的过程中，不少译者就是呈现了原文的结构，桂林漓江出版社的曹明伦在翻译这一文学作品时就完成了英汉语言结构上的改变，将原本的六行诗韵式进行了修改，修改成适合中国人非常熟悉的偶行押韵的格律诗体。这样做不仅使原作的意境美被淋漓尽致地揭示了出来，同时还让中国读者获得了不错的阅读体验，增加了对英美文学的认识。

（3）丰富的语言意向

读者在阅读文学作品时感受其中的美的途径是多种多样的，作品中的辞藻便是其中之一。[1] 如果作家在文学作品创作中使用了大量生动、合理的辞藻，那么，读者在阅读时就能对原作形成更加全面的、深层次的审美认知，获得更加丰富的审美体验。

汉语是一种非常灵活的语言，它在诠释英美文学作品时有着多样的词汇选择、句式选择等。因此，译者在翻译英美文学作品时应该对作品中潜藏的各种文化知识进行深入的挖掘，同时结合汉语及中国文学创作规律完成对英美文学作品高质量的翻译。英国文学小说 "*Lord of the Flies*"（故事以未来第三次世界大战的一场核战争为背景，描述了在战争撤退途中发生了一起飞机失事导致一群年龄在 6～12 岁的儿童被困在荒岛，一开始，他们可以很好地相处，后来由于邪恶本性的膨胀，他们自相残杀，造成了悲惨的结果。）的作者威廉·戈尔丁是以文笔优秀见长的，但是国内译者对 "*Lord of the Flies*" 这一著作的翻译水平确实捉襟见肘，导致这一部响彻英文文学市场的名著在国内并没有得到相应的热度，追溯 "*Lord of the Flies*" 诞生的文化背景可知：英国当时在世界范围内建立了大量的殖民地，英国人从英国出发到这些殖民地探险是一件稀松平常的事情，在这一过程中，各种冒险类文学作品不断涌现。不过，中国在历史上并没有这样的一个发展时期，因此，译者并没有相关的文化体验，在翻译这类文学作品时自然会有一些吃力。

在进行文学翻译的过程中如果一味追求逐字逐句地保持原意，则会使作品变得生涩，例如在对英国维多利亚时期的著名作家威尔基的长篇小说 "*Moonstone*" 进行翻译时，如果直接按字面意思将该书翻译成《月亮石》看似没有什么问题，但是却很难表现出文中对 Moonstone 大篇幅的充满神秘性的描述，不能从意境美的角度对文章进行概括，但是将

---

① 毋小妮. 英美文学翻译中的美学特点及价值分析［J］. 汉字文化，2022（23）：149–151.

书名翻译成《月亮宝石》则能将 Moonstone 的珍贵性进行简洁的概括，让读者在看到书名时就会明白 Moonstone 在全文中的重要性，以及可能会因各方势力争夺 Moonstone 发生的种种故事。

2. 英美文学翻译的美学价值梳理

（1）传达美学之感，彰显美学价值

英美文学翻译与其他的艺术欣赏形式并没有什么差别，只不过其展现艺术魅力的载体与方法是不一样的，英美文学翻译借助文字来展现艺术的魅力。艺术文学作品体裁丰富，叙事手段多种多样，通过阅读不同种类的文学作品，人们可以对文学形成一个相对比较全面的认知。英美文学翻译的价值是需要通过英美文学作品展示出来的，译者对不同的文学作品进行翻译，给读者带来了不同的审美体验，使其形成了不同的美学感受。当然，必须承认的是，译者在进行文学作品创作时总是会展现自己的创作风格，同时也会将自己的艺术特质融于其中，因此，译者在对文学作品进行翻译时，应该深入挖掘藏在文字背后的原文作者的深刻表达，从而促使读者可以与原文作者相接近。

（2）突出形象传达，独显艺术特色

文学最为本质的一个任务就是充分利用不同的文学形象将人类社会生活的现实揭露出来。英美文学作品本就具有自己的审美特质，译者利用自己的语言技巧与翻译技巧对文学作品进行翻译其实就是对原文进行再度创作，这一过程甚至可以被看作是对原文艺术水平再次提升的过程。每个译者翻译的风格、使用的方法是不同的，他们所呈现出来的翻译风格一般可以将英美文学作品多样的价值形态展现出来。有些译者十分强调自己的主观感受，认为在译文中可以体现自己的感受。有些译者善于挖掘英美文学作品中的亮点，集中力量对亮点进行恰当的翻译。可见，即使是面对同一部英美文学作品，译者在翻译时也会呈现不同的审美感受。

（3）发挥译入语优势，传达原文风采

作家在创作文学作品时会受到许多因素的影响，这些因素包括其所处的时代、运用的语言习惯、具有的文化素质水平等。每个作家的风格是不同的，主题不同，文学作品的风格也不同，基于此，译者在对同一部文学作品进行翻译时所使用的语言风格也表现出了绝对的差异性。但无论怎样，译者在翻译时一定要将译入语的语言优势发挥出来，进行格式上的适当调整，词汇上的恰当选择，从而确保可以将原文的风采展示出来。

（二）英美文学翻译的情感价值

在伦理学界，学者们已经给价值定性了，其被看作是一种情感。苏格拉底曾经提出过"美德即知识"的观点，但他的观点在为一些学者所认同的同时也受到了一些人的批判，亚里士多德就是其中一位。在亚里士多德看来，苏格拉底并没有认识到人类灵魂的全部，非理性的要素也是人类灵魂的一部分，也就是说，人类的道德价值是可以作为其情感价值存在的。

"价值情感化"这一观点一直为不少学者所主张，早期情感主义伦理学更是非常推崇它。譬如斯宾诺莎（B. Spinoza）就认为，人的行为本身没有善恶，善恶完全在于情感和欲望，"任何行为，只要是起于我们感受着恨或别的恶的情绪，便可说是恶的……但没有因为单就任何行为的本身看来，是善或恶的"①。在沙甫慈伯利（T. Shaftesbury）看来，"趋向私己的好处的情感，就成为善良的必要成分和主要成分。虽然没有人仅仅因具有这些情感就可以被称为好或道德，但因为公众的好处，或整个组织的好处没有它们而能保持是不可能的，所以一个人真的缺少了它们，就真的是有所缺于善良或天性的正道，并因此可以算是失德和有缺陷"②。赫起逊（F. Huteheson）则指出，"凡是我们所认为道德的善或恶之每种行为，始终被认为是出于对理性者的某种感情；我们所谓道德或罪恶，或是指这种感情，或是指基于这种感情的行为结果。若任何行为和非行为……所表示的是缺乏（对于理性者而言）这样的感情，而这样的感情正是我们指望于被认为在道德方面为善的人的，那么，这也足以表明这种行为或非行为是恶的"③。如此等等的声音不断将"善"（价值）推向情感化。在后来的情感主义伦理学那里，价值的情感化论调被进一步加强。如休谟（D. Hume）认为人们之所以能够判断一个行动、一种情绪、一个品格是善良还是恶劣，是因为人们一看见它们，便发生一种特殊的快乐或不快，因此"发生的感觉只是由于思维一个品格感觉一种特殊的快乐。正是那种感觉构成了我们的赞美或敬羡……这个情形就像我们关于一切种类的美、爱好和感觉做出判断时一样。我们的赞许就涵摄在它们所传来的直接快乐中"④。罗素（B. Russell）则把"内在价值"的定义寄托于人的心理感受，声称"我们现在应考虑这样的定义：'内在价值'意味着体验它的人所愿望的一种心灵的特性"⑤。他将"一种情绪和情感，赞成的情绪以及享受、满足的感觉"统摄入"内在价值"的定义，强调"我们为接受我们的伦理学理论所依赖的呼吁并非是对知觉事实的呼吁，而是对产生'正当'和'不正当''善'和'恶'概念的情绪和情感的呼吁"⑥。在石里克（M. Schlick）那里，评价则是"真实的心理事情"，他甚至不惜牺牲伦理学的独立地位，主张将道德归入心理学的门下，因为他认为揭示道德"纯粹是一个心理学的事情"⑦。在此类伦理学话语中，价值的情感本质得以显露，使人们注意到价值本身并非固有的实体，而是一种心理状态、一种人类感情。

翻译价值的情感本质是一定会指向主体间性的。从翻译本身上来看，不同的行为主体是处于同一交际场域中的，他们在彼此的碰撞与交流中形成了多种多样的主体间关系，同时，最为重要的是，这些关系将会在情感评价者那里产生无穷的价值。在这个过程中，评价话语无论呈现出何种表象，最终都会有意识或无意识地落实到主体间的关系维度，如在斐洛（J. Philo）那里落实到"纯净"译者与上帝的匹配，在切斯特曼（A. Chesterman）那里落实到译者与客户的服务关系，在严复那里落实到译者与原文作者作为"复制者—原创者"的关系，在梅纳日（G. Menage）那里落实到译者对于原文作者应有的忌惮，等等。可以说，翻译的评价话语是必须要为主体间关系所束缚的，即使是那些不指向任何行为主体的评价话语也不例外。

---

① ［荷］斯宾诺莎．伦理学［M］．贺麟，译．北京：商务印书馆，1997：216.
② 周辅成．西方伦理学名著选辑［M］．北京：商务印书馆，1978：804.
③ 周辅成．西方伦理学名著选辑［M］．北京：商务印书馆，1978：829.
④ ［英］休谟．人性论［M］．关文运，译．北京：商务印书馆，2009：507.
⑤ ［英］罗素．伦理学和政治学中的人类社会［M］．肖巍，译．北京：中国社会科学出版社，1992：120.
⑥ ［英］罗素．伦理学和政治学中的人类社会［M］．肖巍，译．北京：中国社会科学出版社，1992：124.
⑦ ［德］石里克．伦理学问题［M］．孙美堂，译．北京：华夏出版社，2001：21-23.

二、文化语境可制约英美文学翻译

文化语境对英美文学翻译的制约主要体现在源语文化语境、译入语文化语境和译者文化语境三个方面。

（一）源语文化语境能对文学翻译性形成制约

进行英美文学翻译时，译者需要考虑多种文化因素的影响。翻译时，如果不了解相关文化语境，译文的质量就难以保证。在众多文化因素中，源语文化语境对翻译有着最直接的影响。当译者不具备相关源语文化知识时，根本无法对原文进行准确理解，更谈不上进行适当翻译了。

英美文学作品是在其源语社会背景下产生和传播的，因而这些作品的翻译势必受到源语文化语境及原文作者的文化背景的制约。例如：

Unemployment, like the sword of Democles, was always accompanying the workers.

失业犹如达谟克利斯之剑一样，随时威胁着工人。

在上面的英文例句中，源语文化语境对翻译有着直接的影响。上例中对源语理解的关键为"the sword of Democles"这一典故，其来自古希腊文化，意思是"临头的危险"。例句中，译者将其直译为"达谟克利斯之剑"，显然是忽视了源语文化语境的重要影响，当读者对这一典故不熟悉时，其便无法理解句子的真正内涵。

英美文学翻译不仅需要译者具备语言转换的能力，同时还要具备一定的文化背景基础，在此基础上，还应有文学素养做支撑。译者作为翻译的媒介，应该认识到源语文化语境的关键作用，从而更好地进行翻译活动，促进译入语读者对文本内容的吸收与消化。

（二）译入语文化语境能对文学翻译形成制约

翻译是不同语言文化间的交际活动，译文的语义最终取决于听者或者读者以自己所处的文化语境为导向而对文本的理解。

翻译实践活动是在不断发展变化的社会历史活动中进行的，每一部译作都是在特定的社会文化历史环境中产生和发展的。因此，在认识与理解译作时，必须要结合译者所处的时代背景和历史阶段，同时也应对原作进行重现和深层次阐释。同样的一部作品，其在不同时期的翻译结果都是不一样的，往往会呈现特定时期的文化特色。

另外，受社会背景、社会环境的制约，译者的人生观、价值观也会发生变化。例如，在清末时期，以康有为、梁启超为代表的维新派主张学习西方先进的文化，翻译了不少有关西方的著作，目的是"师夷长技以制夷"，希望运用新的思想来教化国民。

不同的文学作品的翻译还受到同时代译入语文化语境的影响。翻译历史表明，在一个社会的特定时期，译者总是会聚焦于对某一类外国作品或某一位外国作者的作品进行翻译。这些作品的译介符合当时的社会背景，在语言上也能体现出当时的时代特点。因此，译入语文化语境对文学翻译也有一定的制约。

（三）译者文化语境能对文学翻译形成制约

译者是英美文学翻译的重要媒介，直接决定译文质量和读者对文本的理解程度。译者

○ 从文化视角"剖解"英语翻译

文化语境对英美文学翻译的制约主要体现在以下四个方面。

1. 译者的翻译观

译者的翻译观是指译者在翻译活动过程中的一种主观的倾向，是进行文学翻译的前提，直接影响译文翻译目的的确立以及译文的内容和形成。在文学翻译实践过程中，译者到底是选择以语义为中心还是选择以文化为中心，这都需要译者本身的立场来决定。在文学翻译中，有些译者倾向于直译，有些倾向于意译，有些则是倾向于转译等。

例如，成语 flowing with milk and honey，这句话选择了西方人比较熟知的"牛奶"和"蜂蜜"作为喻体来指代一个事物，翻译成中文的时候，有些译者直接译成"奶蜜之乡"，有些译者用意译的方式翻译成"富饶之地"，有些则从转译的角度翻译成"鱼米之乡"，我们不能评判这些翻译的对与错，只能说这是根据不同译者的翻译观而定的。

2. 译者的文化立场

文学作品带有一定的主观性，在翻译过程中，译者的文化立场和翻译意图对文本翻译也有着重要的影响。在译者文化立场的影响下，翻译的策略也会随之改变。一般而言，译者的文化立场包括源语文化立场和译入语文化立场两种。

例如，当中国处于半殖民地半封建社会时，传统文化受到了很大的冲击，那时候的翻译大多以直译为主，但是由于国人传统思想的禁锢，很多译者在翻译时仍将外国语言翻译为本国传统语言。可见，即使在同一历史时期，由于译者的文化立场不同，翻译的文本也不尽相同。

3. 译者对文化的理解

译者对文化的理解程度主要包含以下两个方面：

（1）是否掌握原作的语言含义；

（2）是否理解原作文字之外的文化背景。

译者是翻译活动的主体，理解源语文化背景有助于整个翻译过程的顺利进行。语言是这个特定文化社会的重要组成部分，每一种语言的差异都会反映这个社会的事物、习俗以及活动的特征。因此，译者在翻译英美文学作品之前，应该首先要熟悉原作者的个人经历、家庭背景以及作者的写作特点等。

4. 译者的文化素养

为了实现准确的翻译，译者需要提高自身的跨文化素养，这主要体现在以下两个方面。

（1）提高对文化的敏感性和自觉性。传统的翻译观将翻译的中心放在语言的研究层面，却严重忽视了文化层面所造成的问题。目前，这种情况已经逐步得到了改善，译者已经意识到翻译的文化性比翻译的语言性更重要。因此，译者应该提高自身对文化的敏感性，把注意力更多地放在文化研究层面，这样才能灵活地处理中西方文化的差异。

（2）努力成为一个真正的文化人。译者必须是一个真正意义上的文化人，译者首先要掌握好两种语言，然后逐步精通两种语言背后的文化。一般情况下，译者需要具备物质文化学生态学、社会文化学、宗教文化学以及语言文化学等方面的知识。可见，文化翻译理论涉及的知识面是非常广泛的，其内容也十分丰富。译者只有具有扎实的语言和文化功底，才能承担跨文化交流的重任。

三、文化视角下英美文学翻译实践策略

（一）坚持基本的"信、达、雅"策略

在中国翻译界，"信、达、雅"被称为译事三难。所谓"信、达、雅"，是指我国思想家严复提出的翻译原则，其含义主要表现为以下几个方面：第一，翻译时不能偏离和背离原文；第二，翻译时不能拘泥于原文的形式。第三，翻译时遵循简明优雅的翻译原则。① 这就是对翻译工作者在翻译过程中提出的集中于文学与美学层面上的两大要求，同时，这两大要求同样对英美文学翻译工作者也是一样的。英美文学翻译工作者从文化视角进行英美文学翻译实践时，首先应该遵循基本的翻译原则——"信、达、雅"原则。

（二）对中西文化差异予以深入了解

要想十分顺畅地、高质量地完成文化视角下的英美文学翻译，笔者认为，英美文学翻译工作者必须要十分清楚地了解中西方文化的差异。在英美文学翻译中，译者需要了解的这类差异主要包括以下几个方面。

第一，了解中西方在地域文化方面的差异。中西方在地理环境上显现的差异非常显著，表现在气候差异上就是中西方的东西方含义竟然截然相反，就连其所蕴含的意思也是不一样的。比如，英美文学作品中经常会遇到"east wind"，中国译者在翻译这一词汇时不能进行直接翻译，而是应该考虑地理位置因素对翻译的影响。如果"east wind"出自英国文学作品，那么，基于英国的海洋性气候，中国译者应将其译为"西风"。当然，具体要怎么翻译，还需要译者结合原文具体的地理环境进行确定。

第二，了解中西方在风俗习惯方面的差异。风俗习惯体现在人们生活的方方面面，因此，其在英美文学作品中大量存在。在进行这方面的翻译时，译者必须要认识到这样一点，中西方的风俗习惯展现出了显著的差异，必须要了解二者的差异，在翻译时进行合理、准确的转换。比如，龙是中华民族的图腾，在中国人民的眼中，龙是正义的，是充满力量的。但在西方文化中，龙却是邪恶的，甚至将其看作是魔鬼的化身。因此，在对英美文学作品中的"dragon"进行翻译时，译者不能简单地将其翻译成龙，而是应该结合英美文学作品中作者的具体表达来进行对应的翻译。

第三，了解中西方在价值理念方面的差异。中国与西方国家在阶级制度上表现了一定的差异，因为存在阶级制度的差异，因此，两国人民的价值理念也表现出了一定的差异。在具体的翻译时，译者必须要认识到价值理念差异对英美文学作品的影响。在中国文化中，集体利益是大家比较推崇的，当集体利益与个人利益发生冲突时，必须要放弃个人利益。但在西方文化中却是截然相反的，西方世界强调个人利益的最大化，认为人们应该尽量地维护自己的利益。在翻译过程中遇到与展现西方个人利益有关的内容时，译者一定要注意东西方在这方面的差异，不能想当然地以自我文化中的利益观来阐释西方世界中的利益观。

---

① 王璐瑶. 浅析跨文化背景下英美文学翻译的策略［J］. 校园英语，2019（22）：241-242.

（三）重视文化特征的体现方式

为了消除中西方文化差异在英美文学翻译中产生的消极影响，笔者认为译者在翻译策略的选择上应该着重思考。

第一，使用同化策略。在具体的翻译中，译者应灵活地使用同化策略，也就是说，应该使用与中国文化相接近的方式翻译英美文学作品，这样做的目的就是要将翻译的合理性保留下来。比如，"Love me，love my dog."是英美文学作品中经常使用的一个习语，在翻译它时译者就可以使用同化策略。使用这一翻译策略，译者可以将英美文化中存在的意象转化为中国人民非常熟悉的中国文化中存在的意象。

第二，使用异化策略。同化策略在英美文学翻译中的使用非常普遍，但这并不意味着译者一定要使用这一策略，还应该根据具体的翻译情况使用异化策略。

译者使用另一种语言将英美文学作品的艺术魅力展现出来，同时使译文读者获得可以与原文读者相同的阅读感受。在阅读译文的过程中，译文读者将能直观地了解英美文学作品的深刻内涵与魅力。

第四节　文化视角下英语电影翻译实践

一、中西方文化差异与英语电影翻译基本问题探讨

（一）电影翻译中的隐性文化差异表现

不同的文化存在冲突，有学者对这一冲突进行了生动的描绘，将其总结为文化冰山模式。文化就如同漂浮在海面上的冰山，那些漂浮在海面上的文化就是显性文化，而那些隐藏在海面下的文化就是隐性文化，前者主要指的是饮食文化、服饰文化等，后者主要指的是人们的思维方式、价值观念等。通常情况下，显性文化是为人们所容易感知的，而且会因为其他因素的影响而做出相应的改变，隐性文化是一种不容易为人们所感知的文化，一般不能轻易被改变。在中西文化之间存在的差异主要反映的是一种隐性文化之间的冲突。在英语电影中就包含许多隐性文化，它可以通过许多方面表现出来。

1. 中西方思维模式的差异

中西思维方式都是中西方人民在客观生活中探索出来的。中国地大物博，人口众多，大部分的人口集中于平原地带，平原地带土壤肥沃，气候条件优越，这让中国人民通过自己的辛勤劳动获得了丰厚的物质资源。正是因为中国人民长期生活在相对稳定的地理环境中，其才形成了自己特色的思维模式，表现为重视整体与经验，不重视逻辑思维。

西方文明的源头在希腊地区，那里的自然环境比较恶劣，先民们只能在与自然的抗争中不断发展自己，为了获得更好的生存条件，其开始借助海洋通道与世界人民相联系，开展海洋贸易。正是在与恶劣的自然环境的抗争中，西方人形成了一种具有自身特色的思维模式，表现为重视个体的独立发展，敢于冒险，同时又重视理性。

中西方思维方式的差异可以从许多方面体现出来，电影名的命名就是其中一个方面，中国电影的片名旨在将中国电影的主题意境营造出来。如《大红灯笼高高挂》《一江春水向东流》《满城尽带黄金甲》等。西方电影习惯以人物命名电影，例如：*Rebecca*、*Hamlet*、*Pygmalion*、*Lolita*。当这些简单的名字被中国翻译者赋予中国文化传统的名字（《蝴蝶梦》《王子复仇记》《窈窕淑女》《一树梨花压海棠》）时，就能对中国观众形成强大的吸引力。

2. 中西方文化中对典型意象的不同解读

创作主体对客观事物进行创作并赋予客观事物一定的情感，这样充满情感的客观事物就是意象。中西文化中，人们对客观事物的认知是不同的，因此，典型意象所具有的文化内涵也是不一样的。比如，在中国，"龙"是一种权威象征，代表着权力。但是在西方文化中，"dragon"却是一个邪恶的生物。因此，面对同一种意象，中西方文化对它的理解是不一样的，这就给译者的翻译实践带来了困难。

但是，我们在电影翻译中也能看到对不同意象的成功转变，一个例子便是对电影 *Waterloo Bridge* 的翻译。故事讲述的是发生在二战期间的爱情悲剧，翻译者巧妙地借助中国古典文学《太平广记》中的蓝桥求桨的典故，将电影翻译为《魂断蓝桥》，表现了爱情的可歌可泣，同时也让中国观众对电影形成熟悉感。

电影是对人类现实生活的再现，电影翻译体现的也是中西方人民的现实生活，因此，它也必然展现中西方文化的差异。电影具有明显的商业性特征，追求经济利益，同时其还能迎合一般人对精神生活的追求。因此，在对英语电影进行翻译时，译者必须要合理考虑中国人民的实际需求，同时解读中国传统文化，并在此基础上完成对英语电影的恰当翻译。

（二）文化差异在英语电影翻译中的具体处理

1. 文化差异处理在英语电影翻译中的重要性

英语电影传递的是西方文化，在欣赏英语电影的过程中，中国电影观众肯定也会对英语电影中的各种场景产生不一样的解读。之所以会出现这种情况，主要就是因为中西方文化存在明显的差异。文化冲突在电影欣赏中是普遍存在的，这是不可避免的。因此，译者在对英文电影进行翻译时应该合理地考虑西方文化对中国电影观众的冲击，应该运用自己的翻译技巧最大限度上消除这样的一种冲击。比如，将电影 *Hotel Transylvania* 翻译成《精灵旅社》《尖叫旅社》或《鬼灵精怪大酒店》，就是译者考虑了中西文化差异的结果。Transylvania（特兰西瓦尼亚）是吸血鬼尼古拉传说的诞生地，尽管不少中国观众对吸血鬼尼古拉传说有着足够的了解，但对这一地点相对比较陌生，如果采取直译的方法那么必然会使国人产生疑惑，译者使用了必要的翻译处理方法获得了一种恰当的翻译，中国观众看到电影片名，就会了解电影的主题，也能激发他们看电影的兴趣。

理解英语电影需要注意其所含有的文化内涵，在欣赏英语电影的过程中，人们也会对西方文化产生必要的了解。但需要指出的是，对文化的处理并不容易，译者需要具备高超的翻译水平，同时能对中西方文化有全面的了解，只有这样，其在对英语电影片名进行翻译时才能获得合理的翻译。

电影产业的繁荣发展使其选择了一条商业化的发展道路，现阶段，人们将看电影看作一种休闲娱乐的方式，在观看电影的过程中，人们能感受到一种愉悦之感。译者必须要对电影中出现的各种文化差异进行恰当的处理，一旦处理不当，中国观众在欣赏电影的过程中就可能形成对电影的误解，甚至造成对西方文化的误解。以 man 这一英文单词在不同影片中的翻译为例：影片 "*Seven*"（《七宗罪》）当中的 "Oh, man! Honestly, have you ever seen anything like this?" "Oh, man" 并不能译成"噢，一个男人"，如此翻译会让人们感到云里雾里不知所云，可见，译者将文化差异置之不理必会引起误解和困扰。其实该词在此影片中表示一种感叹，译者很好地将其译成"噢，上帝"，不仅将感叹的语气表达了出来，而且与影片的风格和主题保持一致；而在 "*Men in Black* 3"（《黑衣人3》）中 Boris the Animal 找到时空穿梭者 Jeffry，让其帮助自己回到过去报仇，并实现侵略地球的计划，其中 Jeffry 说了一句 "Cool for you. What do you need from me, man?"（帅呆了。你想要什么呢，大哥?）译者很好地将 man 翻译成大哥，而不是男人或人，将 Boris 让人害怕，Jeffry 不得不答应他的任何要求的情况反映了出来，这种翻译更好地译出了该词在此种语境下的内涵，同时也符合中国人语言文化的表达习惯。

由此可见，文化差异的处理在英语电影翻译中是至关重要的。

2. 文化差异在英语电影翻译中的处理原则

英语电影所能发挥的最主要的一大功能就是娱乐功能，因此，译者在对英文电影进行翻译时不能仅仅着眼于将电影的娱乐功能发挥出来，而是重视电影文化传递功能的发挥。但文化知识的传递并不容易，译者在翻译时既要保证翻译的准确性，同时也要保证中国观众能理解电影中的西方文化。以动画电影 "*Kung Fu Panda*"《功夫熊猫》中主人公 Paul 的名字翻译为例。虽然对 Paul 的翻译有"阿宝""阿波"和"肥波"等多个版本，但这些翻译都没有采用直接翻译的方法，而是结合电影本身的性质进行了一些生动的演绎。因此可以说，这些翻译都是一些能展现电影风格、能为中国观众所理解的翻译。

在世界经济出现一体化发展趋向之后，世界文化也开始向着一体化的方向发展，出现了融合发展之势。当前，信息技术的飞速发展让信息传播媒介变得多种多样，另外，信息传播的速度也明显加快，这让身处世界不同各地的人们都可以获得丰富的信息。在这一过程中，生长于不同文化背景中的人们开始理解不同的文化，同时，不同的文化也开始进行交流，这让原本不相容的文化出现了融合发展的势头，人们也越来越理解其他文化。

英语教育在中国已经有了很长的发展历史，它不仅已经在基础教育中扎根，而且已经在高等教育中获得发展。可见，英语教育已经贯穿在中国教育的各个环节中，中国的学生也吸收了一些西方文化。译者在对英语电影进行翻译时，需要考虑英语电影中的原语文化信息，甚至应该将这些文化信息进行合理的保留。译者在对英语电影 "*Lin-coln*" 进行翻译时使用了直译的方法，之所以没有对这一片名进行复杂的翻译，主要是因为绝大多数中国人实际上是了解林肯这位美国总统的。这种直接翻译的电影片名并不会让中国人产生误解，相反能让他们直接获得电影信息，吸引他们观赏电影。

文化的形成与发展是一个长期的过程，需要不同的民族的人们长期的探索。英语电影中汇聚了大量的西方文化，展现了西方特色的文化成果，对于中国人民来说，这些文化是陌生的，甚至是与中国文化有着极大差异的。因此，为了使中国人对英语电影中的内容做到清楚的了解，译者在翻译英语电影片名时必须要对其中的原文化信息予以恰当的保留。西方经典电影 "*Ghost*" 的翻译就是一种十分恰当的翻译，中国译者将其翻译成了《人鬼情未了》，在英语中，ghost 的意思是鬼、灵魂，在具体的翻译时，译者对这一文化信息进行了合理的转换，使片名所营造的意境更加符合中国观众的审美习惯。

3. 文化差异在英语电影翻译中的处理策略

在翻译中对文化因素处理，使用异化方法可利于文化输出国宣传本国文化与世界观。在英语电影翻译的过程中，异化的翻译策略可以保留原文化的原汁原味和意境，将观众带到原语言的文化氛围中，更有利于文化的传播与交流。译者在对 *Romeo and Juliet* 的片名进行翻译时就采用了异化的翻译策略，译成《罗密欧与朱丽叶》，这一电影的片名、故事情节与中国的经典《梁山伯与祝英台》有着共性之处，正是因为如此，中国观众在观看这部电影时就能体会电影中所传递的情感，同时也能让中国人民对西方文学作品有更加恰当的理解。译者使用异化翻译策略所进行的英语翻译并未让观众产生疑惑，电影甚至能给中国人民以新的启迪。

译者以目的语文化为基础，同时使用目的语读者能理解的表达方式进行翻译，这里译者使用的翻译方法就是归化法。这样的一种方法能使受众更好地理解并接受译文。归化翻译方法能让观众对不同民族的文化有更加清楚的认识与了解，甚至从电影情节方面来看，还能确保电影情节的连贯性，能使观众更加认同电影中所传递的各种文化。如影片"Adam's Rib"（《金屋藏娇》）并没有直接被翻译成《亚当的肋骨》，后者会使缺乏宗教文化背景的观众在看电影时一头雾水，也会让观众误以为电影是恐怖片，从而使其无法对电影主题形成准确的理解。

不管是任何一种翻译策略，在具体的翻译实践中，其都有自身所存在的优势与劣势，因此，译者没有必要执着于使用某一种翻译策略，而是应该根据时代发展的需求、受众的诉求以及文本的类型，选择合适的翻译策略。笔者需要指出的是，当前译者在英语电影翻译中主要使用的是归化翻译策略，但随着世界不同民族的文化的交流不断深入，异化翻译策略也会成为译者的"座上宾"。20 世纪的中国人对西方世界有了更加清楚而全面的了解，尤其是西方人常用的名字，甚至有些英文电影会直接使用电影中主人公的名字做电影名，对于这样的一种电影名字翻译，中国译者一般都采用异化的翻译策略，如"Alfie"《阿尔菲》，"Tess"《苔丝》，"Peter Pan"《彼得·潘》，"Juno"《朱诺》，"Jane Eyre"《简爱》，"Robin Hood"《罗宾汉》等。也有一些人认为，在翻译时可以将归化翻译策略与异化翻译策略结合起来，在笔者看来，只要能将电影中文化对观众欣赏电影的阻碍消除掉，使用怎样的翻译方法与策略都是可行的。

文化差异会影响英语电影的翻译，同时也会对中国人民的电影欣赏产生影响，甚至可能还会阻碍中西方人民的文化交流。从这个方面上来说，在进行英语电影翻译的过程中，译者必须要灵活地对中西文化差异进行处理，态度要积极，同时也要尽可能消除中西方文化差异，最好能使西方文化在中国文化发展中发挥作用。

二、文化视角下英语电影翻译实践探究

（一）文化视角下英语电影片名翻译实践

电影片名作为文化的重要组成部分，译者在对其进行翻译的过程中不可避免地会受到两种语系文化因素的影响。对于英语电影翻译工作者来说，虽然中西文化具有较大的差

异，但是在实际翻译的过程中其仍然能够发现一定的相似之处，即如果一部电影片名在设计过程中对电影本身的特点以及电影所承载的文化积淀进行关照，电影片名和翻译片名就能够体现出相同的文化底蕴，进而呈现出意想不到的艺术效果。

1. 追求翻译的意境美

受到传统美学思想的影响，中国人在写诗和作词过程中都讲求意境，希望达到音韵和谐的艺术效果，以给人留下深刻的印象。因此，许多翻译大家在进行文学作品翻译的过程中会将中国特色美学思想融入其中，这增强了翻译的艺术性和意境美，取得了良好的成效①。具体而言，在翻译过程中追求翻译的意境美就是在忠于原作思想的基础上尽可能地增强翻译语言的艺术性，进而创造出诗情画意的美感。基于这一思想，在对英语电影片名进行翻译的过程中，为了保证翻译的艺术效果，译者应该尝试在其中融入一些美学思想，如经典的片名翻译作品《魂断蓝桥》（*The Waterloo Bridge*），其原片名的直译意思为滑铁卢桥，这对于中国观众来说，其可能会直接联想到滑铁卢战争，而实质上，Waterloo Bridge 指的是英国地区的一座桥，是影片男女主人公最初邂逅的地方，也是他们彼此相爱的地方，在影片的最后，电影女主角绝望地站在桥头，迎向迎面而来的火车，将电影的悲剧性效果呈现了出来。而在中国文化中，蓝桥是较为特殊的意象，用以表现才子巧遇佳人的故事，相传蓝桥上存在仙窟，它是唐裴航遇到仙女云英的地方。此外，蓝桥的意象在我国古代诗词歌赋中也时有出现。后来，随着文化的演变，人们逐渐开始将男女相爱但一方失约、另一方殉情的故事形象称之为"魂断蓝桥"，翻译 *The Waterloo Bridge* 时，译者就巧妙地借用了这一思想，将它形象地翻译成为《魂断蓝桥》或者《蓝桥遗梦》，既切合两国文化，也增强了翻译的艺术性。

2. 多使用四字格进行翻译

在英语电影传播事业中，优质的片名翻译能够取得锦上添花的效果，切实增强电影对观众的吸引力，激发观众的欣赏欲望，并且好的片名也能够促使电影作品在观众心中留下深刻的印象，使电影成为经典。因此，在英语电影片名翻译工作中，译者应该注意片名的审美性，即将电影片名的原语言审美效果传达给目的语言受众群体，以增强目的语言受众群体对电影的接受和认同。

研究发现，在我国电影片名的翻译历史中，较为优秀的翻译作品一般都采用了汉语四字格的语言表达方式，翻译格式严谨，工整对仗，具有一定的音韵和谐效果，能够产生较强的修辞艺术性。因此，在对英语电影翻译进行规范化处理的过程中，译者应该注意多使用四字格形式，以切实彰显翻译的文化内涵和艺术效果，凸显中国文化特色，使电影获得观众的广泛认同。如 *Gone with the Wind* 是一部曾经风靡全世界的电影，到今天仍然具有一定的艺术价值和观赏价值，是世界电影宝库中重要的文化宝藏。这部电影在传入我国后也对我国几代青年的思想产生了重要的影响，受到我国观众的广泛欢迎。这一影片在我国的成功不仅仅体现在电影本身的价值，即演员经验精湛的演技和情节的紧密衔接、跌宕起伏，还有一个重要的原因就是译者在对影片片名进行翻译的过程中将其翻译成为《乱世佳人》，译者使用的汉语四字格不仅对仗工整，还对电影中的故事进行了高度浓缩，并且"佳人"一词的使用迎合了中国受众群体的审美需求，让中国人回味无穷，最终实现了电

① 韩凌. 英语电影片名翻译的中国传统文化关照 [J]. 电影文学，2013（20）：79-80.

影在中国社会上的广泛传播①。另一个翻译版本将其翻译成为《飘》，虽然也具有一定的艺术美感，但是却无法激发观众的观看欲望。

汉语四字格翻译在我国英语电影片名翻译中占据重要的位置，译者在新时期要想切实提高英语电影片名翻译的质量，就应该进一步加强对汉语四字格的合理使用，借助汉语四字格增强电影翻译的艺术效果，从而使英语电影翻译可以获得观众群体的广泛认同。

3. 采用音韵和谐的翻译方法

汉语文化博大精深、源远流长，在汉语的使用中，中国人一般追求的是韵律和谐，讲求语调的抑扬顿挫，也就是要凸显出一种音乐效果。特别是对于古代诗人来说，他们在古诗词创作过程中一般讲究音韵的合理使用，彰显独特的语言魅力。而对于英语电影翻译工作者来说，如果他们也想自己的电影翻译能让观众产生深刻的记忆，其也应该秉持音韵和谐的思想。例如，译者将著名的电影作品 Mission Impossible 直接翻译成《谍中谍》，这种使用叠字的翻译方式，不仅准确地传达了电影的思想，而且在朗读时又不丧失气势，能表现出一定的诗意内涵。这一翻译方式符合中国人的审美倾向，因此该影片能迅速打入中国市场，取得了较好的经济效益。又如，对于 Becoming Jane 这部电影来说，部分译者将其翻译成《成为简奥斯丁》，片名平淡无奇，无法突出翻译艺术性，而另一部分译者另辟蹊径，将其翻译成为《"珍"爱来临》，则有效地突出了翻译的浪漫主义情调，翻译的音韵魅力也得到了一定的凸显。在中国电影中使用音韵翻译思想的片名还有很多，如具有代表性的《雨中曲》（Singing in the Rain）等，因此，新时期在探索英语片名翻译优化的过程中，译者应该注意合理使用这一翻译思想，切实增强翻译的艺术性。

（二）文化视角下英语电影台词翻译实践

电影故事都是源自人们的生活实践，而生活实践是文化的凝聚，观众只有对电影中传递的文化有全面的了解，其才能对电影故事以及电影所要表达的主题有准确的认知。在对英语电影中的台词进行翻译时，译者要考虑许多方面，要实现英汉语言意义的转换，同时还要实现中西方文化的和谐交流与沟通。要实现这两大目标，译者就要能熟悉两种语言，同时也要对中西方文化及其差异有准确的了解。译者要想高质量地完成英语电影台词的翻译，其必须要将原文的文化信息准确传递出来，同时还要能实现不同文化的转换。

1. 在翻译中进行文化移植

经济全球化背景之下，说着不同语言、成长于不同文化背景下的人们之间的交流日益频繁，语言与文化关系密切，语言承载着一个民族大量的文化，因此，语言交流的过程其实就是文化交流的过程。在文化交流中，一方文化肯定会或多或少地进入某一种文化，从而使两种文化的某些内涵变得更加相似。例如，在电影《狮子王》中，当辛巴犯错之后，木法沙要教训他的时候说道："Take Nala home. I've got to teach my son a lesson."。词组 "teach sb. a lesson" 的意思是"给某人一个教训"，汉语受到了英语的影响，有"给某人上一课"的表达，因此，在翻译这句台词的时候，译者可以将其翻译成"带娜娜回家，我要给儿子上一课。"直译方法可以发挥两方面积极的作用：第一，能将原文的意思完全展现出来；第二，能使原文中的文化内涵借助译文完成生动的表达与传递。两种文化在差

①　陆永岗. 英语电影片名翻译策略探讨［J］. 电影文学，2013（16）：158-159.

异之外肯定也会存在共性，因此，面对共性翻译，译者可以选择文化移植翻译法，否则观众在看到翻译"成品"时可能会感到疑惑。

2. 采用文化转换法进行翻译

在文化土壤中，语言形成并发展了起来，因此，分析语言我们可以了解一个民族的文化。英语电影中的台词反映的是西方文化，它与中国文化有着十分明显的差异，因此，译者在翻译台词时一定要对这两种文化进行合理的对比，在把握文化差异的基础上完成英语电影台词的准确翻译。在具体的翻译时，译者要对西方文化进行合理把握，同时还要对中国文化进行重点强调，要兼顾二者，不能只顾及一种文化，这可能会导致中国观众无法理解英语电影所要表达的意思。在电影《倒霉爱神》中，两个员工在谈论女上司的时候说道"We should try to find the dragon lady one for the bash"，不能按照汉语文化意思将其中的"dragon lady"翻译成"龙女"，而是要根据英语文化翻译成"女魔头"，因此可以把这句台词翻译成"我们应该为女魔头找个舞伴"。译者将两种文化实现有效的转换，那么，观众在欣赏英语电影时就能比较轻松地理解英语电影所要传递的文化内涵。

3. 运用移转融合法进行翻译

中西文化的差异体现在多个方面，且在英语电影中有着多样的表现。因此，如果仅仅使用文化移植法或文化转换法来翻译，并不能将西方文化淋漓尽致地表现出来，这时译者就需要调整翻译观念与技巧，使用移转融合法。例如，在电影《在云端》中，对于是否要采用新技术，Craig 和 Ryan 出现了这样的对话：

"Craig：You are a little too young to be come a dinosaur."

"Ryan：I am not a dinosaur."

上述例子表明，Craig 认为 Ryan 是不同意使用新技术的，因此对他进行了劝说，不仅希望他支持新技术，而且还能学习新技术，基于此，Craig 说出了第一句话。倘若使用文化移植法翻译这句话，就可以将其翻译成"想变恐龙你还年轻了点。"英语中的 dinosaur 与汉语中的恐龙在意思表达上存在共性，因此，这样的一种翻译是能为观众所理解的。但 Ryan 并不认同 Craig 对自己 dinosaur 的定性，再将 dinosaur 翻译成恐龙就说明 Ryan 并未了解 Craig 的意思，因此，可以使用文化转换法进行翻译，将句子翻译为"我才不是老顽固呢"。这一例子说明移转融合法可以将语言中的文化内涵完全展现出来。

第九章 从文化视角"剖解"英语翻译教学

通过此前的章节，文化对英语翻译的影响以及英语翻译中所富含的文化内蕴已经得到了清晰的展现。而英语翻译的发展还有一个不可回避的重要课题——英语教学，其是英语翻译实践的基石，其与文化之间相互影响很大程度上决定了英语翻译人才从事英语工作后的文化意识与文化素养。因而，可以从文化视角探讨英语翻译教学问题。

第一节 英语翻译教学现状分析

一、翻译教学体系现状

（一）翻译教学理论和实践的关系现状

能够帮助学生对翻译的原则形成较为健全的意识，并能使其自觉地将所学到的翻译知识运用于自己的翻译实践，是翻译教学最重要的目标之一。而这种健全的翻译原则意识很明显地只能建立在某种健全的理论基础之上，所以任何一种严谨的翻译教学都要以中肯的理论为指导。

和其他课程相比，翻译课的实践性较强。因此，翻译教学不能只局限在教师讲解或学生练习的单项活动的层面上，而应是教师讲解理论知识，学生实践练习的一种较广泛的教学行为。① 作为一名初学者，他所学习的理论知识一般只涉及翻译操作的一些基本知识和技巧，所以每节课教师讲解的内容都没有其他课程那么多，所以有时候教师会感觉到初级翻译课程没什么可讲的，他们会将大部分时间留给学生去进行英语翻译练习。而相对于这门课来说，翻译练习确实需要占用很多的时间。所以如何组织学生进行翻译练习，如何调动学生练习的积极性，如何激发他们的兴趣和合作精神，如何让他们主动而不是被动地参与练习，是翻译教师们需要摸索和探讨的问题。

学生接受事物的能力存在一定的差异，因此，选择翻译材料的难易等问题都会影响教师的课堂组织与管理。而在学生进行翻译实践的过程中，他们基本没有或很少将理论运用于实践中。所以如何选择翻译材料就成为教师必须考虑的一个问题，如果翻译材料较为简

---

① 张富庄，董丽．当代高校英语翻译教学研究［M］．长春：吉林人民出版社，2019：15.

单，就不易引起学生足够的重视；如果翻译材料太难，又会让学生失去翻译的兴趣，有时甚至会导致学生放弃翻译。

可见，英语翻译教学中诸如此类的因素常常会直接或间接地造成教师的理论讲解和学生的实践练习结合不起来，或者使学生在实践中不能将已学的理论知识和实践结合起来，使得理论与实践相脱节。

（二）翻译课堂教学现状

目前，一部分翻译课教学以课堂为主，以书本为中心，教学模式相对单一。教师对语法知识传授投入了较多的精力，但由于课时所限，难免顾此失彼，没有向学生传递更多的翻译技能知识。学生在课堂上并没有展开全面的思考，而是选择从教师那里获取问题的答案，这在很大程度上影响了其学习的质量，无法使其更上一层楼。此外，调查发现，我国的大专院校学生对英语的词汇、语法的学习大都比较关注，常常将大部分时间都花在词汇、语法等语言点上，而这不利于应用能力的培养与提高。

（三）教学内容现状

随着科学技术的快速发展和社会的不断进步，今天已经处于一个经济、文化多元化发展的新时代，人们的思想意识和观念也随之产生了变化，这种大氛围的改变使得学生的思想、个性也从根本上发生了深刻的改变，从而需要更丰富、更新鲜的教学内容来刺激他们的神经，激活他们的学习动力。

但是，在今天，大部分院校的英语翻译教学内容仍旧大量沿袭和采用传统的教材，这些传统教材的专业性一般都较强，且比较偏重于理论，也不能反映当前的社会现实。同时，能够反映时代信息的科技、外贸、影视、媒介、法律、军事等题材的教材很少。这种情况下，学生不仅无法掌握更多的相关专业知识和专业术语，传统教材也给学生的翻译学习和实践造成很大的困难。

此外，有的学校给所有专业的学生配备了同一本翻译教材，而专业不同的学生对英语翻译的需求也是不同的，因此这种情况不仅不能满足各个专业的教学需求，反而会导致学生学不到和自己专业相关的语言知识，更不用说学到更多的翻译技巧了，学生的学习兴趣就会大减，学习的积极主动性也受到很大的打击。可见，在现代社会环境下，英语翻译教材的内容是否新鲜和全面都会在很大程度上影响学生的英语翻译学习以及英语翻译能力的培养和提高，因此，使英语翻译教学内容与时代同步已经成为发展英语翻译教学刻不容缓的重要举措。

（四）教学与测试的关系现状

各大高校在开展翻译教学时并没有使用统一的翻译教材与教学大纲，以至于在具体的翻译教学实践中，高校的教学安排呈现出多样性，每个学校都不一样，这使英语翻译教学变得随意。翻译教学内容覆盖面较窄，翻译测试目的不明确，缺乏较为统一、客观、科学的评价体系，且在测试中常常不会涉及学生翻译的技能，也就导致学生认为考试不考翻译技能，所以也不会学习，最终无法巩固所学知识的现象，即翻译教学和测试不同步。此外，英语翻译考试内容在四六级考试内容体系中的占比不高，这导致学生在日常的英语学习中并不重视英语翻译知识，因而其翻译能力自然不会提高。

二、英语教师翻译教学的现状

（一）与翻译教学的专业要求尚有差距

许多大学生认为自己在大学阶段的英语学习任务主要是通过英语四六级考试，因此，四六级试卷中包含什么内容，他们就学习什么内容，试卷中什么内容最多他们就重点学习那些内容。与词汇、语法等知识相比，翻译知识在四六级考试中的占比不高，以至于学生在英语学习中并不重视翻译知识的学习。同时，各大高校在设置英语课程时也并不重视英语翻译课程的设置。因为无论是学生，还是高校，其都没有认识到英语翻译的重要性，因此，学生的翻译能力没有提高，英语教师也没有主动地丰富自己的翻译理论素养，没有不断增强自己的英语翻译实践能力。

中国各大高校近年来一直处于扩招状态中，这使高校学生的数量不断增加，而高校教师的数量并没有显著增加，许多教师承担着非常重的教学任务，更没有精力参与英语教学改革。当前，英语教师在课堂上比较重视英语阅读与听力知识的讲解，这让英语翻译教学的生存空间被进一步压缩了。另外，课堂有限的教学时间无法让教师拿出更多的时间进行英语翻译教学。即使讲解一些翻译知识，教师也只是跟着教材进行简单的讲解，其讲解并不深入。

（二）思维圃于传统翻译教学模式

在传统翻译教学中，教师是教学的中心，学生对于各种翻译理论与技巧知识并没有多少关于自己的主动思考，他们总是将教师的翻译结果看作是标准答案。这是一种十分古板的教学模式，一方面阻碍了学生翻译知识的学习，另一方面还阻碍了学生翻译创造力的发挥。

目前，外语界十分推崇交际教学法，这在给英语词汇、语法教学等方面带来曙光的同时，却使英语翻译教学陷入了误区。英语翻译教学旨在让学生通过两种语言、文化的转化实现对两种语言的掌握，对两种文化的全面认知。但是对当前各大高校的翻译教学实际进行分析，可以发现，英语教师在并不多的翻译教学中没有为学生营造翻译学习的氛围，甚至在讲解翻译题时，教师使用的是汉语教学，无法让学生直观感知英语文化氛围。这样的一种传统的英语翻译教学思维方式显然是不利于英语翻译教学活动的开展的，也不利于学生英语翻译知识的学习。

一直以来，高校英语教学的重点都被放在了阅读教学、听力教学等方面，教师没有在课堂上向学生传递翻译理论知识与技巧知识的意识。

（三）对翻译教学的重视程度较低

对翻译教学的重视程度不够主要体现在以下几个方面。

第一，翻译教学中，教师往往不注重翻译基本理论、翻译技巧的传授，而仅仅是将翻译作为理解和巩固语言知识的手段，将翻译课上成另一种形式的语法、词汇课。

第二，学生做完翻译练习后，教师大多只是讲解答案、对翻译材料中出现的课文关键词和句型等进行简单的强调，而缺乏对学生进行系统的翻译训练。

第三，就时间而言，教师花在翻译教学上的时间很少，通常是有时间就讲，没有时间就不讲，或只当家庭作业布置下去，由学生自己学习。

第四，英语考试中虽然包含翻译试题，但其所占的比重远远不如阅读、写作等。以上这些问题最终致使翻译教学质量迟迟得不到提高。

三、学生翻译学习的现状

（一）英语文化背景了解较浅显

不管是从语言的形成上来看，还是从其多样性的发展来看，其都具有浓浓的文化色彩。语言是一种特殊的文化载体，要想将其本质意义揭示出来，笔者认为，必须在特定的文化范围中实现。语言与文化之间是相互作用的，学生如果不了解西方国家的文化，那么，其在语言理解方面也会存在一定的问题，甚至在进行英语翻译时会出现错译、漏译等。

（二）机械翻译修饰成分

在实际的翻译操作中，中国学生每每看到英语形容词等修饰成分就自然而然地将其翻译成汉语的修饰形式，即 "……的"，导致译文 "的的" 不休，读起来很别扭。对比以下两种翻译方式：

The decision to attack was not taken lightly

进攻的决定不是轻易做出的。

进攻的决定经过了深思熟虑。

（三）不擅长处理语序

英语句子通常开门见山地表达主题，然后再逐渐补充细节或解释说明。有时要表达的逻辑较为复杂，则会借助形态变化或丰富的连接词等手段，根据句子的意思灵活安排语序。相比之下，汉语的逻辑性较强，语序通常按一定的逻辑顺序（如由原因到结果、由事实到结论等）逐层叙述。这种差异意味着将英语句子翻译成汉语时必须对语序做出适当的调整。而很多学生意识不到这一点，译文也大多存在语序处理不当的问题，读起来十分别扭。对比以下两种翻译方式：

The doctor is not available because he is handling an emergency.

医生现在没空，因为他在处理急诊。

医生在处理急诊，现在没空。

（四）未熟用增译和减译的方式

由于语言、文化等方面的差异，翻译时不可能也没必要完全拘泥于英语形式，即逐字逐句地翻译原文。事实上，根据原文含义、翻译目的等方面的不同，译文可根据实际需要适当增减词。而很多学生并不明白这一点，因而其译文大多烦琐啰唆。对比以下两种翻译方式：

Most of the people who appear most often and most gloriously in the history books are great conquerors and generals and soldiers...

在历史书中最常出现和最为显赫的人大多是那些伟大的征服者和将军及军人……

历史书上最常出现、最为显赫者，大多是些伟大的征服者、将军和军人……

（五）不善处理长句

英语中不乏长而复杂的句子，这些句子大多通过各种连接手段衔接起来，表达了一个完整、连贯、明确、逻辑严密的意思。很多学生在遇到这样的句子时往往把握不好其中的逻辑关系，也不知如何处理句中的前置词、短语、定语从句等，因而译出的汉语句子多不符合汉语表达习惯。对比以下两种翻译方式：

Since hearing her predicament, I've always arranged to meet people where they or I can be reached in case of delay.

听了她的尴尬经历之后，我就总是安排能够联系上的地方与人会见，以防耽搁的发生。

听她说了那次尴尬的经历之后，每每与人约见，我总要安排在彼此能够互相联系得上的地方，以免误约。

第二节　文化在英语翻译教学中的重要性

一、应对中西方文化差异的需要

（一）中西方语言习惯的差异

不同于汉语的是，英语比汉语更加注重语言表达功能，英语首先是对交际对象传达主要的意思，然后再慢慢补充次要内容，将主要内容和次要内容都传达完成后，就是完整的英语句子。如果译者用中国人的传统思维来翻译英语句子，翻译出的译文就会出现一些逻辑混乱的汉语句子，这样的翻译思维不可取。如此既无法翻译成合理的有逻辑的汉语句子，又无法使学生感受到英语语言的艺术性。

为此，教师在英语翻译教学中应明确中英语言文化存在的差异性，确保英语翻译的精准性，使其进行更好的语言表达叙述。[①]

（二）中西方词语内涵的差异

有的英语词汇在汉语中也有意思相对应的词汇。虽然两种语言存在具有同一含义的词汇，但是在不同的语言用法中，词汇的含义会产生变动。中国的文化发展过程与西方文化发展过程存在较大差异，并且两者的文化背景大相径庭，体现在语言上就是汉语与英语的

---

① 黄燕平. 大学英语翻译教学中跨文化意识的培养［J］. 疯狂英语（理论版），2018（3）：69-70.

巨大差异。同一词汇在英语中的含义会不同于该词汇在汉语中的含义。例如，在汉语中，许多包含"狗"这个字的词汇都有非正面的含义，如狗拿耗子、鼠窃狗盗等；而英语中的"dog"一词经常被用来形容忠诚的品质。

英语里的部分词汇被译者翻译成汉语后，虽然使用的是汉语中与英语词汇含义一致的词汇，但是汉语传递出来的内涵不如原文英语传递的内涵完整。反之亦然。比如"胸有成竹"，如果按照字面意思逐字将其翻译为英语是"He has mature bamboo in his breast"，但是这样的翻译丧失了其隐含的喻义。因此，诸如此类的成语翻译首先应该将比喻意义作为目标进行翻译。因为在外国文化中，没有这样的说法，容易使人产生误解，所以应该采取意译的方式将其翻译成"He has a well-thought-out plan in his mind"。从这个例子可以发现，即使是同一词汇在不同的文化背景中也会有内涵的差异，因此译者需要充分了解西方文化，完整地翻译出原作内涵。

另外，中西方文化有着不同的数字忌讳。汉语中数字"4"的读音与"死"的读音相似，所以中国人平时不喜欢用数字"4"，"4"在中国文化中是不吉利的象征。而在西方国家通常比较忌讳"13"这个数字，一说是因为《最后的晚餐》这幅世界名画，一说是因为北欧或古希腊的神话，但无论根源是何，"13"都不是令西方人民感到愉快的数字。

从上述例子可见，英语教师必须在高校英语翻译课程内容中融入西方文化，这样不仅可以使学生了解到西方文化，还可以使教师也深入学习西方文化，拓展自己的学识，提高自己的英语翻译教学质量水平，从而丰富学生的学识，提高学生的英语翻译能力，使学生不仅学到翻译技巧，还学到西方文化知识。[①]

（三）中西方语言结构与内容上的差异

中国历史与西方历史存在很大差异，这也直接影响了汉语与英语的语言特点和结构发展。中华民族是承载着丰富的历史文化精华的民族，中国人在使用汉语时，会在目标词语前面使用状语或定语来修饰目标词语。西方人在使用英语时与汉语的使用方式恰恰相反，他们先是把一句话中的主要意思说出来，然后再将次要内容补充上，使句子变得完整。例如，"听到那个坏消息，我很不高兴"，那么这句话用英语表达为"I was unhappy when I heard the bad news"。如果把它译为"我很不高兴，当我听到那个坏消息时"就显得整个句子逻辑混乱，没有规律，不符合汉语日常使用语法。由此可见，译者需要注意在翻译时先理解英语句子含义，再用汉语语法翻译成汉语句子，保证译文句子的逻辑性。

（四）中西方价值观与审美意识的差异

中国人接受的教育与西方人接受的教育不一样，所以中西方人的思想观念和审美倾向会有所不同。中国人在中国传统文化的影响下十分在意集体的力量，而西方人受西方文化影响，他们十分在意个人的力量。

在审美意识方面，即使是同一事物在中国、西方文化中都具有不一样的内涵。例如，龙在中国传统文化中占据重要地位，不仅能够象征中华民族的威严精神，还能够象征古代

---

① 燕频，景美霞. 浅谈英语文化在大学英语翻译教学中的重要性 [J]. 中国民族博览，2019 (4)：110-111.

· 164 ·

皇帝；而在西方国家，龙不是正面的形象，而是邪恶的生物，龙的出现往往会给人类带来灾难。所以，学生学习翻译时应当先去理解西方文化，避免产生翻译错误。①

二、深入大学英语翻译教学的需要

每个国家都有每个国家的语言，语言与国家的文化、历史紧密相关，为国家发展提供语言要素的力量时，也会受到文化的巨大影响。英语文化对高校英语翻译教学的影响主要包括以下两点。

（一）丰富课堂内容

英语翻译是为了将英语翻译成汉语，使中国读者能够看懂外国著作，学习西方文化，从而达到中西方文化交流的目的。译者需要树立正确的翻译观念，要以读者为重，学习丰富的翻译技巧、西方文化知识和中国传统文化知识，并仔细考虑翻译的用词和句式，灵活地使用多种翻译手法来翻译西方著作，使译文能够还原原作的艺术性和思想价值，使读者感受到原作的魅力。高校英语翻译教学主要方式是让学生反复练习翻译技巧，学习翻译知识，这样的学习过程对于活泼好动的大学生来说比较枯燥，而学生长期处于枯燥的学习环境中，就会渐渐厌烦翻译教学活动，甚至会做出逃课的不良行为。

教师需要适当拓展教学内容，搜集学生感兴趣的西方文化融入教学内容中，为学生营造放松的学习环境，减轻学生的学习压力。② 学生在课上经常会走神，需要教师密切关注学生的听课状态，有意识地带动学生紧跟教学节奏，利用多媒体等手段活跃课堂氛围。教师在讲课时要穿插有趣的西方文化知识，调动学生学习西方文化的积极性，这样就可以保证学生的注意力一直集中在课堂上。

（二）提高翻译准确性

翻译工作要求译文要有准确性，并不是要求译文的每句话都还原原文形式，而是要求译文的整体含义要与原作含义相同。许多大学生并不理解原文意思就直接翻译，写出的译文没有逻辑性，也无法传达原作的内涵。这是因为大学生没有掌握英语文化，直接使用中国思维翻译原作，导致译文内涵不同于原作内涵。③

教师要引导学生学习西方文化，从而提高翻译的准确性。高校英语翻译教学不仅能够丰富学生的英语翻译技巧，还能够使学生掌握英语思维能力。学生要学会中西方两种思维方式，准确地将英文转化成中文。

---

① 金一丹. 以茶文化为代表的中国文化在高校大学英语教学中的重要性［J］. 福建茶叶，2018（4）：429.
② 郭帅柯. 文化教育在大学英语教学中的重要性［J］. 佳木斯职业学院学报，2015（5）：154-155.
③ 王慧丽. 论翻译教学在大学英语教学中的重要性［J］. 呼伦贝尔学院学报，2014（3）：93-95.

第三节　文化适应性与英语翻译教学

一、文化适应性

不同的文化在文化理念、模式与价值观上呈现的认同、共融等的发展趋势就是文化适应性。它在许多方面都有着自己的表现，如果从语言形式上来看，就会发现，它可以从以下两个方面体现出来，一个是相互借用，另一个则是相互替代。对文化适应性进行多方面的探究，可以发现它包括三个方面的内涵：第一，对文化意义有着合理的把握；第二，读者有着不错的接受能力；第三，有着准确的审美判断。

所有的民族文化在其发展过程中都会与不同的外来文化相接触，从而促进自身的改变，也能对外来文化的发展产生影响。对文化发展的这一规律进行探究，就会发现，文化适应性就是外来文化不断对本民族文化予以适应。文化适应性会对学生的翻译知识学习产生影响，因此，在翻译教学中，教师应该重视这一问题，向学生详细阐述文化适应性的内容与理论，并运用文化适应性的相关理论指导学生的英语翻译学习。

源语文本的理解并不容易，因此，在翻译教学中，教师应该引导学生对源语文本进行合理的分析，同时还要帮助他们深入理解译入语的文化内涵，最好可以使其形成属于自己的审美素质。这样，在实际的翻译中，其就能根据自己的审美能力选择合适的翻译策略，完成准确的翻译判断。教师在翻译教学中仅仅讲授英汉语言的转换规律与翻译技巧是不够的，其必须将文化因素纳入教学中，让学生在中西文化对比中形成并强化自己的跨文化交际意识，能从整体上把握要翻译的文章的文化信息，同时对所有的文化信息进行整合。只有这样，学生在英语翻译实践中才能将文化适应性的理论合理地应用其中。

二、英语翻译教学中的文化适应性

在跨文化交际中，译者自觉或不自觉形成的一种对文化的认识标准与调节方法就是其所具有的跨文化意识。这里的跨文化意识包括许多方面的内容，不仅包括译者在翻译实践中运用的思维方式，而且还包括译者在翻译中所展现的判断能力以及对不同文化的敏感性。译者翻译的译文最终是否为读者所接受或者最终能为读者接受多少，这些都与译者的跨文化意识有着十分紧密的联系。也就是说，译者对英汉语言在不同方面所展现出来的差异要有清楚的感知，尤其是存在于两种语言中的细微差异。

教师应该总结翻译教学经验，合理借鉴西方翻译理论与翻译教学理论，将文化适应性贯穿在翻译教学中的每一个环节中。

（一）清晰理解母语及母语文化

过去，人们在强调跨文化意识的培养问题时，总是将过多的精力放在了对目的语文化的认识上，并没有认识到母语与母语文化在跨文化意识培养中的重要性，似乎在学者们看来，人们对自己的母语与母语文化理应清楚了解。但笔者必须指出的是，这一情况在翻译实践中并未体现出来。

学生入学的初级阶段并不会学习翻译知识，到了大三，一般高校才会开始翻译课程，大一、大二学习的系统的英语知识为学生大三学习翻译知识奠定了扎实的基础。在系统学习英语知识的同时，学生一般也形成了英语思维模式，该模式可以对母语的负迁移发挥作用，不过，人们一直以来并不重视它的这一作用。应该了解的是，在这一阶段，学生一方面无法完成地道的英语表达，另一方面半欧化的思维还影响了他们对自身母语与母语文化的理解。体会如下句子的两种翻译：

Babies satisfactorily born.

孩子们令人满意地降生了。

孩子已生，一切顺利。

“children”和“satisfactorily”被欧化的思维限制得太死了。汉语中名词没有复数形式，一般情况下也没有必要把复数的概念明确地表达出来。另外，生孩子也不能用“令人满意地”来形容，只能说顺利还是不顺利。许多学习者看到以“-ly”结尾的副词，译成汉语时就非要加上“地”不可，这往往不符合汉语的行文习惯。

体会如下汉译英的两种翻译：

唐长安城划分为 108 坊和东市、西市两个商业区。

It was divided into one hundred and eight workshops and two commercial districts the East City and the West City.

It was divided into one hundred and eight squares and two commercial centers called the East Market and the West Market.

“坊”显然不是指“作坊”，而是指“方形的土地”，即街区。如果理解成第一种情况，那么长安的居民区就“消失”了。

因此，教师在翻译教学中应该重视引导学生从宏观视野把握中西语言、文化之间存在的差异，并根据差异完成高质量的翻译。

（二）把握译出语读者对译入语文化的认识

在英汉翻译过程中，英语是译入语，汉语是译出语，整个翻译过程不仅要将词汇表达的含义翻译出来，还要将句子的隐含文化意义展示出来，更要关注读者对英语文化的了解程度，充分尊重读者需求。基于此要求，译者要充分掌握英语文化，还要在翻译过程中予以适当的补充说明。在翻译实践过程中，学生担任了翻译者的重要角色，如果默认读者与自己一样相对熟悉英语文化就有可能增加读者的阅读难度。比如：

He's a pig.

他像头猪。

他脏得像头猪。

他像猪一样贪婪。

他像猪一样粗野。

表面上看，拥有一定英语基础的读者都能理解，但其实不然。在汉语中，用猪来形容一个人主要是为了展现其懒惰或者脑袋不灵光的特点，首句译文向读者传达的恰好是这个意思。但从英语文化视角分析，形容一个人像猪主要是为了暗示其贪婪、粗鲁、脏乱的特点，为此，译者在翻译时应将其文化内涵展示出来。

Roger made the Queen's list.

罗杰列出了女王的名单。

罗杰排定了（英国）女王（今年受勋）的（荣誉）名单。

一般情况下，普通中国民众对英国的政治制度不会特别熟悉甚至一无所知，这就要求译者在翻译时适当补足文化背景知识。该翻译示例中省略了"女王所属国家为英国"以及"每年都要拟定荣誉名单"这两条信息，熟知英语文化的人一眼便可领悟，但不了解英语文化的人会对其产生疑惑。因此，在翻译过程中，译者应充分考虑译文受众的英语文化水平，将括号中的省略含义表现出来。

翻译教学中，如果不清楚译出语读者对译入语文化的了解状况，在文化信息的处理上就容易出现问题。如：

生米煮成了熟饭。

The rice is already cooked.

The rice is already cooked and it can not be uncooked.

从字面上看，前一句译文似乎译得非常准确，后一句译文显得有些啰唆、重复，其实后者却远胜于前者。前一句的译者没有意识到或根本不了解西方读者对"米"这个中国文化意象并不熟悉。中国人对米有着特殊的情感，相关的词汇也很丰富，稻子长成收割为稻谷，脱粒去壳后为米，煮熟后为饭；但英语里只有"rice"一个词，"生米"叫"rice"，"熟饭"也叫"rice"。因此西方读者不能理解"生米煮成了熟饭"的内在含义和感情色彩，"The rice is already cooked"无法表达那种"事已至此"的无奈感。后一句既译出了原文字面意思，保留了原来的意象，同时还补充提供了隐含的文化信息，加上"and it can not be uncooked"，立刻将那种"无可奈何"的感觉凸现出来。

妈妈对小明说："下次你再不及格，看我不拧断你的脖子！"

Mother said to Xiao Ming, "If you should fail again, I would surely break your neck."

Mother said to Xiao Ming, "If you should fail again, I would surely teach you ales son."

"拧断你的脖子"一语在中文读者看来，只是一种夸张，一种吓唬，正体现了母亲望子成龙的心情。但是若直译成"break your neck"，在西方人看来，会觉得太过暴力，尤其是从一位母亲的口中说出来，对象又是她的孩子，这会使读者产生不快的感觉。为了避免这种感情色彩上的误会，这里适合采用意译。

从上面的译例我们可以看到，译者由于没有意识到目的语文化的人对中国文化的认知状况，所以在翻译时按照自身的文化和经历去理解和表达原文的意思，"cultural shock"当然是必然的结果了。

（三）加强学习者对目的语语言文化的认识

因为中西方在价值观念、思维方式等方面存在显著差异，因此，在翻译实践中，学生为了"偷懒"，总是试图利用自己的母语规则、交际习惯等去完成英语翻译。当然，这是不可避免的，毕竟中国学生长期以来生活在汉语环境中，他们在进行英汉语言转换时会不自觉地使用汉语思维。

She is a fox.

她是个狐狸精。

她是只狐狸。

她是位时髦迷人的女郎。

在中英文中，"狐狸"一词都可以与狡猾或诡计多端的人联系在一起。但是当"狐狸"一词与女性联系在一起时，汉语与英语却具有了不同的色彩和暗示。按照中国人的心理把它译为"狐狸精"，无疑是错误的，因为在英语中它是指时髦迷人的女子。而直译为"她是只狐狸"，便容易在中国读者心中唤起一种传统上遭到贬斥的形象。

走好。

Walk well.

Good-bye.

后一句译文看似不忠于原文，但译文与原文在语用效果及礼貌上是一致的，所以实质上是对等的。如果像第一条译文那样完全按字面直译，就会导致误解。这时译者的任务是得体地传达宾主之间的信息，不能使外宾误解主人的用意。

在培养翻译人员的过程中，教学者应将以上三点作为重要的学习任务，要使学习者充分了解英语文化，不断增强其表达与概括能力；同时，教学者还应教导学习者以"我"为主，要使其坚定中华民族文化立场，做到学习英语而不忘本，这样才能牢牢把握译文读者心理，翻译出既符合原文含义、又简洁易懂的作品。

显然，把英语翻译工作看成是英文向中文形式的简单转换是片面的，翻译教学也不只是研究语言转换规律的工作，在跨文化语境下，翻译者、翻译教学者都要树立新的翻译理念，要用汉语的形式将英语文化的精髓展示出来，保证其译文准确性，使其能够轻易被读者理解、接受。换句话说，译者要确保自己的作品具有较强的文化适应性，这样的翻译作品才是有价值的。在教学过程中，教师应以简洁明了的形式让学生明确作品文化适应性的分量，在潜移默化之中提升学生对其敏锐度、感知能力。

第四节　中西方文化差异影响英语翻译教学

前文其实多少已经提及中西方文化差异对翻译各方面产生的影响，但本节仍然有必要从整体角度做出更加具体的论证，以期翻译人员能够在翻译过程中对文化要素更加重视。

一、风俗习惯差异影响英语翻译教学

风俗习惯实际上是一种文化意识，这种意识不是一时产生的，其存在时间久远，是在特定社会条件下产生并得到发展的。一个国家或地区的发展程度高低受到多种因素影响，文化习俗也是其中之一。要想了解某国家或地区的风俗习惯，首先要了解其经济、政治与文化环境，逐渐掌握该国家或地区的实际发展特色、人民生活方式等。在具体研究过程中，语言就是一个重要的研究对象，它伴随着社会生活的演变而不断发展，因此，语言包含着本民族诸多风俗习惯。

西方国家与中国的发展基础与环境不同，发展结果自然也就不同，由此两方呈现出完全不同的社会发展形态。风俗习惯是社会重要的构成因素之一，中西方同一领域内的不同习俗差距较大，在翻译过程中，翻译人员应当关注英语文化的背景知识，还要对中西方同一领域内的文化习俗展开对比与探讨，这样才能保证自己拥有较高的文化翻译水平，才能在语言翻译过程中掌握翻译侧重点与精髓，增强跨文化翻译能力。

世界多极化的深入发展促使各国的文化也得到不同程度的发展，其政治地位的提升增强了本国文化在世界文化中的话语权。当前文化发展背景下，各种语言随着社会实践的变化不断演进与变化，翻译人员在翻译过程中也应根据语言的变化及时调整翻译工作。如今，许多高校开设了相关课程帮助学生开展翻译理论学习与实践，同时也更注重东西方文化的差异存在。① 要想促使翻译人员掌握技巧、不断提升翻译水准，就应当促使其深入了解东西方文化差异，并做到理论与实践相结合，在认识的不断加深过程中改进具体工作实际，实现英语和汉语及其两大文化的有效沟通和交流。举例来说，西方文化中，龙常常带有贬义色彩，用该词形容一个人一般表示该人难以接近、不好相处，这与中国文化语境完全不同。汉语文化语境中的龙带有祥瑞、兴盛等积极寓意。因此，在翻译带有龙的意象的英语句子时，应注意表达出其带有的贬义色彩。这就是中西方文化差异的具体表现之一，翻译人员在翻译过程中要予以充分尊重，在遵循客观事实的基础上将句子含义完整展示出来，还要注意降低中英文化差异所带来的不利影响。

文化的形成与发展过程十分漫长，其社会风俗与文化习惯并不是一时之间产生的，翻译者要想充分体会英语文化语境，就要深入其生活实践，这种实地考察活动完全不同于书本知识学习过程，学习者会对当地的民俗风情产生更加深刻的体会。翻译人员要使自己的翻译作品符合大众的"口味"，就必须掌握汉语文化语境、深入民众的日常生活；同时，翻译者还要充分展示英语原文内涵，这就要求翻译人员深入了解作者的文化生活背景。如有必要，翻译者还应通过多种翻译方式对原文加以说明。在中西方文化中，人们许多倾注于动物的情感色彩都具有一定差异，甚至完全相反。举例来说，汉语文化中以狗形容某人有时是为了批评其人物性格与品格，西方文化则不然。在英语文化语境中，狗作为一种常见的宠物被认为是最忠诚于人类的动物，在动物中拥有更高的社会评价。如果不能深入分析与调研此文化现象，很有可能导致翻译错误。

二、地域环境差异影响英语翻译教学

地域环境属于社会实际的一部分，其主要特征也会在地区所属文化中展示出来。这里所指的地域环境主要是指自然地理环境。可以说，地域环境的差异对英语翻译教学的影响是相对具体的。作为典型的欧洲西部国家，英国是著名的岛国，其四面环海的地理特征促使该国的航海业十分发达，因此，英国有许多著名作品内容中都含有丰富的海洋元素，海洋文化盛行于英国。中国则不同，受其自身地理环境影响，大陆文化发展兴盛，在其条件下生活的作家创作出的作品也具有很强的大陆色彩。另外，自然地理环境中的地形因素对文化的形成也具有很深的影响。欧洲国家地形以平原为主，大多环海；中国地大物博，地形复杂，东临海、西处内陆。这种差异造就了欧洲民众与中国民众在社会思维、行为方式上的差异，相较于内陆地区而言，沿海地区对外交流的频率更高，这也就促使沿海居民的

---

① 邵帅. 论中西方文化差异对英汉翻译的影响 [J]. 当代教育实践与教学研究，2019（21）：239-240.

开放性更高、接受新事物的速度更快。进一步分析，地形是气候特征形成的重要影响因素，以风为例，我国地形西高东低，风由沿海吹向内陆，东部地区风的湿润程度更高，给人以和煦东风的感受，因此东风成为一种带有积极色彩的文学意象。显然，中西不同地域环境差异给人们带来的影响是巨大的，影响着整个人类历史发展进程，造就了不同民族的文化发展差异。具体而言，中西方文化中，山川这一意象所表达的文化内涵略有不同，西方的山川通常带有困难处境的意味，而中国的山川一般象征着高大、沧桑等文化内涵。

三、思维与价值差异影响英语翻译教学

将英语原文翻译为汉语作品是一个相对复杂的过程，其翻译的形式、内容都具有一定的系统性特征，基于此，翻译者应在此过程中抓住翻译工作的重点，把握不同文段的翻译难点，学会运用恰当的价值观念以及思维方式实现完整准确的翻译。中国人一般具有内敛含蓄的文化习惯，这深刻影响着汉语文化的思维与价值类型，在历史长河中形成并发展起来的传统文化促使中华民族形成了内秀的性格特征；西方则不然，其思维相对开放，价值标准也与中国有所不同。因此，翻译者在翻译英语作品时要自觉代入西方思维与价值标准，向读者呈现原汁原味的西方文化。

在东方文化的影响下，人们思考与处理事务过程中更常运用感性思维；西方民众则不同，受历史文化的长期影响，其思维以理性为主、注重逻辑。这就是翻译者在翻译过程中应把握的主要思维方向。在进行翻译工作以前，翻译者应充分了解中西方文化差异，既要认识到中西方思维与价值的差异，又要找到两方的共通之处，以人类普遍思维进行整体感知与观照，通过独立思考探索英语翻译的思维转换途径，而不要人云亦云。在具体翻译过程中，翻译者要集中体现西方文化中重视个体的价值观念，通过具体的价值解读领略作品真正文化内涵，把握其主动、活跃的思维特征，通过适当的汉语表达展现英语作品的原本魅力。

第五节 英语翻译教学中译者的跨文化意识培养

一、英语翻译教学中跨文化意识培养困境

（一）教学深度不足

学生获取系统性知识的主要渠道是线下课堂，教师是课堂的另一参与主体，对于学生的知识掌握过程具有决定性作用，教师作为引导者应积极培养并增强学生的跨文化意识。以目前的情况分析，学生不能完全领悟英语翻译教学中的英语文化语境，部分教师强调考试重点，为此着重向学生介绍特定的英语句子和短语等，这种碎片式知识不利于学生形成对英语翻译内容的完整准确认知。为了达成教师期望的目标，即记忆知识重点，学生只能采取死记硬背的方法。这样的教学方式不够灵活，学生即使掌握了碎片知识也有可能拿不到翻译分数，因此，英语翻译深度教学是十分必要的。在课堂教学中，教师应向学生介绍

英语文化内涵，使学生了解中西文化差异，包括礼仪、饮食、出行、称呼等具体习俗要求，提高高校英语翻译教学中英语文化教学的地位，不再以单纯的词汇、语法等基础知识作为唯一重点，而要加深学生对英语文化的认识，进而培养其跨文化意识。在此过程中，教师应合理安排教学计划，不仅要保障课堂教学的效率，还要向学生全面讲解英语原文所蕴含的文化内涵。

（二）教师素养欠缺

有一部分教师本身就存在跨文化素养欠缺的问题，教师意识不到汉语文化与英语文化之间的差异和联系，其所教学生对两大文化的敏锐感知度也会下降，长此以往，学生的跨文化意识自然不强。因此，要想培养学生的跨文化意识，就先要保证教师拥有较强的跨文化意识。教师要树立学习观念，用动态的眼光看待教学工作，要以积极开放的心态积极追赶时代潮流，做到敢于接受新事物、乐于接受新事物。在工作之余，英语翻译教师应主动阅读西方知名杂志、期刊等，利用互联网等现代传媒手段捕捉西方社会热点，加深自己对西方文化习俗的了解与认识，引导学生跟随自己的脚步了解两国文化差异。

（三）学生自主性不强

观察目前高校学生的学习情况，不难发现，传统教学模式仍然影响着学生的英语翻译学习过程。从学习目的来看，许多学生为了取得好成绩采取死记硬背的方法，以短时记忆成果应付阶段性测试；从学习效果来看，大部分学生都不能全面掌握英语教材原文背后的文化内涵，对知识的理解程度不深、理解范围不广的问题十分突出；从学习积极性来看，学生学习英语知识活动是被动的，积极性相对不高，有一部分学生还习惯于步步跟随教师的学习模式。这些都是学生跨文化意识培养自主性不强的表现，这样不利于开展中国传统文化与英语翻译的融合教学，也不利于增强学生对文化的感知与接纳能力。

（四）教材内容缺失

在线下课堂教学过程中，学生主要通过教材了解知识。在传统教学模式下，英语翻译教材的内容并未充分展示中英文化差异，这就在无形中削弱了学生学习过程中的跨文化意识，不利于学生将中英文化联系起来。一般来说，英语翻译教材缺乏本土文化内容，即使有跨文化知识内容也只是简要介绍，并不能引导学生深入探究。英语翻译教材内容的缺失导致学生自主培养跨文化意识的热情下降，其内在动力由此减弱。

二、翻译教学中跨文化意识培养的途径

（一）提升教师综合素养

教师是学生的榜样，是学生成长道路上的引路人，教师的思维方式与知识储备极大影响着学生的个人发展水平。基于此，英语翻译教师应当增强自己对中英文化差异的敏锐感知能力，还要不断增加自己的英语文化知识储备，通过线上线下等各种途径不断加深自己对英语文化的认识，通过参与国际性文化交流活动与英语文化进行面对面接触，促使自己不断发展、不断进步。英语翻译教师应当明确，英语翻译课程不只是简单的基础知识传授

与技能技巧教学,还应把英语文化教学同基础知识教学相结合,以培养学生的跨文化意识为重要教学任务。为此,教师必须提高自己的教学水平,通过与学生的不断互动交流激发学生对跨文化内容的学习兴趣,成为一名合格的引路人。

（二）增强教学活动实践性

目前,教育教学改革成为高校教育实现发展进步的重要举措,为满足改革需求、提高教学质量,教师应当设置多样化的教学活动,根据教学大纲与教学计划,运用现代科技成果,增强教学活动实践性,吸引学生注意力,促使学生以更强的主动性参与英语翻译教学活动。具体来说,教师可以通过情景模拟、英语小短剧排演、课后主题作业等形式促使学生主动查阅与中英文化差异相关的资料,不断加深学生对英语文化背景知识的了解。学生在参与实践性教学活动的过程中能获得更深的感悟,能够将查阅的资料以及教师的文化知识总结内化为自己知识体系的一部分,有利于增强学生在英语翻译过程中的跨文化意识。

（三）学习文化背景知识

作为文化符号,语言中凝结着民族发展的历史,因此,英语翻译教学不能只向学生传授语言知识,还要传递给学生文化知识。在传统教学模式的影响下,许多高校的英语翻译课程仍然只关注学生对字、词、句的翻译是否正确,相对忽略英语文化背景知识传授,学生不了解词汇背后的文化含义,也就导致学生的翻译内容不通顺甚至无法成句。基于此,教师应当在基础知识传授阶段融入英语文化知识教学,促使学生将词汇与文化联系在一起,这样不仅能够增强学生对词汇的记忆力,还可以自然而然地引导学生增强自己在英语翻译过程中的跨文化意识。

（四）增加本土文化比重

世界不同文化之间具有一定联系,学生学习英语文化知识不能忘本。所以,教师应实现英语文化知识传授与中国传统文化教学的有机融合,这样不仅能使学生明确中英文化之间的差异,还能帮助学生在文化交流的过程中坚定本心。扎根于本民族优秀传统文化,才能使自己的翻译内容更容易被本国读者接受,才能继承与发展优秀传统文化。从而推进中华民族伟大复兴的实现进程。

参考文献

[1] [德] 石里克. 伦理学问题 [M]. 孙美堂, 译. 北京：华夏出版社, 2001.

[2] [法] 巴尔扎克. 高老头（序）[M]. 傅雷, 译. 天津：天津人民出版社, 2018.

[3] [荷] 斯宾诺莎. 伦理学 [M]. 贺麟, 译. 北京：商务印书馆, 1997.

[4] [美] 奈达. 翻译理论与实践 [A]. 沈苏儒. 论信达雅——严复翻译理论研究 [C]. 北京：商务印书馆, 1998.

[5] [苏] 费道罗夫. 翻译理论概要 [M]. 李流, 等, 译. 北京：中华书局, 1955.

[6] [苏] 巴尔胡达罗夫. 语言与翻译 [M]. 北京：中国对外翻译出版公司, 1985.

[7] [苏] 费道罗夫. 翻译理论概要 [M]. 北京：中华书局, 1955.

[8] [英] 罗素. 伦理学和政治学中的人类社会 [M]. 肖巍, 译. 北京：中国社会科学出版社, 1992.

[9] [英] 罗素. 伦理学和政治学中的人类社会 [M]. 肖巍, 译. 北京：中国社会科学出版社, 1992.

[10] [英] 泰特勒. 论翻译的原则 [A]. 沈苏儒. 论信达雅——严复翻译理论研究 [C]. 北京：商务印书馆, 1998.

[11] [英] 泰特勒. 论翻译的原则 [M]. 北京：外语教学与研究出版社, 2012.

[12] [英] 休谟. 人性论 [M]. 关文运, 译. 北京：商务印书馆, 2009.

[13] 安静, 隗雪燕. 英汉互译实用教程 [M]. 北京：知识产权出版社, 2013.

[14] 仓兰菊. 工程硕士研究生实用英语教程　读写译 [M]. 上海：上海外语教育出版社, 2010.

[15] 曹桂花. 文化软实力视域下传统文化融入大学英语教学的困境及对策 [J]. 湖北工程学院学报, 2019（5）.

[16] 曹雪萍. 基于英汉文化差异的英语习语翻译 [J]. 陕西教育（高教）, 2019（7）.

[17] 曹艳春, 王国志. 大学英语教学中有机融入中国传统文化可行性教学策略和方法的研究 [J]. 沈阳工程学院学报（社会科学版）, 2020（2）.

[18] 曹泳鑫. 马克思主义中国化基本认识和实践 [M]. 上海：学林出版社, 2015.

[19] 岑麒祥. 语言学史概要 [M]. 西安：世界图书出版公司, 2011.

[20] 陈莹, 吴倩, 李红云. 英语翻译与文化视角 [M]. 长春：吉林人民出版社, 2020.

[21] 董晓波. 商务英语翻译 第2版 [M]. 北京：对外经济贸易大学出版社, 2017.

[22] 段峰. 文化视野下文学翻译主体性研究 [M]. 成都：四川大学出版社, 2008.

[23] 方梦之. 译学辞典 [M]. 上海：上海外语教育出版社, 2004.

［24］费小玉. 中国传统文化融入大学英语教学的思考［J］. 鞍山师范学院学报，2015（5）.

［25］冯志伟. 现代语言学流派（增订本）［M］. 北京：商务印书馆，2013.

［26］高名凯，石安石. 语言学概论［M］. 北京：中华书局，2010.

［27］辜正坤. 中西诗比较鉴赏与翻译理论［M］. 北京：清华大学出版社，2003.

［28］顾士才. 外语教学与语言研究［M］. 上海：华东理工大学出版社，2002.

［29］郭宏安. 雪泥鸿爪［M］. 武汉：湖北教育出版社，2001.

［30］郭帅柯. 文化教育在大学英语教学中的重要性［J］. 佳木斯职业学院学报，2015（5）.

［31］韩悦. 英语谚语翻译技巧浅析［J］. 农家参谋，2018（2）.

［32］胡蝶. 跨文化交际下的英汉翻译研究［M］. 长春：东北师范大学出版社，2018.

［33］黄文. 实用职场英文口译教程［M］. 北京：对外经济贸易大学出版社，2018.

［34］黄燕平. 大学英语翻译教学中跨文化意识的培养［J］. 疯狂英语（理论版），2018（3）.

［35］金一丹. 以茶文化为代表的中国文化在高校大学英语教学中的重要性［J］. 福建茶叶，2018，40（4）.

［36］李成明，杨洪娟. 英汉语言对比研究［M］. 徐州：中国矿业大学出版社，2013.

［37］李军华. 语言与语言学理论专题十二讲［M］. 湘潭：湘潭大学出版社，2016.

［38］李淑梅，宋扬，宋建军. 中西文化比较［M］. 苏州：苏州大学出版社，2016.

［39］李素芬. 文化视角转换与国际商务英语翻译研究［M］. 北京：北京理工大学出版社，2020.

［40］李雯，吴丹，付瑶. 跨文化视阈中的英汉翻译研究［M］. 长沙：湖南师范大学出版社，2018.

［41］李延超，刘雪杰. 都市生态体育文化的构建与运行：以上海为例［M］. 上海：上海人民出版社，2019.

［42］林坚. 文化学研究引论［M］. 北京：中国文史出版社，2014.

［43］林晓琴. 趋同形势下的跨文化翻译策略研究［J］. 福建农林大学学报（哲学社会科学版），2008（1）.

［44］刘红. 论翻译理论对译者翻译观的构建——以几种传统翻译理论为例［J］. 沈阳大学学报，2015，17（5）.

［45］鲁迅. 且介亭杂文二集［M］. 北京：人民文学出版社，2005.

［46］陆永岗. 英语电影片名翻译策略探讨［J］. 电影文学，2013（16）.

［47］罗向阳，吴军政. 大学英语教学中融入中国传统文化的策略研究［J］. 开封教育学院学报，2016（2）.

［48］吕叔湘. 翻译工作与"杂学"［A］. 罗新璋. 翻译论集［C］. 北京：商务印书馆，1984.

［49］孟庆艳. 文化符号与人的创造本性：早期符号学的分析［M］. 沈阳：辽宁大学出版社，2006.

［50］莫群俐. 国际商务英语 翻译与写作［M］. 杭州：浙江工商大学出版社，2013.

[51] 戚晓亚. 从认知语言学视角来看翻译中的文化误读 [J]. 校园英语, 2019 (15).

[52] 秦礼峰. 中西文化差异下的英汉翻译技巧研究 [M]. 成都：电子科技大学出版社, 2017.

[53] 戎娜, 刘著妍. 文化翻译观的框架理论诠释 [J]. 吕梁学院学报, 2018 (1).

[54] 邵帅. 论中西方文化差异对英汉翻译的影响 [J]. 当代教育实践与教学研究, 2019 (21).

[55] 石桂莲. 跨文化视角英汉转换翻译的种类与翻译技巧分析 [J]. 中文信息, 2023 (2).

[56] 宋天锡. 翻译新概念 英汉互译实用教程 6 [M]. 北京：国防工业出版社, 2011.

[57] 谭卫国. 论英语习语的翻译策略 [J]. 复旦外国语言文学论丛, 2011 (12).

[58] 滕达, 邹积会, 何明霞. 跨文化交际探究 [M]. 哈尔滨：哈尔滨地图出版社, 2010.

[59] 田然. 英语谚语翻译技巧浅析 [J]. 陕西教育（高教版）, 2008 (10).

[60] 佟磊. 英语翻译理论与技巧研究 [M]. 长春：东北师范大学出版社, 2017.

[61] 屠国元, 廖晶. 英汉文化语境中的翻译研究 [M]. 合肥：安徽文艺出版社, 2004.

[62] 王春霞. 英译汉词汇意义的不可译性及其翻译策略 [J]. 浙江树人大学学报, 2018, 18 (1).

[63] 王慧丽. 论翻译教学在大学英语教学中的重要性 [J]. 呼伦贝尔学院学报, 2014 (3).

[64] 王静. 跨文化视角下的英语翻译理论与实践探究 [M]. 长春：吉林人民出版社, 2018.

[65] 王坤枫. 试论文化语境对科技英语翻译的制约 [J]. 太原城市职业技术学院学报, 2020 (4).

[66] 王璐瑶. 浅析跨文化背景下英美文学翻译的策略 [J]. 校园英语, 2019 (22).

[67] 王启伟. 中国典籍文化融入大学英语教学刍议 [J]. 淮北师范大学学报（哲学社会科学版）, 2021 (4).

[68] 王伟. 刀工与配菜 [M]. 长春：吉林摄影出版社, 2003.

[69] 魏精良, 仇伟. 目的论观照下的英汉翻译不可译研究 [J]. 牡丹江教育学院学报, 2019 (11).

[70] 毋小妮. 英美文学翻译中的美学特点及价值分析 [J]. 汉字文化, 2022 (23).

[71] 许芳琼. 从翻译策略看译者的文化心理 [J]. 佳木斯职业学院学报, 2020, 36 (1).

[72] 燕频, 景美霞. 浅谈英语文化在大学英语翻译教学中的重要性 [J]. 中国民族博览, 2019 (4).

[73] 杨娇. 基于文化视角的英语翻译新论 [M]. 长春：吉林人民出版社, 2021.

[74] 杨全红. 翻译史另写 [M]. 武汉：武汉大学出版社, 2010.

[75] 杨自俭. 关于中西文化对比的几点认识 [J]. 外语与外语教学, 1999 (10).

[76] 于晓红. 翻译研究的二维透视 [M]. 徐州：中国矿业大学出版社, 2018.

[77] 翟麦生. 汉语交际得体性研究 [M]. 北京：中央编译出版社, 2020.

[78] 张爱惠. 文化心理结构对翻译标准的影响 [J]. 中外企业家, 2013 (16).

[79] 张富民. 文化交融视域中的英语翻译研究 [M]. 北京：光明日报出版社, 2019.

［80］张富庄，董丽. 当代高校英语翻译教学研究［M］. 长春：吉林人民出版社，2019.

［81］张建佳. 大学英语教学融合性价值取向及其实现研究［D］. 重庆：西南大学，2018.

［82］张娜，仇桂珍. 英汉文化与英汉翻译［M］. 成都：电子科技大学出版社，2017.

［83］张维友. 英汉语言对比研究综论［J］. 华中师范大学学报（人文社会科学版），2006（1）.

［84］张煜，康宁，段晓茜. 新编实用英汉翻译教程［M］. 上海：同济大学出版社，2017.

［85］章立明. 鸟瞰与虫眼 多维视域中的发展理论［M］. 北京：民族出版社，2007.

［86］赵侠. 论译者主体性在归化翻译与异化翻译中的呈现［J］. 山西广播电视大学学报，2009，（5）.

［87］郑晶. 英汉互译技巧解密与实践［M］. 上海：上海大学出版社，2014.

［88］郑颖，王效军. 阅学阅好 饭店英语 第 4 版［M］. 天津：天津科技翻译出版公司，2006.

［89］周辅成. 西方伦理学名著选辑［M］. 北京：商务印书馆，1978.

［90］周志培，陈运香. 文化学与翻译［M］. 上海：华东理工大学出版社，2013.

［91］朱凤云，谷亮. 英汉文化与翻译探索［M］. 北京：北京理工大学出版社，2017.

［92］宗薇. 现代语言学研究［M］. 兰州：甘肃人民出版社，2012.

［93］左尚鸿. 文化趋同与语言的融合［J］. 佳木斯职业学院学报，2018（11）.